Goydke · Reisekosten Private Wirtschaft

Reisekosten
Private Wirtschaft

Reisekosten für Selbständige und Arbeitnehmer

Erläuterungen, Beispiele und Übersichten
für Inlands- und Auslandsreisen

Fahrten zwischen Wohnung
und Arbeitsstätte/Betriebstätte

Fahrtätigkeit/Einsatzwechseltätigkeit

Inlands- und Auslandsreisen
Aktuelle Pauschbeträge für Verpflegungskosten/
Aktuelle Pauschbeträge für Übernachtungskosten
bei Auslandsreisen

Vorsteuerabzug bei
Reise-/Umzugskosten und privater Kfz-Nutzung

Von

Uwe Goydke
Oberamtsrat im Bundesfinanzministerium

47. Auflage

Stollfuß
VERLAG·BONN·BERLIN

Hinweis: Die Neuregelungen sind durch senkrechte blaue Randstriche | kenntlich gemacht. Beispiele sind blau unterlegt.

Die Deutsche Bibliothek · CIP-Einheitsaufnahme
Goydke, Uwe:
Reisekosten Private Wirtschaft : Reisekosten für Selbständige und
Arbeitnehmer ; Erläuterungen, Beispiele und Übersichten für Inlands-
und Auslandsreisen ; Fahrten zwischen Wohnung und Arbeitsstätte/
Betriebstätte ; Fahrtätigkeit/Einsatzwechseltätigkeit ; Inlands- und
Auslandsreisen: Aktuelle Pauschbeträge für Verpflegungskosten/
Aktuelle Pauschbeträge für Übernachtungskosten bei Auslandsreisen;
Neuerungen zur doppelten Haushaltsführung von Uwe Goydke.
– 47. Aufl., gültig ab 1. Januar 2000. –
Bonn : Stollfuß, 1999
Früher u.d.T.: Reisekosten-Tabelle für die Private Wirtschaft
ISBN 3-08-311029-4)

ISBN 3-08-**311000**-6

Stollfuß Verlag Bonn, Berlin · 1999 · Alle Rechte vorbehalten
Satz: Fotosatz Froitzheim AG, Bonn
Druck und Verarbeitung: Druckerei Plump, Rheinbreitbach
99EU12

VORWORT ZUR 47. AUFLAGE

Die steuerliche Behandlung von Reisekosten, Bewirtungskosten, Dienstwagengestellung und Kosten für betrieblich veranlaßte Geschenke unterliegt dem ständigen Wandel von Gesetzgebung, Rechtsprechung und Verwaltungsauffassung. Die dadurch hervorgerufenen Änderungen zwingen die Betriebe zur stetigen Anpassung ihrer Reisekostenordnungen und Reisekostenabrechnungen.

Die 47. Auflage des Ratgebers berücksichtigt die neuen **Lohnsteuerrichtlinien 2000**, die aktuellen **Reisekostensätze** für In- und Ausland, die **Sachbezugswerte 2000** sowie die einschlägigen aktuellen Verwaltungsanweisungen.

Die 47. Auflage enthält Beispiele, Berechnungen und Erläuterungen zu den Neuerungen bei der **doppelten Haushaltsführung**, bei der Abgrenzung von **Dienstreise, Fahrtätigkeit** und **Einsatzwechseltätigkeit** und bei der **Kraftfahrzeuggestellung**.

Der Ratgeber bietet sowohl den in den Betrieben mit den Reisekostenabrechnungen betrauten Arbeitnehmern als auch den Angehörigen der steuerberatenden Berufe sowie anderen Selbständigen zuverlässige Informationen über den aktuellen Rechtsstand. Der Autor erläutert in der Neuauflage anschaulich und praxisnah die insbesondere durch die Lohnsteuerrichtlinien 2000 und die durch die Artikel 7 und 8 des **Steuerentlastungsgesetzes 1999/2000/2002 ab 1.4.1999 in Kraft getretenen Änderungen zum Vorsteuerabzug bei den Reise- und Umzugskosten, den Bewirtungskosten und der privaten Kfz-Nutzung von unternehmerischen Kraftfahrzeugen.**

Umfassende Erläuterungen zur Umsatzsteuer erleichtern die Berechnung von Vorsteuern. **Bei dem ab 1.4.1999 geänderten Vorsteuerabzug aus Reisekosten bei Dienst- und Geschäftsreisen und den Auslandsreisekostensätzen können sich eventuell im Laufe des Jahres 2000 durch Verwaltungsanweisungen noch weitere Änderungen ergeben, insbesondere bei den Auslandstagegeldern. Beim Verlag können Sie zu gegebener Zeit ein kostenloses Informationsblatt anfordern.**

Falls Sie ein Fax-Gerät haben: einfach auf „Abruf" oder „Polling" stellen und 02 28/7 24 99-06 wählen.

Zahlreiche Beispiele, Übersichten und Hinweise auf wichtige BFH- und EuGH-Urteile (z.B. zur umsatzsteuerlichen Behandlung der Sammelbeförderung) sowie das vollständig überarbeitete Stichwortverzeichnis ermöglichen einen noch schnelleren problemorientierten Zugriff. Die Erstellung der Reisekosten-Abrechnung wird dadurch erheblich erleichtert.

Die 47. Auflage wurde von unserem Autor, der seine langjährige Erfahrung als Oberamtsrat im Bundesfinanzministerium einbringen konnte, wie die Vorauflagen grundlegend überarbeitet. Textpassagen, die bereits für das Jahr 1999 galten, wurden inhaltlich erweitert und der neuesten Verwaltungsauffassung angepaßt. Berücksichtigung fanden dabei die Einkommensteuer-Richtlinien 1999, die BMF-Schreiben v. 28.1.1999 zu den Auslandsreisekosten und v. 2.7.1999 (BStBl I, 616) zu den Umzugskosten.

Für Anregungen zu Inhalt und Ausgestaltung des Ratgebers sind wir dankbar.

Bonn, im Oktober 1999

Autor und Verlag

INHALTSÜBERSICHT

	Seite
VORWORT	5
ABKÜRZUNGSVERZEICHNIS	13

ERSTER TEIL: TABELLEN

Inlandsreisen (Tabelle 1)	17
Auslandsreisen (Tabelle 2)	17
Entfernungskilometer – Inland (Tabelle 3)	25
Entfernungskilometer – Europa (Tabelle 4)	26

ZWEITER TEIL: ÜBERBLICK

RECHTSENTWICKLUNG UND RECHTSGRUNDLAGEN	29

DRITTER TEIL: INLANDSREISEN

A.	**SELBSTÄNDIGE**	35
I.	**BEGRIFF DER GESCHÄFTSREISE**	35
II.	**STUDIEN-, ERHOLUNGS-, INFORMATIONS-, BILDUNGS- UND INCENTIVE-REISEN**	36
III.	**BEGRIFF DER REISEKOSTEN**	44
IV.	**FAHRTKOSTEN**	45
V.	**VERPFLEGUNGSKOSTEN**	47
	1. Allgemeines	47
	2. Keine offensichtlich unzutreffende Besteuerung	48
	3. Buchmäßige Behandlung	48
	4. Begleitpersonen	49
VI.	**ÜBERNACHTUNGSKOSTEN**	50
VII.	**NEBENKOSTEN**	50
VIII.	**FAHRTEN ZWISCHEN MEHREREN BETRIEBSTÄTTEN**	51
IX.	**PRIVATE NUTZUNG BETRIEBLICHER KRAFTFAHRZEUGE**	52
	1. Fahrten zwischen Wohnung und Betrieb	52
	2. Private Mitbenutzung betrieblicher Kraftfahrzeuge	56
	3. Weitere Besonderheiten bei der privaten Nutzung betrieblicher Kraftfahrzeuge	58
X.	**DOPPELTE HAUSHALTSFÜHRUNG**	60
	1. Allgemeines	60
	2. Eigener Hausstand	60
	3. Neue Zweijahresfrist	61
	4. Berücksichtigungsfähige Aufwendungen	61

Inhaltsübersicht

Seite

XI. BEWIRTUNG UND GESCHENKE 62

    1. Allgemeines 62

    2. Begriff der Bewirtungskosten 63

    3. Abzugsbeschränkungen 63

    4. Bewirtung im Privathaushalt 65

    5. Bewirtung außerhalb des Privathaushalts 65

    6. Nachweis der Bewirtungskosten 66

    7. Bewirtung in einer Gaststätte 67

    8. Bewirtung in Büro und Praxis 68

    9. Bewirtungskosten bei freien Berufen 69

    10. Bewirtung auf Geschäftsreisen 70

    11. Bewirtung von Geschäftsfreunden durch Arbeitnehmer 70

    12. Bewirtung von Mitarbeitern 70

    13. Aufzeichnungspflicht für Bewirtungskosten 72

    14. Kundschaftstrinken 72

    15. Geschenke an Geschäftsfreunde 73

    16. Geschenke an Arbeitnehmer 75

    17. Bewirtung in Gästehäusern, auf Jagden, Jachten und Schiffen 75

    18. Besondere Aufzeichnungspflichten 75

B. ARBEITNEHMER 77

I. REISEKOSTENBEGRIFF 77

II. REGELMÄSSIGE ARBEITSSTÄTTE 78

III. DIENSTREISE 79

IV. FAHRTÄTIGKEIT 81

V. EINSATZWECHSELTÄTIGKEIT 81

VI. DER ARBEITNEHMER TRÄGT DIE REISEKOSTEN SELBST 81

    1. Fahrtkosten 81

       a) Fahrtkosten bei einer Einsatzwechseltätigkeit 82

       b) Fahrtkosten bei einer Fahrtätigkeit 83

    2. Verpflegungskosten 83

       a) Einzelnachweis 83

       b) Fahrtätigkeit oder Einsatzwechseltätigkeit 84

       c) Dienstreise 85

       d) Begleitperson 85

    3. Übernachtungskosten 86

    4. Nebenkosten 86

    5. Bewirtung von Geschäftsfreunden/Geschenke 87

VII. DER ARBEITGEBER ERSETZT DIE REISEKOSTEN 87

    1. Allgemeines 87

    2. Verpflegungskosten 88

    3. Kraftfahrzeugkosten 88

       a) Pauschalierung 88

       b) Kosten des Führerscheins 90

Seite

    4.   Unfallversicherung 90

VIII. DER ARBEITGEBER ERSETZT NACH FESTEN SÄTZEN 91

    1.   Pauschalabgeltung steuerpflichtig 91

    2.   Pauschalierte Verpflegungskosten 91
        a) Verpflegungspauschbeträge 91
        b) Lohnsteuer-Pauschalierung von Verpflegungsmehraufwendungen 92

    3.   Pauschalierte Übernachtungskosten 96

    4.   Pauschalierte Gesamt-Reisekosten 97

    5.   Nachweis 97

IX. DER ARBEITGEBER ZAHLT AUSLÖSUNGEN 97

    1.   Allgemeines 97

    2.   Unentgeltliche Überlassung eines Pkw durch den Arbeitgeber ... 99
        a) Gestellung von Kraftfahrzeugen 99
        b) Einzelnachweis 99
        c) Aufzeichnungserleichterungen beim Fahrtenbuch 100
        d) Pauschalierung 101
        e) Abstimmungsverfahren 103
        f) Sonderregelungen bei der Pkw-Gestellung 104
            aa) Dienstliche Nutzung im Zusammenhang mit Fahrten zwischen Wohnung und Arbeitsstätte 104
            bb) Nutzungsverbot 104
            cc) Park and ride 104
            dd) Begrenzung des pauschalen Nutzungswerts (sog. Deckelung) 104
        g) Pkw-Gestellung für mehrere Arbeitnehmer 105
        h) Gestellung von Omnibussen durch den Arbeitgeber 105
        i) Pkw-Gestellung bei Einsatzwechseltätigkeit 105
        j) Pkw-Gestellung bei behinderten Arbeitnehmern 106
        k) Pkw-Gestellung und Aufwendungen für eine Garage 107
        l) Pkw-Gestellung und Unfallkosten 107
        m) Pkw-Gestellung und Zuzahlung des Arbeitnehmers zu den Anschaffungskosten 107
        n) Barlohnumwandlung bei Pkw-Gestellung 107
        o) Gestellung eines Kraftfahrzeugs mit Fahrer 108
        p) Pkw-Gestellung und andere Einkünfte 109

    3.   Steuerfreie oder pauschalbesteuerte Auslösungen 109
        a) Der Arbeitnehmer kehrt täglich nach Hause zurück 109
        b) Der Arbeitnehmer kehrt nicht täglich nach Hause zurück 110
        c) Voraussetzung für die steuerfreie Arbeitgebererstattung 112

    4.   Sätze bei freier Unterkunft oder Verpflegung 112

    5.   Veranlassung der unentgeltlichen Mahlzeitengestellung durch den Arbeitgeber 114

X.   FAHRTEN ZWISCHEN WOHNUNG UND ARBEITSSTÄTTE 115

    1.   Mehrere Fahrten an einem Arbeitstag 115

    2.   Pauschbeträge für Fahrten mit dem eigenen Kraftfahrzeug 115

    3.   Behinderte 116

    4.   Maßgebliche Wohnung 117

Seite

5. Fahrgemeinschaften/Fahrten bei mehreren Dienstverhältnissen oder Arbeitsstätten 118

6. Arbeitsstätte 120

7. Eigenes Fahrzeug/Leasing-Fahrzeug 121

8. Anzahl der Fahrten 122

9. Teilfahrten/Teilstrecken 122

10. Außergewöhnliche Aufwendungen/Unfallkosten 123

11. Fahrten mit anderen Verkehrsmitteln 125

XI. MEHRAUFWENDUNGEN WEGEN DOPPELTER HAUSHALTSFÜHRUNG 126

1. Allgemeines 126

2. Eigener Hausstand 127

3. Zweijahresfrist 128

4. Fahrtkosten 130

5. Familienferngespräche 132

6. Verpflegungsmehraufwendungen 132

7. Aufwendungen für die Zweitwohnung 133

8. Ausländische Arbeitsstätte 134

9. Arbeitnehmer ohne eigenen Hausstand 134

    a) Fahrtkosten 135

    b) Aufwendungen für die Zweitwohnung 135

    c) Verpflegungsmehraufwendungen 136

    d) Einzelnachweis der Mehraufwendungen 136

10. Berufliche Veranlassung der doppelten Haushaltsführung 136

XII. UMZUGSKOSTEN DER ARBEITNEHMER 137

1. Umzüge im Inland 137

2. Auslandsumzüge 142

VIERTER TEIL: AUSLANDSREISEN

A. SELBSTÄNDIGE 147

I. ALLGEMEINES ZUR ABZUGSFÄHIGKEIT VON AUSLANDSREISEKOSTEN 147

II. EINZELNACHWEIS ODER PAUSCHSÄTZE 147

III. VERPFLEGUNGSKOSTEN 147

1. Eintägige Reisen 147

2. Mehrtägige Reisen 148

3. Eintägige Reisen ins Ausland/Rückreisetage aus dem Ausland ... 148

4. Flugreisen 149

5. Schiffsreisen 149

IV. ÜBERNACHTUNGSKOSTEN 149

V. REISENEBENKOSTEN 150

B. ARBEITNEHMER 151

I. DER ARBEITNEHMER TRÄGT DIE REISEKOSTEN SELBST 151

1. Verpflegungsmehraufwendungen 151

		Seite
a) Eintägige Reisen		151
b) Mehrtägige Reisen		151
2. Übernachtungskosten		152
3. Pauschbeträge bei doppelter Haushaltsführung		152
4. Reisenebenkosten		152

II. DER ARBEITGEBER ERSETZT DIE REISEKOSTEN 152

    1. Allgemeines 152

    2. Fahrtkosten 153

    3. Verpflegungs- und Übernachtungskosten 153

    4. Reisenebenkosten 153

FÜNFTER TEIL: UMSATZSTEUER

A. VORBEMERKUNG: UMFANG DER REISEKOSTEN 157

B. AUSSTELLUNG VON RECHNUNGEN 159

I. RECHNUNGSAUSSTELLUNG MIT GESONDERTEM STEUERAUSWEIS 159

II. KLEINBETRAGS-RECHNUNGEN 159

III. FAHRAUSWEISE ALS RECHNUNGEN 160

C. VORSTEUERABZUG 162

I. ALLGEMEINES 162

II. KLEINBETRAGS-RECHNUNGEN 162

III. VORSTEUERABZUG FÜR UMZUGSKOSTEN 162

IV. FAHRAUSWEISE UND REISEGEPÄCK 163

**V. VORSTEUERABZUG BEI EINZELNACHWEIS DER VERPFLEGUNGS-
MEHRAUFWENDUNGEN** 164

    1. Allgemeines 164

    2. Vorsteuerabzug bei Geschäftsreisen 164

    3. Vorsteuerabzug bei Dienstreisen 164

    4. Vorsteuer-Gesamtpauschalierung mit 10,5 % – Seit 1.4.1999
       entfallen 164

VI. REISEKOSTEN-PAUSCHBETRÄGE 164

    1. Allgemeines 164

    2. Reisekosten-Pauschbeträge des Unternehmers 165

    3. Reisekostenersatz an Arbeitnehmer 165

    4. Sammeltransport 165

VII. KFZ-GESTELLUNG AN ARBEITNEHMER/GESCHÄFTSWAGEN 166

    1. Umsatzsteuerliche Behandlung der Kfz-Gestellung an
       Arbeitnehmer 166

    2. Umsatzsteuerliche Behandlung der Privatnutzung von Geschäfts-
       wagen durch den Unternehmer – Rechtslage für bis zum 31.3.1999
       angeschaffte oder hergestellte, eingeführte, innergemeinschaftlich
       erworbene oder gemietete Kraftfahrzeuge 168

       a) Fahrtenbuchmethode 169

	Seite
b) 1 %-Methode	169
c) Schätzung des privaten Nutzungsanteils	169
d) Fahrten zwischen Wohnung und Betrieb/doppelte Haushaltsführung	170
e) Behandlung außergewöhnlicher Kraftfahrzeugkosten	171
3. Umsatzsteuerliche Behandlung der Privatnutzung von Geschäftswagen durch den Unternehmer – Rechtslage für nach dem 31.3.1999 angeschaffte oder hergestellte, eingeführte, innergemeinschaftlich erworbene oder gemietete Kraftfahrzeuge	171
VIII. UNTERNEHMERISCHE NUTZUNG PRIVATER KRAFTFAHRZEUGE	172
D. VERBOT DES VORSTEUERABZUGS	173
I. STEUERFREIE UMSÄTZE	173
II. BESTEUERUNG DER KLEINUNTERNEHMER	173
III. ABZUGSVERBOT BEI VERPFLEGUNGS-, ÜBERNACHTUNGS- UND FAHRTKOSTEN	173
STICHWORTVERZEICHNIS	175

ABKÜRZUNGSVERZEICHNIS

Abs.	Absatz
Abschn.	Abschnitt
AO	Abgabenordnung
BdF	Bundesminister der Finanzen
BFH	Bundesfinanzhof
BFH/NV	Sammlung amtlich nicht veröffentlichter Entscheidungen des Bundesfinanzhofs
BGBl.	Bundesgesetzblatt
BMF	Bundesfinanzministerium
BStBl	Bundessteuerblatt
Buchst.	Buchstabe
BUKG	Bundesumzugskostengesetz
DB	Der Betrieb (Zeitschrift)
d.h.	das heißt
DStR	Deutsches Steuerrecht (Zeitschrift)
EFG	Entscheidungen der Finanzgerichte
EStDV	Einkommensteuer-Durchführungsverordnung
EStG	Einkommensteuergesetz
EStH	Einkommensteuerhandbuch (amtliches)
EStR	Einkommensteuer-Richtlinien
EuGH	Europäischer Gerichtshof
evtl.	eventuell
ff.	fortfolgende
FG	Finanzgericht
ggf.	gegebenenfalls
GrS	Großer Senat
H	Hinweis in den Einkommensteuer-Richtlinien
HFR	Höchstrichterliche Finanzrechtsprechung (Zeitschrift)
i.d.F.	in der Fassung
i.e.S.	im engeren Sinne
i.H.v.	in Höhe von
incl.	inklusive
i.S.d.	im Sinne des
i.S.v.	im Sinne von
i.V.m.	in Verbindung mit
LStDV	Lohnsteuer-Durchführungsverordnung
LStH	Hinweis zu den LStR
LStR	Lohnsteuer-Richtlinien
m.E.	meines Erachtens
m.w.N.	mit weiteren Nachweisen
n.v.	nicht veröffentlicht

Abkürzungsverzeichnis

R   Abschnitt der Einkommensteuer-Richtlinien

s.   siehe
sog.   sogenannte
StRK   Steuerrechtskartei

Tz.   Textziffer

u.ä.   und ähnliche
u.a.   unter anderem
UR   Umsatzsteuer-Rundschau
UStDV   Umsatzsteuer-Durchführungsverordnung
UStG   Umsatzsteuergesetz
UStR   Umsatzsteuer-Richtlinien

vgl.   vergleiche

z.B.   zum Beispiel
zzgl.   zuzüglich

ERSTER TEIL:
TABELLEN

Tabelle 1 Inlandsreisen

		Verpflegungsmehraufwendungen			Übernachtung[3]
		Dauer der Abwesenheit am jeweiligen Kalendertag			
		24 Stunden	mindestens 14 Stunden	weniger als 14, aber mindestens 8 Stunden	
		DM	DM	DM	DM
Dienst-/Geschäftsreise[1][2]	je Kalendertag	46	20	10	39
Fahrtätigkeit[2][4]	je Kalendertag	46	20	10	
Einsatzwechseltätigkeit[2][4]	je Kalendertag	46	20	10	

[1] Für die Annahme einer Dienst-/Geschäftsreise ist es nicht mehr erforderlich, daß die auswärtige Tätigkeitsstätte mehr als 20 km von der Wohnung und der regelmäßigen Arbeitsstätte entfernt sein muß (→ Tz. 5 bzw. 10).

[2] **Bei Dienstreisen ab 1.4.1999 ist der Vorsteuerabzug für Verpflegungsmehraufwendungen und Übernachtungskosten generell ausgeschlossen (→ Tz. 318).** Bei einer Fahr- oder Einsatzwechseltätigkeit war der Vorsteuerabzug bereits ausgeschlossen.

[3] Nur anwendbar auf Vergütungen des Arbeitgebers an Arbeitnehmer (→ Tz. 153). Selbständige können im Inland für die Übernachtung Pauschbeträge nicht beanspruchen; sie müssen solche Kosten nachweisen (→ Tz. 42).

[4] Bei einer Fahrtätigkeit oder Einsatzwechseltätigkeit dürfen die Verpflegungsmehraufwendungen mit den Pauschbeträgen wie bei einer Dienstreise angesetzt werden; maßgebend dabei ist allein die Dauer der Abwesenheit von der Wohnung am jeweiligen Kalendertag.

Tabelle 2 Auslandsreisen[1][2]

Überblick über die seit 1.3.1999 gültigen Pauschbeträge für Verpflegungsmehraufwendungen und Übernachtungskosten:

Bei Auslandsreisen nach	Pauschbeträge für Verpflegungsmehraufwendungen bei einer Abwesenheitsdauer je Kalendertag von			Pauschbetrag für Übernachtungskosten
	mindestens 24 Stunden	weniger als 24 Stunden, aber mindestens 14 Stunden	weniger als 14 Stunden, aber mindestens 8 Stunden	
	DM	DM	DM	DM
A				
Ägypten	48	32	16	120
– Kairo	48	32	16	160
Äquatorialguinea	74	50	25	140

[1] Für die in der Bekanntmachung nicht erfaßten Länder ist der für Luxemburg geltende Pauschbetrag maßgebend; für die in der Bekanntmachung nicht erfaßten Übersee- und Außengebiete eines Landes ist der für das Mutterland geltende Pauschbetrag maßgebend (LStR 39 Abs. 3 Satz 2).

[2] Bei den Auslandstagegeldern und Übernachtungskosten sind in 2000 Änderungen zu erwarten. Wir werden hierüber informieren. Falls Sie ein Fax-Gerät haben: einfach auf „Abruf" oder „Polling" stellen und 02 28/7 24 99-06 wählen.

Erster Teil: Tabellen

Bei Auslandsreisen nach	Pauschbeträge für Verpflegungs-mehraufwendungen bei einer Abwesenheitsdauer je Kalendertag von			Pauschbetrag für Über-nachtungs-kosten
	mindestens 24 Stunden DM	weniger als 24 Stunden, aber mindestens 14 Stunden DM	weniger als 14 Stunden, aber mindestens 8 Stunden DM	DM
Äthiopien	54	36	18	140
Afghanistan	74	50	25	140
Albanien	54	36	18	130
Algerien	72	48	24	90
Andorra	60	40	20	160
Angola	90	60	30	200
Argentinien	108	72	36	220
Armenien	36	24	12	90
Aserbaidschan	48	32	16	100
Australien	72	48	24	140
– Canberra	78	52	26	160
B				
Bahamas	74	50	25	140
Bahrain	78	52	26	130
Bangladesh	60	40	20	260
Barbados	74	50	25	140
Belgien	74	50	25	130
Benin	54	36	18	80
Bolivien	42	28	14	120
Bosnien-Herzegowina	72	48	24	110
Botsuana	60	40	20	120
Brasilien	90	60	30	130
Brunei (Darussalam)	96	64	32	140
Bulgarien	42	28	14	150
Burkina Faso	54	36	18	80
Burundi	78	52	26	180
C				
Chile	60	40	20	140
China	78	52	26	140
– Hongkong	78	52	26	170
– Kanton	78	52	26	170
– Shanghai	96	64	32	160

Tabelle 2

Bei Auslandsreisen nach	Pauschbeträge für Verpflegungs-mehraufwendungen bei einer Abwesenheitsdauer je Kalendertag von			Pauschbetrag für Über-nachtungs-kosten
	mindestens 24 Stunden DM	weniger als 24 Stunden, aber mindestens 14 Stunden DM	weniger als 14 Stunden, aber mindestens 8 Stunden DM	DM
(China) Taiwan	84	56	28	200
Costa Rica	54	36	18	130
Côte d'Ivoire	60	40	20	100
D				
Dänemark	96	64	32	100
– Kopenhagen	96	64	32	150
Dominikanische Republik	72	48	24	160
Dschibuti	74	50	25	140
E				
Ecuador	54	36	18	140
El Salvador	48	32	16	140
Eritrea	54	36	18	140
Estland	66	44	22	140
F				
Fidschi	60	40	20	110
Finnland	72	48	24	130
Frankreich	78	52	26	100
– Paris*)	96	64	32	160
G				
Gabun	72	48	24	140
Gambia	74	50	25	140
Georgien	84	56	28	250
Ghana	60	40	20	150
Griechenland	60	40	20	100
Guatemala	72	48	24	150
Guinea	66	44	22	120
Guinea-Bissau	54	36	18	120
Guyana	74	50	25	140

*) einschl. der Departements Haute-Seine, Seine-Saint Denis und Val-de-Marne.

Erster Teil: Tabellen

Bei Auslandsreisen nach	Pauschbeträge für Verpflegungs-mehraufwendungen bei einer Abwesenheitsdauer je Kalendertag von			Pauschbetrag für Über-nachtungs-kosten
	mindestens 24 Stunden DM	weniger als 24 Stunden, aber mindestens 14 Stunden DM	weniger als 14 Stunden, aber mindestens 8 Stunden DM	DM
H				
Haiti	90	60	30	140
Honduras	42	28	14	120
I				
Indien	48	32	16	160
– Bombay	48	32	16	230
Indonesien	48	32	16	180
Irak	74	50	25	140
Iran, Islamische Republik	42	28	14	180
Irland	90	60	30	150
Island	96	64	32	200
Israel	72	48	24	150
Italien	78	52	26	150
J				
Jamaika	66	44	22	150
Japan	114	76	38	140
– Tokio	114	76	38	170
Jemen	96	64	32	200
Jordanien	60	40	20	100
Jugoslawien (Serbien/ Montenegro)	72	48	24	130
K				
Kambodscha	84	56	28	160
Kamerun	60	40	20	80
Kanada	78	52	26	150
Kap Verde	74	50	25	140
Kasachstan	48	32	16	120
Katar	60	40	20	120
Kenia	60	40	20	160
Kirgisistan	36	24	12	120
Kolumbien	60	40	20	120
Komoren	74	50	25	140

Tabelle 2

Bei Auslandsreisen nach	Pauschbeträge für Verpflegungs-mehraufwendungen bei einer Abwesenheitsdauer je Kalendertag von			Pauschbetrag für Über-nachtungs-kosten
	mindestens 24 Stunden	weniger als 24 Stunden, aber mindestens 14 Stunden	weniger als 14 Stunden, aber mindestens 8 Stunden	
	DM	DM	DM	DM
Kongo	66	44	22	120
Kongo, Demokr. Republik	102	68	34	220
Korea, Demokr. Republik	96	64	32	130
Korea, Republik	108	72	36	220
Kroatien	78	52	26	120
Kuba	60	40	20	140
Kuwait	78	52	26	240
L				
Laotische Demokr. Volksrep.	60	40	20	90
Lesotho	48	32	16	110
Lettland	54	36	18	140
Libanon	72	48	24	180
Liberia	74	50	25	140
Libysch-Arabische Dschamahirija	120	80	40	200
Liechtenstein	90	60	30	160
Litauen	42	28	14	100
Luxemburg	74	50	25	140
M				
Madagaskar	42	28	14	150
Malawi	48	32	16	120
Malaysia	60	40	20	80
Malediven	60	40	20	160
Mali	60	40	20	150
Malta	54	36	18	100
Marokko	72	48	24	110
Mauretanien	72	48	24	140
Mauritius	74	50	25	140
Mazedonien	42	28	14	110
Mexiko	48	32	16	140

Erster Teil: Tabellen

Bei Auslandsreisen nach	Pauschbeträge für Verpflegungs-mehraufwendungen bei einer Abwesenheitsdauer je Kalendertag von			Pauschbetrag für Über-nachtungs-kosten
	mindestens 24 Stunden DM	weniger als 24 Stunden, aber mindestens 14 Stunden DM	weniger als 14 Stunden, aber mindestens 8 Stunden DM	DM
Moldau, Republik	36	24	12	170
Monaco	78	52	26	100
Mongolei	54	36	18	110
Mosambik	66	44	22	150
Myanmar (früher Burma)	54	36	18	130
N				
Namibia	48	32	16	90
Nepal	48	32	16	150
Neuseeland	84	56	28	160
Nicaragua	60	40	20	110
Niederlande	78	52	26	140
Niger	60	40	20	140
Nigeria	84	56	28	180
Norwegen	84	56	28	170
O				
Österreich	72	48	24	110
– Wien	72	48	24	160
Oman	84	56	28	120
P				
Pakistan	48	32	16	140
Panama	66	44	22	120
Papua-Neuguinea	72	48	24	170
Paraguay	48	32	16	120
Peru	72	48	24	210
Philippinen	72	48	24	150
Polen	48	32	16	100
– Breslau	48	32	16	130
– Danzig	48	32	16	110
– Warschau	66	44	22	200
Portugal	66	44	22	130
R				
Ruanda	74	50	25	140

Tabelle 2

Bei Auslandsreisen nach	Pauschbeträge für Verpflegungs-mehraufwendungen bei einer Abwesenheitsdauer je Kalendertag von			Pauschbetrag für Über-nachtungs-kosten
	mindestens 24 Stunden DM	weniger als 24 Stunden, aber mindestens 14 Stunden DM	weniger als 14 Stunden, aber mindestens 8 Stunden DM	DM
Rumänien	48	32	16	200
Russische Föderation	102	68	34	250
– Nowosibirsk	30	20	10	50
– Saratow	24	16	8	50
– St. Petersburg	90	60	30	180
S				
Sambia	42	28	14	130
Samoa	54	36	18	110
San Marino	78	52	26	150
Sao Tomé und Principe	74	50	25	140
Saudi-Arabien	78	52	26	130
Schweden	84	56	28	170
Schweiz	90	60	30	160
Senegal	66	44	22	120
Sierra Leone	66	44	22	150
Simbabwe	36	24	12	120
Singapur	66	44	22	140
Slowakei	42	28	14	100
Slowenien	60	40	20	110
Somalia	74	50	25	140
Spanien	60	40	20	160
Sri Lanka	42	28	14	150
Sudan	84	56	28	210
Südafrika	48	32	16	100
Swasiland	74	50	25	140
Syrien, Arab. Republik	60	40	20	180
T				
Tadschikistan	42	28	14	90
Tansania, Verein. Republik	42	28	14	120
Thailand	60	40	20	120
Togo	48	32	16	100
Tonga	60	40	20	70

Erster Teil: Tabellen

Bei Auslandsreisen nach	Pauschbeträge für Verpflegungs- mehraufwendungen bei einer Abwesenheitsdauer je Kalendertag von			Pauschbetrag für Über- nachtungs- kosten
	mindestens 24 Stunden DM	weniger als 24 Stunden, aber mindestens 14 Stunden DM	weniger als 14 Stunden, aber mindestens 8 Stunden DM	DM
Trinidad und Tobago	72	48	24	140
Tschad	66	44	22	120
Tschechische Republik	42	28	14	130
Türkei (europäischer Teil)	48	32	16	130
– Ankara	48	32	16	120
– übriger asiatischer Teil	48	32	16	90
Tunesien	60	40	20	120
Turkmenistan	60	40	20	160
U				
Uganda	60	40	20	140
Ukraine	90	60	30	220
Ungarn	48	32	16	140
Uruguay	84	56	28	150
Usbekistan	60	40	20	100
V				
Vatikanstadt	78	52	26	150
Venezuela	60	40	20	180
Vereinigte Arab. Emirate	84	56	28	180
Vereinigte Staaten	96	64	32	170
– Houston	84	56	28	170
– New York	120	80	40	180
– Washington*)	114	76	38	180
Vereinigtes Königreich	84	56	28	130
– London	96	64	32	210
Vietnam	60	40	20	120
W				
Weißrußland	48	32	16	80
Z				
Zentralafrik. Republik	54	36	18	100
Zypern	72	48	24	100

---

*) einschl. Alexandria/Virginia und Arlington/Virginia.

Tabelle 3 Entfernungskilometer – Inland

Straßen-km · / Bahn-km *	Aachen	Augsburg	Berlin	Bonn	Braunschweig	Bremen	Chemnitz	Düsseldorf	Dresden	Frankfurt/M.	Freiburg	Hamburg	Hannover	Karlsruhe	Kassel	Kiel	Köln	Leipzig	Mannheim	München	Münster	Nürnberg	Rostock	Saarbrücken	Stuttgart	Trier	Wiesbaden	Würzburg	Wuppertal
Aachen		593	633	91	412	378	593	80	659	259	505	488	353	372	330	581	70	585	317	648	211	475	696	246	446	166	235	369	121
Augsburg	644		586	509	627	755	416	566	488	364	354	784	641	229	484	877	523	427	289	68	660	137	794	373	162	437	371	205	570
Berlin	659	614		598	227	377	271	572	205	555	819	289	288	686	370	369	569	179	631	584	466	437	248	749	624	749	581	537	570
Bonn	100	540	622		383	349	509	77	575	175	421	459	324	288	260	552	27	501	233	564	182	391	650	237	362	150	151	286	84
Braunschweig	430	594	226	394		167	293	351	304	338	602	196	61	469	150	289	346	196	414	625	243	452	322	528	543	590	364	355	297
Bremen	397	700	412	371	183		429	317	470	466	730	119	125	597	278	150	362	306	542	753	171	580	291	656	671	469	483	263	297
Chemnitz	652	458	298	560	322	472		563	76	403	660	488	353	511	323	581	516	80	479	418	489	171	593	597	458	597	429	371	570
Dresden	725	537	226	633	300	517	84		692	469	629	478	292	578	345	520	589	108	571	521	545	335	484	671	495	663	495	437	639
Düsseldorf	92	614	567	74	338	300	619		629	232	478	427	292	345	276	578	47	558	290	621	135	448	659	337	422	209	208	343	29
Frankfurt/M.	294	362	534	189	381	478	443	264	516			516	276	352	193	589	189	395	88	412	222	326	702	202	217	189	32	116	236
Freiburg	529	326	812	425	657	753	726	498	801	278		759	616	135	457	852	588	659	189	395	700	343	947	279	207	343	283	385	482
Hamburg	525	759	291	496	189	119	537	423	552	539	814		154	626	307	93	422	435	571	782	247	609	181	685	700	521	512	373	373
Hannover	376	577	287	342	61	119	388	285	400	357	632	180		483	164	247	287	256	466	571	184	391	279	572	466	557	328	369	243
Karlsruhe	395	272	678	291	523	620	562	365	636	144	134	680	498		324	719	400	526	68	287	567	241	785	144	82	208	144	208	349
Kassel	356	437	433	313	192	290	355	267	428	200	481	353	172	347		400	249	318	269	482	166	309	482	439	383	398	208	222	238
Kiel	633	867	371	605	298	227	639	355	647	647	922	109	288	788	347		515	484	664	875	353	702	166	793	759	614	605	466	462
Köln	71	574	590	34	361	337	568	41	628	222	458	463	309	309	325	568		515	247	578	150	405	613	289	376	177	177	300	55
Leipzig	644	470	197	551	216	398	88	119	614	435	725	430	282	579	284	571		247	471	425	438	208	465	613	399	576	421	378	562
Mannheim	331	309	620	223	467	564	398	301	600	86	195	625	443	61	289	733	282	518		347	518	199	715	132	142	196	92	172	294
München	704	62	675	600	655	761	467	674	532	423	388	820	639	330	508	929	534	445	371		715	167	718	384	277	495	431	280	625
Münster	225	736	472	196	243	173	538	127	611	385	621	291	184	487	220	400	163	482	423	796		542	468	395	459	302	389	436	96
Nürnberg	531	138	477	427	480	586	298	500	371	238	427	611	487	220	252	754	462	252	199	163	623		643	468	211	429	219	108	452
Rostock	696	794	248	462	291	298	639	422	675	629	947	109	181	785	328	166	613	462	875	482	469	714		643	808	614	605	466	557
Saarbrücken	290	423	650	322	462	577	597	291	785	190	328	846	613	151	399	485	277	643	134	485	440	426	866		245	89	186	332	289
Stuttgart	467	178	738	363	650	671	597	318	725	204	285	743	575	92	397	846	376	399	131	240	612	209	864	245		336	226	164	378
Trier	201	547	681	173	570	504	652	437	576	207	227	656	500	207	437	711	115	621	199	466	374	458	707	89	336		196	300	243
Wiesbaden	254	401	575	152	423	472	517	225	544	42	287	580	398	153	245	688	190	463	83	458	280	185	666	186	225	205		149	212
Würzburg	429	220	515	325	378	484	291	398	481	136	347	543	362	213	227	360	360	178	178	281	347	103	706	329	180	329	177		347
Wuppertal	111	613	546	80	317	291	627	28	703	262	498	415	260	364	243	523	47	618	300	673	117	500	557	317	436	230	224	397	

¹) Kilometerangaben ohne Gewähr

Tabelle 4 — Entfernungskilometer – Europa

Straßen-km* / Bahn-km*	Amsterdam	Ankara	Athen	Belgrad	Berlin	Brüssel	Budapest	Frankfurt a.M.	Genf	Hamburg	Helsinki	Kopenhagen	Lissabon	London	Luxemburg	Madrid	München	Oslo	Paris	Prag	Rom	Stockholm	Straßburg	Warschau	Wien
Wien	1 177	2 039	1 899	660	657	1 132	265	723	1 029	1 122	1 787	1 118	2 976	1 506	964	2 444	446	1 697	1 296	309	1 251	1 727	822	679	
Warschau	1 275	2 448	2 308	1 069	590	1 379	674	1 145	1 729	879	1 108	953	3 482	1 586	1 358	2 950	996	1 553	1 690	631	1 921	1 583	1 365		
Straßburg	674	2 743	2 603	1 364	775	434	1 087	220	383	726	2 017	1 033	2 193	808	218	1 661	376	1 627	455	623	1 111	1 657			
Stockholm	1 427	3 766	3 626	2 387	1 070	1 592	1 992	1 437	2 021	931	360	624	3 695	1 771	1 571	3 163	1 718	554	1 903	1 418	2 643				
Rom	1 766	2 416	1 417	1 321	1 529	1 545	1 349	1 312	986	1 712	3 003	2 019	2 730	1 002	1 329	2 086	925	2 613	1 437	1 290					
Prag	956	2 348	2 208	969	348	911	574	502	948	637	1 739	809	2 816	1 285	743	2 284	365	1 388	1 075						
Paris	475	3 198	3 058	1 819	1 100	296	1 561	573	571	972	2 263	1 279	1 792	465	332	1 260	831	1 873							
Oslo	1 397	3 736	3 596	2 357	1 040	1 562	1 962	1 407	1 991	901	914	594	3 665	1 741	1 541	3 133	1 688								
München	843	2 367	2 227	988	584	798	711	395	583	782	2 078	1 094	2 530	1 172	572	1 998									
Madrid	1 735	4 169	4 029	2 790	2 360	1 556	2 709	1 833	1 415	2 435	3 523	2 539	644	1 725	1 592										
Luxemburg	405	2 939	2 799	1 560	768	216	1 229	241	601	640	1 931	947	2 124	590											
London	344	3 539	3 399	2 160	996	374	1 771	783	1 036	840	2 131	1 147	2 257												
Lissabon	2 267	4 813	4 673	3 434	2 892	2 088	3 241	2 365	1 947	2 764	4 055	3 071													
Kopenhagen	803	3 157	3 017	1 778	461	968	1 383	813	1 397	307	984														
Helsinki	1 860	3 444	3 416	2 177	1 430	1 952	1 782	1 797	2 381	1 584															
Hamburg	496	3 320	2 845	2 055	289	661	1 211	495	1 090																
Genf	1 038	2 838	2 698	1 459	1 139	817	1 294	584																	
Frankfurt a.M.	454	2 756	2 616	1 377	555	409	988																		
Budapest	1 442	1 774	1 634	395	922	1 397																			
Brüssel	198	3 165	3 025	1 786	789																				
Berlin	685	2 696	2 556	1 317																					
Belgrad	1 831	1 379	1 239																						
Athen	3 070	1 644																							
Ankara	3 210																								
Amsterdam																									

*) Kilometerangaben ohne Gewähr

ZWEITER TEIL: ÜBERBLICK

RECHTSENTWICKLUNG UND RECHTSGRUNDLAGEN

Die steuerliche Behandlung der Reisekosten, der Bewirtungskosten und der Kosten für betrieblich veranlaßte Geschenke entwickelt sich aufgrund geänderter Gesetzgebung, Rechtsprechung und Verwaltungsauffassung ständig.

Seit 1996 ist ein Einzelnachweis bei den Verpflegungsmehraufwendungen nicht mehr möglich. Es wird auch nicht mehr zwischen Dienstreise/Dienstgang und Geschäftsreise/Geschäftsgang unterschieden. Jede vorübergehende Tätigkeit außerhalb der Wohnung und der regelmäßigen Arbeitsstätte/Betriebstätte wird als Dienstreise angesehen.

Dienstreise:

– Eine längerfristige **vorübergehende Tätigkeit** außerhalb der regelmäßigen Arbeitsstätte/Betriebstätte wird **nur für die ersten 3 Monate** als Dienstreise anerkannt; nach Ablauf der Dreimonatsfrist ist die auswärtige Tätigkeitsstätte als neue regelmäßige Arbeitsstätte anzusehen.

– Es wird nicht mehr zwischen eintägigen und mehrtägigen Dienstreisen/ Geschäftsreisen unterschieden; es gelten je nach Dauer der Abwesenheit **unterschiedliche Pauschbeträge für die Verpflegungsmehraufwendungen von 46 DM/20 DM/10 DM.** Abwesenheitszeiten mehrerer Auswärtstätigkeiten am selben Kalendertag werden zusammengezählt. Wird eine Auswärtstätigkeit nach 16.00 Uhr begonnen und vor 8.00 Uhr des nachfolgenden Kalendertages beendet, ohne daß eine Übernachtung stattfindet, wird die gesamte Tätigkeit dem Kalendertag der überwiegenden Abwesenheit zugerechnet.

– Durch das Jahressteuergesetz 1997 ist seit 1997 die Mindestabwesenheitsdauer für den Pauschbetrag von 10 DM von 10 auf 8 Stunden herabgesetzt worden. Des weiteren ist für Arbeitgeber, die Verpflegungsmehraufwendungen über die steuerlichen Pauschbeträge hinaus vergüten, für die übersteigenden Beträge (bis zu 100 % der Pauschbeträge) die Möglichkeit der Lohnsteuer-Pauschalierungsregelung geschaffen worden.

– Für **Auslandsreisen** gibt es nach Ländern unterschiedliche Pauschbeträge; diese richten sich nach den gesetzlichen Regelungen nach dem Bundesreisekostengesetz (120 % der höchsten Auslandstagegelder). Bei Auslandsreisen mit Abwesenheiten unter 24 Stunden werden 40 bzw. 80 % der höchsten Auslandstagegelder nach dem Bundesreisekostengesetz gewährt. Auch hier gilt die Lohnsteuer-Pauschalierungsregelung für übersteigende Beträge.

– **Übernachtungskosten im Inland** müssen grundsätzlich wie bisher nachgewiesen werden. Bei Arbeitnehmern gilt weiterhin die Pauschale i.H.v. 39 DM, die vom Arbeitgeber steuerfrei erstattet werden kann.

– Sind beim Einzelnachweis in den Hotelrechnungen, Übernachtungsquittungen u.a. **Kosten des Frühstücks** enthalten und nicht gesondert ausgewiesen, sind bei Übernachtungen im Inland **9 DM**, bei **Auslandsübernachtungen 20 %** des maßgeblichen Pauschbetrags für Verpflegungsmehraufwendungen bei einer mehrtägigen Dienstreise vom Gesamt-Rechnungsbetrag abzuziehen.

Doppelte Haushaltsführung:

Bei der doppelten Haushaltsführung gelten die Pauschbeträge für Verpflegungsmehraufwendungen unter Berücksichtigung der Dreimonatsfrist. Liegen bei doppelter Haushaltsführung auch die Voraussetzungen für die Verpflegungspausch-

Zweiter Teil: Überblick

beträge wegen auswärtiger Tätigkeit vor, kann jeweils nur der höchste Pauschbetrag geltend gemacht werden. Die übrigen Mehraufwendungen für eine doppelte Haushaltsführung werden nur noch für die Dauer von zwei Jahren anerkannt. Dies gilt auch für eine doppelte Haushaltsführung, die vor dem 1.1.1996 begonnen hat, so daß z.B. Aufwendungen wegen einer am 1.7.1995 begründeten doppelten Haushaltsführung nur noch für die Zeit bis zum 30.6.1997 berücksichtigt werden konnten.

Nach Ablauf der Zweijahresfrist können die Fahrten vom Beschäftigungsort zum Ort des eigenen Hausstandes und zurück (Familienheimfahrten) zu Fahrten zwischen Wohnung und Arbeitsstätte werden. Aufwendungen für eine Zweitwohnung können innerhalb der Zweijahresfrist in Höhe der nachgewiesenen notwendigen Aufwendungen steuerfrei ersetzt werden. Ohne Einzelnachweis kann der Arbeitgeber die notwendigen Kosten für eine Zweitwohnung drei Monate lang mit einem Pauschbetrag bis zu 39 DM, für die Folgezeit von bis zu 21 Monaten mit einem Pauschbetrag bis zu 8 DM je Übernachtung steuerfrei ersetzen. Bei einer Zweitwohnung im Ausland können die nötigen Aufwendungen ohne Einzelnachweis für drei Monate mit dem für eine Dienstreise geltenden Pauschbetrag, für die Folgezeit mit 40 % dieses Pauschbetrages steuerfrei erstattet werden.

Kraftfahrzeugnutzung:

6 Die seit 1996 geltenden Regelungen für die Ermittlung der privaten Kraftfahrzeugnutzung gelten sowohl für Selbständige wie für Arbeitnehmer. Der Wertansatz der privaten Kraftfahrzeugnutzung ist nur noch durch Einzelnachweis (Fahrtenbuch) oder Zugrundelegung gesetzlicher Pauschalierungen möglich ($\rightarrow$ Tz. 168 ff.). Hier wurden die BMF-Schreiben v. 26.5.1997 (BStBl I, 612) und die Lohnsteuer-Richtlinien 1999 zur ertragsteuerlichen Behandlung ($\rightarrow$ Tz. 168 – 186), das BMF-Schreiben v. 11.3.1997 (BStBl I, 324) und das Steuerentlastungsgesetz 1999/2000/2002 v. 24.3.1999 (BGBl. I, 402) zur umsatzsteuerlichen Behandlung der Kfz-Gestellung ($\rightarrow$ Tz. 325 – 330) berücksichtigt.

Umsatzsteuer:

7 In den Reisekosten ist auch Mehrwertsteuer (Vorsteuer) enthalten.

Durch die Artikel 7 und 8 des Steuerentlastungsgesetzes 1999/2000/2002 v. 24.3.1999 (BGBl. I, 402) ist seit 1.4.1999 ein Verbot des Vorsteuerabzugs aus Reisekosten des Unternehmers und seines Personals in Kraft getreten. Das **Abzugsverbot** umfaßt die **Verpflegungskosten, Übernachtungskosten**, die **Fahrtkosten für Kraftfahrzeuge,** die weder dem Unternehmen zugeordnet noch öffentliche Verkehrsmittel sind.

Des weiteren ist für nach dem 31.3.1999 hergestellte oder angeschaffte Kraftfahrzeuge, die auch privat oder anderweitig unternehmensfremd genutzt werden, der Vorsteuerabzug auf 50 % begrenzt. Dafür entfällt im Gegenzug die Eigenverbrauchsbesteuerung für die Privatnutzung. Hierzu wurde auch das BMF-Schreiben v. 8.6.1999 (BStBl I, 581) berücksichtigt.

Nach § 19 UStG ist die Umsatzsteuer, die ein **Kleinunternehmer** für seine steuerpflichtigen Umsätze schuldet, unter bestimmten Voraussetzungen nicht zu erheben. Die Umsatzgrenze, bis zu der die Umsatzsteuer nicht erhoben wird, beträgt **32 500 DM.** Kleinunternehmer, die von dieser Regelung Gebrauch machen, können Vorsteuern aus den Reisekosten nicht geltend machen. Insbesondere Kleinunternehmer mit einem Jahresumsatz bis zu 32 500 DM müssen daher überlegen, ob sie künftig zur Umsatzsteuer optieren wollen.

Rechtsentwicklung und Rechtsgrundlagen

Die einschlägigen **Verwaltungsanweisungen an die Finanzämter** (Einkommen- 8
steuer-Richtlinien und Lohnsteuer-Richtlinien) zur steuerlichen Behandlung der
Reisekosten sind beachtet und in die Erläuterungen eingearbeitet.

Die **Übersichtlichkeit** der Erläuterungen und Tabellen wird durch **Farbdruck** erleichtert. Das Sachregister erleichtert die Benutzung und führt unmittelbar zu den
entsprechenden Erläuterungen.

Rechtsgrundlagen:

Die Rechtsgrundlagen für das steuerliche Gebiet des Reisekostenabzugs ergeben 9
sich

– für die Einkommensteuer aus dem Einkommensteuergesetz (EStG 1997 v.
  16.4.1997, BGBl I, 821) mit den inzwischen ergangenen Änderungen, zuletzt
  geändert durch Artikel 1 des Steuerentlastungsgesetzes 1999/2000/2002 v. 24.3.
  1999 (BGBl. I, 402);

– für die Einkommensteuer ferner aus der Einkommensteuer-Durchführungs-
  verordnung (EStDV 1997) in der Fassung der Bekanntmachung v. 18.6.1997
  (BGBl. I, 1558); zuletzt geändert durch Artikel 2 des Steuerentlastungsgesetzes
  1999/2000/2002 v. 24.3.1999 (BGBl. I, 402);

– für die Umsatzsteuer aus dem Umsatzsteuergesetz (UStG 1993 v. 27.4.1993,
  BGBl. I 1993, 565) und der Verordnung zur Durchführung des Umsatzsteuer-
  gesetzes (UStDV 1993), zuletzt geändert durch Artikel 8 des Steuerentlastungsgesetzes 1999/2000/2002 v. 24.3.1999 (BGBl. I, 402).

Dazu treten die Verwaltungsanweisungen

– für die Einkommensteuer in den Einkommensteuer-Richtlinien (EStR 1999);

– für die Lohnsteuer in den Lohnsteuer-Richtlinien (LStR 2000), insbesondere in
  den Abschn. 31, 33 – 43;

– für die Umsatzsteuer die Umsatzsteuer-Richtlinien (UStR 2000), insbesondere in
  den Abschn. 172, 186, 194 – 195.

Dieser Ratgeber erläutert, wie Reisekosten und Umsatzsteuer bei Gewerbetreibenden, selbständig Tätigen und Arbeitnehmern zu behandeln sind. Die Reisekosten als Werbungskosten bei den Einkünften aus Kapitalvermögen und aus
Vermietung und Verpachtung sind entsprechend zu berechnen. Die Pauschbeträge
sind auch dort anwendbar.

DRITTER TEIL:
INLANDSREISEN

A. SELBSTÄNDIGE

I. BEGRIFF DER GESCHÄFTSREISE

Seit 1.1.1996 wird **nicht mehr zwischen** einer **Geschäftsreise und einem Ge-** **10** **schäftsgang unterschieden.**

Eine Geschäftsreise ist anzunehmen, wenn ein **Ortswechsel** (einschließlich der Hin- und Rückfahrt) aus **Anlaß einer vorübergehenden Auswärtstätigkeit** vorliegt. Eine solche Auswärtstätigkeit liegt vor, wenn der Selbständige **außerhalb seiner Wohnung und seiner regelmäßigen Betrieb-/Tätigkeitsstätte** beruflich tätig wird. Dabei ist es unerheblich, ob die Geschäftsreise von der Wohnung oder vom Betrieb aus angetreten wird. Eine Auswärtstätigkeit wird als vorübergehend angesehen, wenn der selbständig Tätige voraussichtlich an die regelmäßige Arbeitsstätte zurückkehren und dort seine berufliche Tätigkeit fortsetzen wird (BFH v. 10.10.1994, BStBl II 1995, 137).

Es kommt also **nur noch** darauf an, daß die Reise **aus betrieblichem, geschäftlichem oder beruflichem Anlaß** unternommen wird. Die **Entfernung** zwischen regelmäßiger Betrieb-/Tätigkeitsstätte bzw. Wohnung und auswärtigem Geschäftsort ist **unerheblich.**

Eine betriebliche oder berufliche Veranlassung ist dann gegeben, wenn zwischen dem Anlaß der Reise und dem Betrieb oder Beruf ein wirtschaftlicher Zusammenhang besteht. Die Frage, ob die Reise dabei wirtschaftlich sinnvoll ist, spielt keine Rolle. Es kommt allein auf die Entscheidung des Gewerbetreibenden oder des Selbständigen an, daß die Reise im Interesse des Betriebs durchgeführt wird. Die betriebliche oder berufliche Veranlassung ist immer dann gegeben, wenn ein konkreter Zusammenhang zur betrieblichen oder beruflichen Tätigkeit, z.B. Verkaufsverhandlungen, besteht. Aber auch Reisen, bei denen ein solcher Zusammenhang **noch** nicht besteht, z.B. zur Erkundung von Einkaufs- oder Verkaufsmöglichkeiten, zu Messen, Fachtagungen usw., sind in aller Regel betrieblich oder beruflich veranlaßt. Die Häufigkeit der Reisen ist unerheblich. Desweiteren setzt eine Geschäftsreise die Existenz einer **regelmäßigen** Betrieb-/Tätigkeitsstätte voraus, von der der Geschäftsreisende vorübergehend abwesend ist. Regelmäßige Betrieb-/ Tätigkeitsstätte ist demnach der Mittelpunkt der auf Dauer angelegten betrieblichen oder beruflichen Tätigkeit. Bei einer längerfristigen Auswärtstätigkeit wird nach Ablauf der für Arbeitnehmer geltenden Dreimonatsfrist auch bei Gewerbetreibenden oder Selbständigen die auswärtige Tätigkeitsstätte zur regelmäßigen Betrieb-/Tätigkeitsstätte, so daß eine Geschäftsreise nur für die ersten drei Monate anerkannt wird. Zur Dreimonatsfrist → Tz. 117. Die Dreimonatsfrist **gilt nicht** bei Geschäftsreisenden, die ihre Tätigkeit an täglich mehrmals wechselnden Tätigkeitsstätten ausüben, z.B. bei selbständigen Handels- oder Reisevertretern.

Dient eine Reise **teils betrieblichen und teils privaten Zwecken,** dann kommt es **11** darauf an, ob eindeutig festzustellen ist, welcher Zweck überwiegt. Erfolgt der Reisezweck vorwiegend aus privaten Gründen (z.B. Erholung), dann liegt grundsätzlich eine private Reise vor. Die Kosten können steuerlich nicht berücksichtigt werden, und zwar auch dann nicht, wenn bei dieser Gelegenheit an der Fahrtstrecke wohnende Geschäftsfreunde aufgesucht werden. Zu den Reisekosten zählen in solchen Fällen nur die nachweisbaren Mehrausgaben, die während der privaten Reise ausschließlich durch die Erledigung der gewerblichen oder beruflichen Geschäfte entstanden sind (BFH v. 4.12.1974, BStBl II 1975, 379). Wird aber ein eindeutiger Nachweis nicht geführt, dann wird die Abziehbarkeit solcher Aufwendungen grundsätzlich verneint, es sei denn, daß eine schätzungsweise Aufteilung möglich ist. Ist die Reise durch den Betrieb veranlaßt und wird sie mit der Verfolgung privater Zwecke verbunden, dann gehören nur diejenigen Mehrauf-

Dritter Teil: Inlandsreisen

wendungen zu den nichtabziehbaren Lebensführungskosten, die durch die privaten Zwecke entstanden sind.

12 Der erforderliche Nachweis oder zumindest die Glaubhaftmachung dafür, daß es sich um eine Geschäftsreise oder um eine aus beruflichen Gründen durchgeführte Reise gehandelt hat, muß immer erbracht werden. Das kann z.B. durch Vorlage der Reiseberichte und der geschäftlichen Korrespondenz, durch Vorlage der Fahrkarten oder der Fahrtenbücher (Tankstellenquittungen), durch Hotelrechnungen usw. geschehen.

BEISPIELE:

1. Ein Unternehmer aus Bonn verbringt seinen Winterurlaub in Garmisch. Wegen der schlechten Wetterlage besucht er mit seinem Pkw an einem Tag Geschäftsfreunde in München, um mit ihnen Verkaufsverhandlungen zu führen. Die dabei entstehenden Kosten sind, weil sich diese eintägige Reise eindeutig vom Erholungsaufenthalt abtrennen läßt, Betriebsausgaben.

2. Ein Hamburger Unternehmer fährt mit der Bundesbahn nach München, um dort Geschäftsfreunde aufzusuchen. Da er übers Wochenende nicht geschäftlich arbeiten kann, nutzt er die Zeit zu einer Fahrt nach Garmisch und kehrt von dort zurück nach München, wo er am Montagmorgen seine geschäftlichen Verhandlungen fortsetzt. Sowohl die Fahrtkosten für den Abstecher nach Garmisch als auch die beim dortigen Aufenthalt angefallenen Verpflegungs- und Übernachtungskosten sind von den Aufwendungen der Geschäftsreise zu trennen.

3. Ein Unternehmer fährt am Mittwoch mit der Bundesbahn von Bonn nach München, um dort mit Geschäftsfreunden zu verhandeln. Seine Verhandlungen sind erst am Freitag spätabends beendet, so daß er sich entschließt, am Samstagmorgen seine in Bad Wiessee zur Kur weilende Ehefrau zu besuchen. Am Montagmorgen fährt er unmittelbar von Bad Wiessee nach Bonn zurück. Er stellt fest, daß er folgende Betriebsausgaben geltend machen kann: die Kosten der Hinreise Bonn – München, von der Rückreise den Kostenanteil des Fahrpreises München – Bad Wiessee – Bonn, den er für die direkte Heimfahrt München – Bonn hätte aufwenden müssen.

   Die Unterbringungskosten für den Besuch in Bad Wiessee sind vollständig von den Kosten der Geschäftsreise zu trennen, da er die Rückreise am Samstagvormittag hätte antreten können und eine weitere Übernachtung nicht notwendig gewesen wäre. Er könnte allerdings den Teil der Verpflegungskosten, den er auch für die Dauer der Rückreise München – Bonn hätte berücksichtigen können, als Betriebsausgaben ansetzen.

II. STUDIEN-, ERHOLUNGS-, INFORMATIONS-, BILDUNGS- UND INCENTIVE-REISEN

13 Reisen zur beruflichen Fortbildung, sogenannte **Studienreisen,** sind mit den durch sie erwachsenden Ausgaben abziehbar, wenn sie so gut wie ausschließlich betrieblich oder beruflich bedingt sind. Bei solchen Fortbildungsreisen bereitet oftmals die Abgrenzung zu den nichtabziehbaren Kosten für bloße Erholungs- und Vergnügungsreisen oder zu solchen Reisen, die der allgemeinen Wissensbereicherung dienen, gewisse Schwierigkeiten.

14 Das Finanzamt legt insbesondere bei der Anerkennung von Ausgaben für **Auslandsreisen** strenge Maßstäbe an. Solche Ausgaben können nur dann als Betriebsausgaben oder Werbungskosten anerkannt werden, wenn die Reise im Rahmen einer lehrgangsmäßigen Organisation oder nach Art eines beruflichen Praktikums oder in einer Weise durchgeführt wird, die die Möglichkeit eines anderen (privaten) Reisezwecks so gut wie ausschließt. Die betrieblichen oder beruflichen Gründe, die für die Reise mitbestimmend waren, müssen die privaten Gründe ausschließen oder weitaus überwiegen. Es genügt für die Anerkennung der Reisekosten nicht, daß diese Reisen in Gebiete führen, die für die Berufsausübung wertvoll und förderlich sind. Bei vielen Steuerpflichtigen in guten Einkommensverhältnissen gehören heute Auslandsreisen zur privaten Lebensgestaltung. Dem Betriebsausgabenabzug der Kosten für die Teilnahme an einer beruflichen Fortbildungsveranstaltung steht nicht entgegen, daß dieser Veranstaltung ein **Urlaubsaufenthalt** an demselben Ort **vorangeht.** Die Kosten der Reise zum Veranstaltungsort und zurück einschließlich Reisenebenkosten können in diesem Falle ebenso wie die Kosten des Urlaubsaufenthalts nicht als Betriebsausgaben abgezogen werden (BFH v. 23.4.1992, BStBl II, 898 und v. 30.12.1996, VI B 139/96, BFH/NV 1997, 240, hinsichtlich der Flugkosten bei einer Fortbildungsreise mit anschließendem 10tägigen Urlaub bei einem Selbständigen).

Gegen die betriebliche/berufliche Veranlassung von Studienreisen ins Ausland spricht die Tatsache, daß Anlagen und Einrichtungen gleicher Art im Inland oder im näherliegenden Ausland hätten besucht werden können. Das gleiche gilt für Sprachkurse im Ausland, wenn die Durchführung der Veranstaltung im Inland den gleichen Erfolg hätte haben können (BFH v. 31.7.1980, BStBl II, 746). Bei Fachkongressen im Ausland können Zweifel an der betrieblichen/beruflichen Veranlassung insbesondere dann bestehen, wenn die Veranstaltungen an beliebten Erholungsorten stattfinden. Der Ort einer Fachtagung ist jedoch von geringer Bedeutung, wenn es sich um eine Tagung internationalen Gepräges mit Beteiligung ausländischer Teilnehmer und Dozenten handelt (BFH v. 16.1.1974, BStBl II, 291).

Für die steuerliche Anerkennung der Kosten von Reisen ins Ausland kann es bedeutsam sein, ob es sich um Studienreisen oder die Teilnahme an Lehrgängen gehandelt hat. Bei straff geführten Lehrgängen kann regelmäßig unterstellt werden, daß die Teilnahme aus beruflichen Gründen erfolgte. Bei Studienreisen ist jedoch immer zu prüfen, ob mit dieser Reise ausschließlich oder weitaus überwiegend berufliche Fortbildungszwecke verfolgt wurden und die Studienreise auch der Fortbildung gedient hat. Die Wahl des Tagungsortes, die Tagungsdauer, das Tagungsprogramm, der Teilnehmerkreis, die Überwachung der Teilnahme an den Veranstaltungen, die Gestaltung der Wochenenden und der Feiertage lassen in der Regel Rückschlüsse darauf zu, ob es sich um einen Auslandsaufenthalt gehandelt hat, der vornehmlich der beruflichen Fortbildung dienen sollte. Private Bildungs-, Erholungs- und Vergnügungsreisen können steuerlich nicht berücksichtigt werden.

Wird ein Steuerpflichtiger auf der Reise von seiner Ehefrau begleitet, legt die Rechtsprechung schon den Schluß nahe, daß zumindest die Reisekosten der mitreisenden Ehefrau nicht betrieblich veranlaßt sind, sofern nicht einwandfrei nachgewiesen wird, daß hierfür ein enger Zusammenhang zu Beruf oder Betrieb besteht (vgl. BFH v. 19.2.1965, BStBl III, 282). Der Umstand, daß die Ehefrau oder sonstige Familienangehörige mitreisen, kann schon den Anschein erwecken, daß es sich nicht um eine betrieblich oder beruflich veranlaßte Reise handelt. Ist die Ehefrau oder der Familienangehörige jedoch gleichzeitig Angestellter des Betriebs, sprechen die Umstände für einen betrieblichen Anlaß (BFH v. 13.2.1980, BStBl II, 386). **15**

Die **Rechtsprechung des BFH** hat sich in einer Vielzahl von Urteilen zu Auslandsreisen geäußert, die teils betrieblichen oder beruflichen und teils privaten Charakter trugen. In allen Urteilen kommt jedoch zum Ausdruck, daß an die betriebliche oder berufliche Veranlassung der Reise strenge Anforderungen zu stellen sind. Die Kosten von Reisen mit ausschließlich oder weitaus überwiegend privatem Anlaß sind nicht zu berücksichtigen. Das bedeutet jedoch andererseits nicht, daß Mehrkosten, die anläßlich einer solchen Privatreise betrieblich oder beruflich aufgewendet wurden, als Betriebsausgaben oder Werbungskosten nicht anzuerkennen sind, sofern sie sich einwandfrei von den übrigen Reisekosten abgrenzen lassen. Aus dem Katalog der Urteile, die sich mit Auslandsreisen befassen, seien folgende (in alphabetischer Reihenfolge der Berufsgruppen) genannt: **16**

Ärzte:

1. **Ärztekursus in Meran:** BFH v. 28.8.1958, BStBl III 1959, 44.
2. **Reise eines Arztes nach Lambarene:** BFH v. 9.12.1960, BStBl III 1961, 126.
3. **Ärztekursus in Davos:** BFH v. 13.4.1961, BStBl III 1962, 308.
4. **USA-Reise eines Zahnarztes:** BFH v. 24.8.1962, BStBl III, 487.
5. **Ärztekursus in Velden:** BFH v. 16.7.1964, StRK § 4 EStG R. 758.
6. **Ärztekongreß in Athen:** BFH v. 22.7.1965, BStBl III, 644.
7. **Ärztekursus in Kärnten:** BFH v. 2.12.1965, BStBl III 1966, 69.
8. **USA-Reise eines Augenarzt-Ehepaares:** BFH v. 8.8.1968, BStBl III, 680.
9. **Reise eines Augenarztes durch Indien:** BFH v. 5.12.1968, BStBl III 1969, 235.
10. **Reise eines Arztes nach Malta zu katholischem Ärzte-Kongreß:** BFH v. 20.3.1969, BStBl II, 338.
11. **Reise eines Hals-, Nasen- und Ohrenarztes zu einem Kongreß in Kanada:** BFH v. 1.4.1971, HFR 1971, 422.
12. **Aufwendungen eines Zahnarztes für eine Reise zum Besuch eines Fachkongresses im Ausland:** BFH v. 28.10.1976, BStBl II 1977, 238.
13. **Teilnahme eines Arztes an einem Fortbildungskongreß:** BFH v. 4.8.1977, HFR 1977, 471.
14. **Reise eines Facharztes zu einem Fachkongreß in Japan:** BFH v. 15.7.1976, BStBl II 1977, 54.
15. **Vortragsreise eines Arztes zu einem Fachkongreß in Südafrika:** BFH v. 12.4.1979, BStBl II, 513.
16. **Teilnahme an einem von einem Sportärzteverband veranstalteten Fortbildungslehrgang zur Erlangung der Zusatzbezeichnung Sportmedizin:** BFH v. 19.10.1989, BStBl II 1990, 134.
17. **Teilnahme an von einem Sportärzteverband veranstalteten Fortbildungslehrgängen zur Erlangung der Zusatzbezeichnung Sportmedizin jeweils in Italien:** BFH v. 15.3.1990, BStBl II, 736.
18. **Teilnahme an einem zahnärztlichen Fortbildungskongreß in Davos:** BFH v. 5.9.1990, BStBl II, 1059.
19. **Teilnahme eines Zahnarztes an einem Fachkongreß im Ausland nicht allein durch das Halten eines Vortrags als beruflich veranlaßt anzusehen:** BFH v. 23.1.1997, BStBl II, 357, entgegen BFH v. 12.4.1979, s. Nr. 15.

gewerblich Tätige (nach Branchen sortiert):

1. **Reisen von Autofachleuten in die USA:** BFH v. 10.4.1969, BStBl II 1970, 522.
2. **Reise eines Gesellschafters und eines Prokuristen einer Baustoffirma in die USA:** BFH v. 1.4.1971, HFR 1971, 421.
3. **Organisierte Informationsreise eines Unternehmers für Kälte-, Klima- und Großküchentechnik in die USA:** BFH v. 15.12.1982, BStBl II 1983, 409.
4. **USA-Reise eines Importgroßhändlers mit Lebensmitteln:** BFH v. 22.5.1974, BStBl II 1975, 70.
5. **USA-Reise des Inhabers eines Lederwaren-, Schirm- und Tapetengeschäftes:** BFH v. 11.5.1966, BStBl III, 502.
6. **USA-Reise eines Möbelhändlers:** BFH v. 18.2.1965, BStBl III, 279.

A. Selbständige

7. **Reise eines Herstellers orthopädischer Hilfsmittel in verschiedene Länder:** BFH v. 13.2.1980, BStBl II, 386.

8. **USA-Reise eines Groß- und Einzelhändlers mit Seifen, Parfümerien und kosmetischen Artikeln:** BFH v. 11.10.1973, BStBl II 1974, 198.

9. **Auslandsgruppenreise in die USA von Straßenreinigungsunternehmern:** BFH v. 27.11.1978, BStBl II 1979, 213.

10. **Organisierte Informationsreise von Tabakwarenhändlern und Journalisten nach Brasilien:** BFH v. 14.4.1988, BStBl II, 633.

11. **USA-Reise des Inhabers eines Textilwareneinzelhandelsgeschäfts:** BFH v. 12.1.1967, BStBl III, 286.

12. **USA-Reise des Inhabers eines Warenhauses:** BFH v. 18.2.1965, BStBl III, 282.

juristische Berufe:

1. **Lehrgang des Deutschen Anwaltvereins über deutsches Notariatsrecht an beliebtem Erholungsort im Ausland:** BFH v. 28.10.1976, BStBl II 1977, 238.

2. **USA-Reise eines Rechtsanwalts und Notars:** BFH v. 18.2.1965, HFR 1965, 459.

3. **Studienfahrt von Richtern nach Paris:** BFH v. 27.1.1955, BStBl III, 126.

4. **Reise eines Richters nach Japan, Gruppenstudienreise:** BFH v. 22.1.1993, BStBl II, 612.

5. **Teilnahme an einem Steuerberater-Symposium auf der Fähre Finnjet:** BFH v. 14.7.1988, BStBl II 1989, 19.

6. **Lehrgang für Steuerrecht in der Schweiz und in Österreich:** BFH v. 16.11.1961, BStBl III 1962, 181.

kirchliche Berufe:

1. **Reise eines kirchlichen Angestellten nach Israel als Organisator, Gruppenreise:** BFH v. 30.4.1993, BStBl II, 674.

2. **Reise eines Pastors in biblische Länder:** BFH v. 24.8.1962, BStBl III, 512.

3. **Kein Werbungskostenabzug bei Indienreise einer Pastorin:** BFH v. 21.10.1996, BFH/NV 1997, 469.

Lehrberufe:

1. **Lehrgang eines Lehrers in England, der Fachlehrer für Englisch werden wollte:** BFH v. 29.7.1954, BStBl III, 264.

2. **Parisfahrt eines Studienrats mit dem Lehrfach Französisch mit seiner Schulklasse:** BFH v. 12.7.1956, BStBl III, 291.

3. **USA-Reise einer Studienrätin mit dem Lehrfach Englisch:** BFH v. 4.8.1967, BStBl III, 773.

4. **Englandreise eines Realschullehrers mit dem Lehrfach Englisch:** BFH v. 4.8.1967, BStBl III, 774.

5. **Ostafrikareise eines Oberstudienrats mit den Lehrfächern Geographie und Biologie:** BFH v. 4.8.1967, BStBl III, 776.

6. **Teilnahme eines Lehrers an einem Fortbildungslehrgang für Skilaufen in der Schweiz:** BFH v. 26.8.1988, BStBl II 1989, 91.

7. **Reise eines Lehrers nach Rußland zur Herausgabe einer Broschüre der beruflichen Allgemeinbildung:** BFH v. 25.3.1993, BStBl II, 559.

8. **Englischkurs einer Englischlehrerin in England:** BFH v. 21.8.1995, BStBl II 1996, 10.

Dritter Teil: Inlandsreisen

9. **Italienreise eines Professors an einer Kunsthochschule:** BFH v. 25.10.1963, HFR 1964, 136.

10. **Reisen eines Professors für Kunstgeschichte im Mittelmeerraum:** BFH v. 4.8.1967, HFR 1968, 16.

11. **Reise eines Professors der Geographie nach Afrika (Sahara), Auslandsgruppenreise:** BFH v. 23.10.1981, BStBl II 1982, 69.

12. **Reise eines Professors der Geographie nach Ungarn, Gruppenstudienreise:** BFH v. 27.3.1991, BStBl II, 575.

13. **Auslandsreise eines Englischlehrers nach Kanada:** nicht als Werbungskosten anerkannt, obwohl die berufliche Veranlassung gegenüber privaten Elementen überwog: BFH v. 31.1.1997, BFH/NV 1997, 476.

selbständig Tätige:

1. **Reise eines Apothekers ins nahegelegene Ausland zur Teilnahme an einer internationalen Fachtagung:** BFH v. 16.1.1974, BStBl II, 291.

2. **Auslandsreisen eines Architekten:** BFH v. 9.12.1960, BStBl III 1961, 99.

3. **Teilnahme eines Buchhändlers an Arbeitstagungen der Internationalen Gesellschaft für Tiefenpsychologie:** BFH v. 23.11.1988, BStBl II 1989, 405.

4. **Italienreise eines Dirigenten und Komponisten:** BFH v. 29.8.1963, HFR 1964, 5.

5. **USA-Reise eines Filmtheaterbesitzers:** BFH v. 22.7.1965, BStBl III, 646.

6. **Reise eines Kunsthistorikers nach Holland:** BFH v. 11.10.1962, BStBl III 1963, 36.

7. **Reise einer Kunstmalerin zu den Seychellen:** BFH v. 16.10.1986, BStBl II 1987, 208.

8. **Auslandsarbeitsreise eines Kunstmalers:** BFH v. 7.5.1993, BHV/NV 1993, 652.

9. **Fahrten einer Reisejournalistin in verschiedene Länder:** BFH v. 22.11.1979, BStBl II 1980, 152.

10. **Auslandsreise eines Schriftstellers:** BFH v. 19.12.1962, HFR 1963, 248.

Sonstiges:

1. **Teilnahme eines leitenden Verbandsfunktionärs als Sitzungsleiter und Referent an einem Kongreß in Sidney:** BFH v. 13.12.1984, BStBl II 1985, 324.

2. **Studienfahrt eines beamteten Geologen nach Sizilien:** BFH v. 24.8.1962, StRK EStG § 9 Satz 1 und 2 R. 211.

3. **Reise zur Suche nach einem zum Kauf geeigneten Haus:** BFH v. 10.3.1981, BStBl II, 470.

4. **Nord-, Mittel- und Südamerika-Reise eines 23 Jahre alten Sohnes, der weder über ausreichende kaufmännische noch technische Vorbildung verfügt:** BFH v. 11.10.1973, BStBl II 1974, 200.

5. **Reise eines bei einer KG angestellten Ehepaares nach Kanada und den USA:** BFH v. 12.7.1968, BStBl II, 676.

6. **Sprachkurs in Spanien:** BFH v. 31.7.1980, BStBl II, 746.

7. **Auslandsreise zur Sammlung von Material zur Mitwirkung an einem Fremdsprachen-Schulbuch:** BFH v. 18.10.1990, BStBl II 1991, 92.

17 Die **Rechtsprechungsgrundsätze des BFH** können folgendermaßen zusammengefaßt werden:

Zunächst einmal ist zu unterscheiden, ob die Reise **unmittelbar** zu gewerblichen/ freiberuflichen Zwecken, z.B. Halten eines Vortrages auf einem Fachkongreß

(→ Tz. 16, Sonstiges Urteil Nr. 1), **oder** zur **beruflichen Information** und **Weiterbildung** erfolgt.

Reisen aus **unmittelbaren** betrieblichen/beruflichen Zwecken sind als Betriebsausgaben/Werbungskosten abziehbar (→ Tz. 10). Ein **Abzug** von Reisekosten als Betriebsausgaben kommt nur dann **nicht** in Betracht, wenn **die Reise insgesamt nicht weitaus überwiegend betrieblichen/beruflichen Zwecken dient** (BFH v. 13.12.1984, BStBl II 1985, 325).

Bei Reisen zur betrieblichen/beruflichen **Information** und **Weiterbildung,** insbesondere bei **Gruppeninformationsreisen ins Ausland,** kommt es für die Entscheidung, ob die Reise beruflich oder privat veranlaßt war, auf das Gesamtbild der Reise an.

Ob eine betriebs-/berufsbedingte Reise im Einzelfall vorliegt, ist vor allem anhand **folgender Kriterien** zu beurteilen: **18**

Für betriebs- oder berufsbedingte Aufwendungen können beispielsweise folgende Merkmale sprechen:

- ein homogener Teilnehmerkreis,
- eine straffe und lehrgangsmäßige Organisation, die wenig Raum für Privatinteressen läßt,
- ein Programm, das auf die betrieblichen/beruflichen Bedürfnisse und Gegebenheiten der Teilnehmer zugeschnitten ist,
- (bei Arbeitnehmern) die Gewährung von Dienstbefreiung oder Sonderurlaub,
- (bei Arbeitnehmern) Zuschüsse des Arbeitgebers.

Gegen betriebs- oder berufsbedingte Aufwendungen können beispielsweise folgende Merkmale sprechen:

- der Besuch bevorzugter Ziele des Tourismus,
- häufige Ortswechsel,
- bei kürzeren Veranstaltungen die Einbeziehung vieler Sonn- und Feiertage, die zur freien Verfügung stehen,
- die Mitnahme des Ehegatten oder anderer naher Angehöriger,
- die Verbindung mit einem Privataufenthalt,
- entspannende oder kostspielige Beförderung, z.B. Schiffsreise.

Die Entscheidung, ob betriebsbedingte Aufwendungen vorliegen und die Verfolgung privater Interessen nahezu ausgeschlossen ist, kann nur aufgrund einer Würdigung aller Umstände des einzelnen Falles getroffen werden. Die genannten Kriterien sind daher zwar einzeln zu untersuchen, sie sind aber auch gegeneinander abzuwägen (BFH – GrS v. 27.11.1978, BStBl II 1979, 213, 218). Zu beachten ist, daß die einzelnen Kriterien unterschiedliches Gewicht haben können, so daß aus dem Vorliegen oder Nichtvorliegen einzelner Merkmale nicht unmittelbar auf ein bestimmtes Resultat geschlossen werden kann.

Im Ergebnis ist die Reise einheitlich als Ganzes zu beurteilen, weil die einzelnen Teile einer solchen Reise von der Organisation und der Durchführung her nur im Zusammenhang gesehen werden können.

Für die Frage, ob Reisekosten als Betriebsausgaben (§ 4 Abs. 4 EStG) oder als nichtabzugsfähige Kosten der Lebensführung (§ 12 Nr. 1 Satz 2 EStG) zu behandeln sind, kann nicht auf die Höhe der Aufwendungen oder den Zeitaufwand für die Vorbereitung der Reise abgestellt werden. Es ist grundsätzlich auch ohne Belang, ob die Aufwendungen üblich oder zweckmäßig sind (BFH v. 28.10.1976, HFR 1977, 178).

Gegen die berufliche Veranlassung einer **Studienreise ins Ausland** kann die Tatsache sprechen, daß Anlagen und Einrichtungen gleicher Art im Inland oder im

Dritter Teil: Inlandsreisen

näher liegenden Ausland hätten besucht werden können und die Befriedigung privater Urlaubsinteressen der Teilnehmer nicht von untergeordneter Bedeutung ist (vgl. Abschn. 35 Abs. 3 LStR 1996, R 117a EStR, H 117a EStH).

Der Ort einer Fachtagung ist von geringer Bedeutung, wenn es sich um eine Tagung internationalen Gepräges mit Beteiligung ausländischer Teilnehmer und Dozenten handelt (BFH v. 16.1.1974, BStBl II, 291), es sei denn, den Teilnehmern wird durch die Gestaltung der Tagung gezielt die Möglichkeit eröffnet, die Freizeitangebote dieses Ortes zu nutzen, z.B. durch eine außergewöhnlich lange Mittagspause (BFH v. 5.9.1990, BStBl II, 1059).

19 Ist eine Reise **durch private Erwägungen mit veranlaßt,** so sind **die Gesamtkosten nicht absetzbare Kosten** der Lebenshaltung. Soweit sich allerdings eindeutig oder weitaus überwiegend ein beruflich oder betrieblich veranlaßter Teil der Kosten aus den Gesamtreisekosten herauslösen läßt, kommt eine Berücksichtigung in Betracht. Dieser herausgelöste Teil stellt dann Betriebsausgaben (Werbungskosten) dar (BFH v. 14.4.1988, BStBl II, 633; v. 23.4.1992, BStBl II, 898). Einzelne Aufwendungen, die im betrieblichen Interesse bei einer im ganzen als privat zu beurteilenden organisierten Informationsreise in das Ausland getätigt werden, sind nur dann Betriebsausgaben, wenn sie außerhalb des Programmes angefallen sind (BFH v. 4.12.1974, BStBl II 1975, 379), z.B. zusätzliche Kursgebühren, Eintrittsgelder, Fahrtkosten, Unterbringungskosten und Mehraufwendungen für Verpflegung. Die Kosten für die An- und Abreise sind auch nicht anteilig zu berücksichtigen (BFH v. 23.4.1992, BStBl II, 898).

20 Ergibt sich hieraus, daß die Reise **ganz oder überwiegend beruflich veranlaßt** war, so sind alle im Zusammenhang mit der Reise entstandenen **Kosten Betriebsausgaben oder Werbungskosten.** (Die Kosten für die mitreisende Ehefrau oder einen sonst mitreisenden Familienangehörigen sind in der Regel keine abzugsfähigen Betriebsausgaben, es sei denn, daß sich der betriebliche/berufliche Anlaß für die Mitnahme eindeutig ergibt.)

Werden z.B. anläßlich der Reise kleinere Besichtigungen aus privatem Interesse unternommen oder stellt es sich heraus, daß **Ruhetage** einzulegen sind, so zählen die Ausgaben hierfür zu den Betriebsausgaben (Werbungskosten). Der Gesamtcharakter der Reise wird hierdurch nicht beeinträchtigt, wie auch der Umstand, daß eine Reise **zur Hauptreisezeit** unternommen wird, nicht gegen den beruflichen Anlaß der Reise sprechen muß. Wird eine Seereise statt einer Flugreise gewählt, so ist die **Seereise** nicht ohne weiteres eine Erholungsreise. Wird jedoch für eine Reise nach Amerika nicht das Flugzeug, sondern ein Frachtschiff benutzt, das im Gegensatz zum Flugzeug nicht binnen 24 Stunden, sondern erst nach 46 Tagen das Ziel erreicht hat, so ist anzunehmen, daß das gewählte Beförderungsmittel und die Dauer der Reise auf einen privaten Anlaß schließen lassen. Wird ein **Kongreß** mit einer **Schiffsreise** verbunden (z.B. sog. schwimmende Kongresse), ist dies in der Regel ein Beweisanzeichen für eine private Mitveranlassung von nicht nur untergeordneter Bedeutung (BFH v. 14.7.1988, BStBl II 1989, 19).

Wird eine **straff organisierte Fachveranstaltung** besucht, kann der betriebliche (berufliche) Anlaß unterstellt werden. Jedoch sind auch hier alle Umstände zu berücksichtigen; es genügt für sich allein nicht, daß die Reise vom Fachverband organisiert wurde. Hier könnten durch eine entsprechende Gestaltung des Programms ansonsten nicht berücksichtigungsfähige Lebenshaltungskosten zu Betriebsausgaben oder Werbungskosten gemacht werden. Sprechen jedoch die Ausrichtung der Fachtagung, die Organisation und die übrigen Umstände für eine betriebliche oder berufliche Veranlassung, so werden die Aufwendungen für die Fachtagung grundsätzlich steuerlich anerkannt. Diese Auffassung hat der BFH im Urteil v. 16.1.1974 (BStBl II, 291) für den Fall der Teilnahme eines Apothekers an einer im nahegelegenen Ausland stets am gleichen Ort und außerhalb der dortigen

Saison durchgeführten, straff organisierten internationalen Fachtagung bestätigt und die entstandenen Aufwendungen zum Abzug als Betriebsausgaben zugelassen und mit Urteil v. 22.5.1974 (BStBl II 1975, 70) noch einmal bestätigt.

An den **Nachweis der Teilnahme** an einem Kongreß werden strenge Anforderungen gestellt: Der Nachweis muß sich auf jede Einzelveranstaltung beziehen, braucht jedoch nicht in jedem Fall durch Anwesenheitstestat geführt zu werden. Die Teilnahme kann auch durch Aufzeichnungen, Arbeitsmaterialien u.ä. nachgewiesen werden (BFH v. 13.2.1980, BStBl II, 386). **21**

Ist eine Studienreise insgesamt nicht betrieblich/beruflich veranlaßt, können einzelne Aufwendungen gleichwohl Betriebsausgaben oder Werbungskosten sein. Voraussetzung dafür ist, daß sie von den übrigen Reisekosten sicher und leicht abgrenzbar und ausschließlich betrieblich/beruflich veranlaßt sind. Die Kosten sind nicht abziehbar, wenn sie auch entstanden wären, wenn der Steuerpflichtige den betrieblich/beruflich veranlaßten Reiseteil nicht durchgeführt hätte, z.B. die Kosten der An- und Abreise. Bei den zusätzlichen Aufwendungen kann es sich z.B. um Kursgebühren, Eintrittsgelder, Fahrtkosten, zusätzliche Übernachtungskosten und Mehraufwendungen für Verpflegung handeln. Die zusätzlichen Übernachtungskosten sowie die Mehraufwendungen für Verpflegung können mit den für Dienstreisen geltenden Pauschbeträgen angesetzt werden.

Die **Verbindung zwischen** einer **Auslandsgruppenreise und einem Privataufenthalt** läßt regelmäßig die **private Veranlassung** der gesamten Reise vermuten. Wird außerhalb des Gruppenprogramms ein Privataufenthalt mit der Reise verbunden, wobei die Informationsreise auch ohne diesen privaten Reiseteil unternommen worden wäre, spricht die Verbindung einer Auslandsgruppenreise mit einem Privataufenthalt regelmäßig für die private Veranlassung der gesamten Reise: Beide Teile wurden zusammen geplant und durchgeführt, die Beförderungskosten wurden für beide Teile aufgewendet. Insbesondere wenn die Gruppenreise **zeitlich** gegenüber dem Privataufenthalt in den Hintergrund tritt, ist anzunehmen, daß der umfangreiche private Reiseteil für die Durchführung der gesamten Reise maßgebend war. **22**

Ist die Gesamtreise zwar nicht als betrieblich/beruflich veranlaßt anzusehen, können dennoch **einzelne abgrenzbare** ausschließlich und eindeutig betrieblich/beruflich veranlaßte **Aufwendungen** als **Betriebsausgaben/Werbungskosten** angesetzt werden (→ Tz. 11). Die **An- und Abfahrtkosten** sowie andere Kosten, die auch dann entstanden wären, wenn der betrieblich/beruflich veranlaßte Reiseteil nicht durchgeführt worden wäre, sind entsprechend der bisherigen Rechtsprechung **vollständig dem privaten Bereich** zuzuordnen. Einzelne Aufwendungen, die zusätzlich zu den Aufwendungen für ein Gruppenreiseprogramm oder als privat zu beurteilende Reise entstehen, können als Betriebsausgaben/Werbungskosten angesetzt werden, wenn sie ausschließlich betrieblich/beruflich veranlaßt sind (z.B. Geschäftsbesuch bei einem Vertragspartner, ausschließlich betrieblich veranlaßte Besichtigung).

Incentive-Reisen werden von Unternehmen oder Arbeitgebern gewährt, um Geschäftspartner oder die Arbeitnehmer für erbrachte Leistungen zu belohnen und zu Mehrarbeit und Höchstleistung zu motivieren. Sie werden vor allem in Branchen gewährt, wo es darum geht, Verkaufsergebnisse zu steigern. Durch die Gewährung derartiger Reisen sollen Händler und Verkäufer zu immer besseren Leistungen angespornt werden. Reiseziel, Unterbringung, Transport und Auswahl des Teilnehmerkreises werden von dem die Reiseleistung gewährenden Unternehmen festgelegt. Wegen der Abgrenzung zur privaten oder beruflichen/betrieblichen Veranlassung s. die vorstehenden Ausführungen zu den Studienreisen (→ Tz.19). Bei Incentive-Reisen kann jedoch regelmäßig davon ausgegangen werden, daß hier der touristische, also der private Charakter überwiegt.

Dritter Teil: Inlandsreisen

Bei Reisen mit Geschäftspartnern ist zu prüfen, ob die Reise als Belohnung – also zusätzliche Gegenleistung für einen Geschäftsabschluß – oder zur Anknüpfung, Sicherung oder Verbesserung von Geschäftsbeziehungen gewährt wird. Liegt eine zusätzliche Gegenleistung vor, sind die Reiseleistungen (Unterkunft und Transport) als Betriebsausgabe abzugsfähig. Für die Unterkunft gilt dies nicht bei der Unterbringung in einem eigenen Gästehaus. Aufwendungen für Mahlzeiten sind als Bewirtungskosten (Tz. 71 ff.) nur zu 80 % abzugsfähig (§ 4 Abs. 5 Satz 1 Nr. 2 EStG).

Sollen dagegen erst Geschäftsbeziehungen angeknüpft werden, handelt es sich bei der zugewendeten Reise um ein Geschenk, welches nach § 4 Abs. 5 Satz 1 Nr. 1 EStG hinsichtlich der Transport- und Unterbringungskosten den Gewinn nicht mindern darf; für Bewirtungsaufwendungen gilt § 4 Abs. 5 Satz 1 Nr. 2 EStG.

Beim Empfänger führt der Wert der Reise zu einer Betriebseinnahme.

Wird die Incentive-Reise Arbeitnehmern des Arbeitgebers gewährt, so sind die Aufwendungen für die Reise beim Arbeitgeber in voller Höhe als Betriebsausgabe abzugsfähig und beim Arbeitnehmer als Arbeitslohn zu versteuern; hier kann auch nach § 40 Abs. 1 EStG pauschal versteuert werden.

Der Wert der Reise ist in ihrer Gesamtheit mit dem üblichen Endpreis am Abgabeort – dies ist regelmäßig der Preis von Reiseveranstaltern von Gruppenreisen – anzusetzen (§ 8 Abs. 2 EStG). Wertminderungen – seien sie subjektiver Art – sind nicht zu berücksichtigen.

Aufwendungen, die Unternehmern und Arbeitnehmern im Zusammenhang mit der Teilnahme an einer privaten Incentive-Reise entstehen, dürfen von diesen nicht als Betriebsausgaben oder Werbungskosten geltend gemacht werden.

III. BEGRIFF DER REISEKOSTEN

23 Zu den Reisekosten gehören alle Kosten, die unmittelbar durch die Geschäfts- oder Berufsreise verursacht werden. Dazu gehören z.B. die **Fahrtkosten** (Eisenbahn- oder Schiffsfahrkarte, Flugschein, Kfz-Kosten), die **Verpflegungsmehraufwendungen,** die **Unterbringungskosten** am Reiseziel und die **Nebenkosten** (Kosten für Beförderung und Aufbewahrung von Gepäck, die Aufwendungen für eine Reisegepäckversicherung, für Telefon, Telegramme, Porto, Garage, Parkplatzgebühr, Straßenbahn oder Kraftwagen am Reiseort u.ä.). Als durch die Reise entstanden müssen auch Aufwendungen gelten, die mit einer Erkrankung des Steuerpflichtigen während der Reise zusammenhängen. Wegen der Aufwendungen zur Beseitigung von Gesundheitsschäden s. BFH v. 13.10.1960, BStBl III, 511. Auch Aufwendungen für Versicherungen, die ausschließlich Unfälle und Risiken außerhalb einer nicht ortsgebundenen Betriebstätte abdecken, zählen zu den Reisenebenkosten. Das gilt ebenso für Kosten, die der Beseitigung der Folgen eines **Verkehrsunfalls** dienen, der aus Anlaß einer ausschließlichen Geschäfts- oder Berufsfahrt mit dem Pkw ohne strafbares Verschulden des Steuerpflichtigen eingetreten ist (→ Tz. 222 ff.).

24 Zu den Reisekosten gehören **nicht die Aufwendungen,** die nur **mittelbar durch die Reise entstehen,** wie z.B. für die Anschaffung von Kleidung und Wäsche, von Reisekoffern und sonstigen Reiseutensilien usw.

25 Die Kosten für die **Bewirtung von Geschäftsfreunden** während der Reise sind **keine** Reisekosten, wenn sie auch vielfach gerade anläßlich von Geschäftsreisen entstehen und u.U. als Betriebsausgaben oder Werbungskosten abziehbar sein mögen (→ Tz. 88 ff.).

A. Selbständige

Eine Kürzung der Verpflegungspauschbeträge anläßlich der Bewirtung von Ge- **26** schäftsfreunden während einer Geschäftsreise ist **seit 1996 nicht mehr** vorzunehmen.

Aufwendungen für **Fahrten zwischen Wohnung und Betrieb** können zwar **Be-** **27** **triebsausgaben** bzw. Werbungskosten sein, solche Fahrten sind **aber keine Geschäftsreisen.** Die Aufwendungen können also nicht als Reisekosten etwa unter Anwendung der Pauschsätze für Verpflegungsmehraufwand abgesetzt werden.

IV. FAHRTKOSTEN

Es handelt sich hier um Kosten zur unmittelbaren Durchführung der Reise selbst, **28** sei es mit **Eisenbahn, Schiff, Flugzeug, Taxi oder** eigenem oder gemietetem **Pkw.** Zu den Fahrtkosten zählen **auch** die **Kosten der Unfallversicherung** oder der **Flugversicherung,** wenn sich diese Versicherungen auf die einzelne Reise beziehen. Sind solche Versicherungen allgemein abgeschlossen, dann handelt es sich nicht um Fahrtkosten, sondern um Aufwendungen, die im Rahmen der Bestimmungen über Sonderausgaben als Vorsorgeaufwendungen abziehbar sein können.

Die Aufwendungen sind einzeln, d.h. durch Vorlage von Fahrkarten, Flugscheinen, **29** Taxiquittungen, Tankstellenquittungen usw., nicht aber durch Abrechnung des Steuerpflichtigen mit seiner Kasse **nachzuweisen** oder zumindest durch Vorlage der Geschäftskorrespondenz bzw. von Reiseberichten **glaubhaft zu machen.**

Die Art des Beförderungsmittels (z.B. Flugzeug statt Eisenbahn oder Taxi statt **30** Straßenbahn) bestimmt der Steuerpflichtige selbst, nicht das Finanzamt. Auch liegt es im Ermessen des Unternehmers, die von ihm zu benutzende Wagenklasse selbst zu wählen. Zu beachten ist, daß die durch einen **besonders aufwendigen Personenkraftwagen** entstehenden Kosten bei der steuerlichen Berücksichtigung auf das angemessene Maß reduziert werden können, da nach höchstrichterlicher Rechtsprechung nach Sachlage des Einzelfalles zu vermuten ist, daß das Kraftfahrzeug in der Absicht angeschafft worden ist, es in größerem Umfang privat zu nutzen (BFH v. 8.10.1987, BStBl II, 853 m.w.N.).

Benutzt der Steuerpflichtige für die Geschäftsreise ein Kraftfahrzeug, das zum Be- **31** triebsvermögen gehört (dies ist allgemein der Fall, wenn es zu mehr als 50 % betrieblich oder beruflich genutzt wird), dürfen **keine** pauschalen Kilometersätze für die Geschäftsreise angesetzt werden, d.h., eine Kostenabrechnung der Kraftfahrzeugkosten für die einzelne Geschäftsreise ist nicht möglich. Die variablen Kosten für Treibstoff, Öl, laufende Wartung usw. lassen sich zwar feststellen; die fixen Kosten (Abschreibung, Kraftfahrzeugsteuer und Versicherungsbeiträge) sind jedoch in den jährlich nachzuweisenden Kosten des Kraftfahrzeugs enthalten. **Sämtliche Aufwendungen** für den Betrieb eines solchen Fahrzeugs, wie Treibstoffkosten, Reparaturen, Reinigungskosten usw., die im Wirtschaftsjahr entstanden sind, sind nachzuweisen. Im Fall des Nachweises sind diese Kosten dann aber in voller Höhe als Betriebsausgaben – also auch für die Geschäftsreisen – abziehbar, soweit von den Kosten kein Anteil auf Privatfahrten bzw. auf Fahrten zwischen Wohnung und Betriebstätte entfällt.

HINWEIS:

Wird für Geschäftsreisen ein Firmenwagen genutzt, sind die für die Nutzung des Firmenwagens entstandenen Aufwendungen, z.B. Benzinkosten, nicht über das Konto „Reisekosten", sondern über das entsprechende Kfz-Konto zu buchen.

Dritter Teil: Inlandsreisen

32 **Zu den Gesamtkosten** eines Fahrzeugs gehören die Betriebsstoffkosten, die Wartungs- und Reparaturkosten, die Kosten einer Garage am Wohnort, die Kraftfahrzeugsteuer, die Aufwendungen für die Halterhaftpflicht- und Fahrzeugversicherungen, die Absetzungen für Abnutzung sowie die Zinsen für ein Anschaffungsdarlehen (BFH v. 1.10.1982, BStBl II 1983, 17). Zu den Anschaffungskosten des Fahrzeugs gehören auch die Aufwendungen für das Autoradio, nicht jedoch die für das Autotelefon.

Die Absetzung für Abnutzung (Abschreibungen) ist bei Pkws und Kombi-Fahrzeugen grundsätzlich mit 5 Jahren Nutzungsdauer zu bemessen (= 20 %). Bei einer hohen Fahrleistung kann auch eine kürzere Nutzungsdauer anerkannt werden. Bei Kraftfahrzeugen, die im Zeitpunkt der Anschaffung nicht neu gewesen sind, ist die entsprechende Restnutzungs-(Abschreibungs-)dauer unter Berücksichtigung des Alters, der Beschaffenheit und des voraussichtlichen Einsatzes des Fahrzeugs zu schätzen.

> **HINWEIS:**
>
> Zur Zeit befaßt sich das BMF damit, neue AfA-Tabellen zu erstellen. Danach soll künftig u.a. die Nutzungsdauer für Pkws von 5 Jahren auf 8 Jahre verlängert werden. Die verlängerte Nutzungsdauer soll bereits für Neuanschaffungen ab dem 1.1.2000 gelten.

Bei einem geleasten Fahrzeug gehören die Leasingraten und eine **Leasingsonderzahlung** im Kalenderjahr der Zahlung in voller Höhe zu den Gesamtkosten (BFH v. 5.5.1994, BStBl II, 643).

Nicht zu den Gesamtkosten gehören z.B.

– Park- und Straßenbenutzungsgebühren,

– Aufwendungen für Insassen- und Unfallversicherung, Aufwendungen in Folge von Verkehrsunfällen sowie

– Verwarnungs-, Ordnungs- und Bußgelder.

Diese Aufwendungen sind mit Ausnahme der Verwarnungs-, Ordnungs- und Bußgelder als Reisenebenkosten (→ Tz. 45 ff.) absetzbar.

33 Wird **die Geschäftsreise mit einem privaten Pkw/privaten Motorrad** ausgeführt, können die Aufwendungen ohne Einzelnachweis **pauschal mit 0,52 DM/0,23 DM je gefahrenem Kilometer** geltend gemacht werden. Für jede Person, die auf einer **Geschäftsreise mitgenommen** wird, **erhöht** sich der Kilometersatz für Pkw um 0,03 DM und für Motorrad/Motorroller um 0,02 DM je gefahrenem Kilometer. Wird die Geschäftsreise mit einem **Moped oder Mofa** durchgeführt, beträgt der Kilometersatz **0,14 DM,** bei einem **Fahrrad** 0,07 DM. Die Kilometersätze sind nicht anzusetzen, soweit sie im Einzelfall zu einer offensichtlich unzutreffenden Besteuerung führen würden (BFH v. 25.10.1985, BStBl II 1986, 200). Dies kann z.B. in Betracht kommen, wenn bei einer Jahresfahrleistung von mehr als 40 000 km die Kilometersätze die tatsächlichen Kilometerkosten offensichtlich übersteigen (BFH v. 26.7.1991, BStBl II 1992, 105).

Anstelle der Kilometersätze können Gewerbetreibende und Selbständige – wie Arbeitnehmer – die Kfz-Kosten für Geschäftsreisen auch mit einem Kilometersatz ansetzen, den sie aus den Gesamtaufwendungen und der Gesamtfahrleistung für das Kraftfahrzeug ermitteln. Dieser Einzelnachweis muß für einen Zeitraum von 12 Monaten geführt werden, der allerdings nicht dem Kalenderjahr entsprechen muß. Der sich so ergebende individuelle Kilometersatz für das Kraftfahrzeug darf so lange angesetzt werden, wie sich die Verhältnisse nicht wesentlich ändern. Eine wesentliche Änderung liegt dann vor, wenn der Abschreibungszeitraum abgelaufen ist oder sich bei einem Leasingfahrzeug die Leasingbelastungen ändern. In diesem Fall ist der individuelle Kilometersatz neu zu ermitteln, es sei denn, der Steuerpflichtige kehrt zum steuerlich zulässigen Kilometersatz von 0,52 DM zurück.

Bei Ansatz der amtlichen Kilometersätze von 0,52 DM/0,23 DM können Unfallkosten anläßlich eines Unfalls auf einer Geschäftsreise in vollem Umfang als Betriebsausgaben abgezogen werden. Für die Anerkennung von Unfallkosten als Betriebsausgaben gelten die Ausführungen zu → Tz. 221 ff. entsprechend.

V. VERPFLEGUNGSKOSTEN

1. ALLGEMEINES

Ab 1.1.1996 erfolgte eine Neuregelung der steuerlichen Geltendmachung von Mehraufwendungen für Verpflegung anläßlich von Geschäftsreisen. Der Abzug der Verpflegungsmehraufwendungen anhand von Einzelnachweisen ist seit 1996 nicht mehr zugelassen. Eine Berücksichtigung der Verpflegungsmehraufwendungen erfolgt nur noch im Rahmen von **Pauschbeträgen.** Die unterschiedlichen Pausch- und Höchstbeträge für ein- bzw. mehrtägige Geschäftsreisen und das damit verbundene Wahlrecht zwischen der Geltendmachung von Verpflegungsmehraufwendungen anhand von Einzelnachweisen im Rahmen der Höchstbeträge und den Pauschbeträgen sind seit **1.1.1996 weggefallen.** Da es seit 1996 nicht mehr darauf ankommt, wie weit die auswärtige Tätigkeitsstätte vom Betrieb und vom Wohnsitz entfernt ist, ist der Begriff des **Geschäftsgangs,** der bislang bei einer Entfernung zwischen Betrieb und Wohnung von 20 km und weniger gegeben war, **entbehrlich** geworden. Demnach gelten seit 1996 für sämtliche Geschäftsreisen im Inland nur noch **einheitliche Verpflegungspauschalen.** Übersteigen die tatsächlichen Verpflegungsmehraufwendungen die nachfolgenden Pauschbeträge, so können Selbständige den überschießenden Betrag nicht als Betriebsausgabe abziehen. Dies ist durch § 4 Abs. 5 Nr. 5 EStG neu geregelt.

Die Pauschbeträge zur Abgeltung des Verpflegungsmehraufwands bei Geschäftsreisen im Inland betragen je Kalendertag bei einer Abwesenheit von

– **24 Stunden** 46,— DM,
– **weniger als 24 Stunden,**
 aber mindestens 14 Stunden 20,— DM,
– **weniger als 14 Stunden,**
 aber mindestens 8 Stunden 10,— DM.

Werden an einem Kalendertag **mehrere Geschäftsreisen** durchgeführt, sind die Abwesenheitszeiten an diesem Kalendertag zusammenzurechnen.

> **BEISPIEL:**
>
> Der Unternehmer U. besucht am Vormittag von 8.00 Uhr bis 13.00 Uhr seinen Lieferanten L. Er kehrt anschließend in sein Büro zurück, erledigt dort anfallende Arbeiten und trifft sich außerhalb mit seinem Kunden K. zu einer geschäftlichen Besprechung von 16.00 Uhr bis 23.00 Uhr.
>
> Der Unternehmer U. war an diesem Kalendertag insgesamt 12 Stunden abwesend, er kann als Verpflegungsmehraufwendungen 10 DM geltend machen.
>
> Treffen an demselben Kalendertag z.B. Verpflegungsmehraufwendungen wegen einer Geschäftsreise oder wegen einer doppelten Haushaltsführung zusammen, **ist nur der höchste Pauschbetrag** anzusetzen.

Bei einer betriebsbedingten Abwesenheit von weniger als 8 Stunden (1996 weniger als 10 Stunden) wird kein Abzug von Verpflegungsmehraufwendungen bei den Betriebsausgaben gewährt. Die Neuregelung der Verpflegungskosten hätte bei

Dritter Teil: Inlandsreisen

bestimmten Berufsgruppen, wie z.B. Berufskraftfahrern, zu besonderen Härten geführt, da sich deren betriebs- bzw. berufsbedingte Abwesenheiten in der Regel vom Abend bis zum nächsten Morgen erstrecken. Dem hat der Gesetzgeber im Rahmen des Jahressteuer-Ergänzungsgesetzes 1996 Rechnung getragen. Danach ist eine Tätigkeit, die nach 16 Uhr begonnen und vor 8 Uhr (1996: nach 14 und vor 10 Uhr) des nachfolgenden Kalendertages beendet wird, ohne daß eine Übernachtung stattfindet, mit der gesamten Abwesenheitsdauer dem Kalendertag der überwiegenden Abwesenheit zuzurechnen; vgl. § 4 Abs. 5 Nr. 5 Satz 2 EStG.

> **BEISPIEL:**
>
> Der selbständige Spediteur S. liefert Materialien von Köln nach Dresden. Er tritt seine Geschäftsreise von Köln aus um 17.00 Uhr an und tritt unmittelbar nach Ablieferung der Materialien den Rückweg an. Die Rückkehr erfolgt am nächsten Morgen um 7.00 Uhr.
>
> Die betriebsbedingte Abwesenheit beträgt an den jeweiligen Tagen weniger als 8 Stunden. Nach der ursprünglichen gesetzlichen Regelung hätte S. weder für den Tag der Abreise noch für den Tag der Ankunft eine Verpflegungspauschale geltend machen können. Aufgrund der Neuregelung durch das Jahressteuer-Ergänzungsgesetz wird die betriebsbedingte Abwesenheit an beiden Tagen fiktiv zu einer eintägigen Geschäftsreise zusammengerechnet. Da die Abwesenheit 14 Stunden beträgt, wird eine Verpflegungspauschale i.H.v. 20 DM gewährt und dem Tag der Rückkehr zugerechnet, da diesem Tag die überwiegende Abwesenheit zuzurechnen ist.

Bei **unentgeltlicher Gewährung** eines Frühstücks (bis 1995: 15 %) oder eines Mittag- oder Abendessens (bis 1995: 30 % des vollen Pauschbetrages) sind keine Kürzungen mehr vorzunehmen. In den Fällen, in denen der Geschäftsreisende von seinem Geschäftspartner bewirtet wird, ist keine Kürzung der Verpflegungspauschbeträge mehr vorzunehmen. Die ersparten Aufwendungen führen beim Geschäftsreisenden **auch nicht** zu **Betriebseinnahmen**.

2. KEINE OFFENSICHTLICH UNZUTREFFENDE BESTEUERUNG

35 Die bisherige Verwaltungsregelung sah vor, daß bei Anwendung der Verpflegungspauschbeträge diese nicht zu einer **unzutreffenden Besteuerung** führen dürfen. Durch den Wegfall der Möglichkeit, Verpflegungsmehraufwendungen anhand von Einzelnachweisen geltend zu machen, verbleibt es ausschließlich dabei, Verpflegungsmehraufwendungen im Rahmen der Pauschbeträge geltend zu machen.

Aufgrund der gesetzlichen Regelung der Pauschbeträge für Verpflegungsmehraufwendungen darf nicht mehr geprüft werden, ob der Ansatz der Pauschbeträge zu einer unzutreffenden Besteuerung führt.

3. BUCHMÄSSIGE BEHANDLUNG

36 Nach § 4 Abs. 7 EStG sind unter anderem die Mehraufwendungen für Verpflegung sowie andere Aufwendungen, die die Lebensführung des Steuerpflichtigen oder anderer Personen berühren, einzeln und getrennt von den sonstigen Betriebsausgaben aufzuzeichnen. Die Pflicht zur besonderen Aufzeichnung ist erfüllt, wenn diese Aufwendungen vom Steuerpflichtigen mit Gewinnermittlung durch Betriebsvermögensvergleich fortlaufend auf besonderen Konten im Rahmen der Buchführung gebucht und vom Steuerpflichtigen mit Gewinnermittlung nach § 4 Abs. 3 EStG von Anfang an getrennt von den sonstigen Betriebsausgaben fortlaufend und einzeln aufgezeichnet werden. Statistische Zusammenstellungen genügen nicht. Das Erfordernis der getrennten Verbuchung ist erfüllt, wenn für jede der in § 4 Abs. 5 EStG bezeichneten Gruppen von Aufwendungen ein besonderes Konto bzw. eine besondere Spalte geführt wird. Es ist aber auch ausreichend, wenn

für all diese Aufwendungen **ein** Konto oder **eine** Spalte geführt wird. In diesem Fall muß sich aus jeder Buchung oder Aufzeichnung die Art der Aufwendung ergeben. Nicht zu beanstanden ist, wenn die Verpflegungsmehraufwendungen anläßlich einer Geschäftsreise zusammen mit den anderen Reisekosten verbucht werden, vorausgesetzt, daß sich aus dem Reisekostenbeleg eine eindeutige Trennung der Aufwendungen ergibt. Ein Verstoß gegen die besondere Aufzeichnungspflicht nach § 4 Abs. 7 EStG hat zur Folge, daß die nicht besonders aufgezeichneten Aufwendungen nicht abzugsfähig sind. Eine Änderung der R 22 EStR 1996 hat jedoch bei den Aufzeichnungspflichten der Verpflegungsmehraufwendungen anläßlich von Geschäftsreisen für Verwirrung gesorgt. Nach R 22 Abs. 1 Nr. 5 EStR 1995 mußten Verpflegungsmehraufwendungen nur bei Einzelnachweis, der ab 1996 entfallen ist, gesondert aufgezeichnet werden. Nach R 22 Abs. 1 EStR 1996 ist die Einzelaufzeichnungspflicht nach § 4 Abs. 7 EStG auch auf die Pauschbeträge für Verpflegungsmehraufwendungen ausgedehnt worden. Die Aufzeichnungspflichten wurden also verschärft. Die Finanzverwaltung hatte dies so nicht beabsichtigt, zumal insgesamt für Verpflegungsmehraufwendungen nur noch Pauschbeträge in Betracht kommen. Es ist beabsichtigt, im Rahmen einer der nächsten Gesetzesänderungen klarzustellen, daß weiterhin auf die besondere Aufzeichnung der Verpflegungspauschbeträge verzichtet werden kann (BMF-Schreiben v. 24.9.1997, BStBl I, 898). Diese Klarstellung ist nunmehr durch das Steuerentlastungsgesetz 1999/2000/2002 in § 4 Abs. 7 EStG vorgenommen worden.

Die Ordnungsmäßigkeit der Buchführung wird nicht angetastet, wenn der Steuerpflichtige die Aufwendungen in Höhe der Pauschsätze verbucht, und zwar auch dann nicht, wenn die entsprechenden Aufwendungen tatsächlich niedriger oder höher gewesen sind. 37

Im übrigen sind Vorschüsse, die ein Unternehmer seiner Geschäftskasse für Reisekosten entnimmt, nicht Entnahmen und wieder eingezahlte, unverbraucht gebliebene Vorschüsse nicht Einlagen im steuerlichen Sinne. Die Verbuchung erfolgt unmittelbar über Reisekosten. Wird der unverbraucht gebliebene Teil des entnommenen Reisegeldes als privat verbraucht behandelt, also nicht wieder eingelegt, dann ist nichts dagegen einzuwenden, solange die in Höhe der Vorschüsse gebuchten Betriebsausgaben um die nicht verbrauchten Beträge gekürzt werden. Es ergeben sich dann zwei Möglichkeiten der Verbuchung des überschüssigen Betrages: 38

– bei privater Verwendung:
   Privatkonto an Konto Reisekosten bzw. Reisekostenvorschüsse;
– bei Wiedereinzahlung:
   Kassenkonto an Konto Reisekosten bzw. Reisekostenvorschüsse.

Der Vorgang berührt aber nicht die Ordnungsmäßigkeit der Buchführung als solche.

4. BEGLEITPERSONEN

Die **Pauschsätze** gelten **auch für Begleitpersonen,** die der Steuerpflichtige aus betrieblichen oder beruflichen Gründen auf die Geschäftsreise mitnimmt. Es kann sich z.B. um die Mitnahme eines Fahrers, einer Sekretärin oder einer Dolmetscherin usw. handeln. 39

Das gilt auch für die **Mitnahme von Angehörigen,** z.B. für die **Ehefrau,** wenn dies aus zwingenden gesundheitlichen oder betrieblichen Gründen nachgewiesenermaßen erforderlich ist. Das ist der Fall, wenn die Ehefrau durch ihre Mithilfe eine sonst erforderlich werdende Kraft einspart, also etwa notwendige Dienste als Chauffeur oder als Sekretärin leistet, beim Aufbau im Zusammenhang mit Messen und Ausstellungen tätig wird usw. Da an den Nachweis, ob die Begleitung der Ehefrau aus gesundheitlichen Gründen notwendig ist, hohe Anforderungen 40

Dritter Teil: Inlandsreisen

durch die Finanzverwaltung gestellt werden, empfiehlt sich die gleichzeitige Bereitstellung geeigneter Unterlagen, etwa eines amtsärztlichen Zeugnisses oder bei Kriegsbeschädigung und Körperbehinderung amtlicher Rentenbescheide u.ä. (→ Tz. 15).

41 Wegen Einzelheiten der Reisekosten von Arbeitnehmern → Tz. 115 ff. Der Unternehmer kann seinen Arbeitnehmern, die ihn auf der Geschäftsreise begleiten, die Reisekosten in bestimmtem Umfang steuerfrei ersetzen (→ Tz. 138 ff.). Für den Unternehmer liegen in diesen Fällen gleichwohl Betriebsausgaben vor.

VI. ÜBERNACHTUNGSKOSTEN

42 Die Unterbringungskosten am Reiseziel während einer mehrtägigen Reise sind in der nachgewiesenen Höhe abzugsfähig. Eine bloße Glaubhaftmachung genügt nicht. Grundsätzlich ist der **Einzelnachweis erforderlich.** Ausnahmsweise kann die Höhe der Übernachtungskosten **geschätzt** werden, wenn die Entstehung dem Grunde nach unbestritten ist (BFH v. 17.7.1980, BStBl II 1981, 14). Eine **Pauschalierung** von Übernachtungskosten gibt es **nur für Arbeitnehmer** (→ Tz. 158) **und bei Auslandsreisen** (→ Tz. 280 ff.). Der Nachweis ist in jedem Fall durch die auf den Namen des Steuerpflichtigen lautende Rechnung des Hotels, Gasthofs usw. zu erbringen. Benutzt der Arbeitnehmer ein **Mehrbettzimmer** gemeinsam mit Personen, die zu seinem Arbeitgeber in keinem Dienstverhältnis stehen, sind die Aufwendungen maßgebend, die bei Inanspruchnahme eines **Einzelzimmers** im selben Haus entstanden wären. Führt auch die weitere Person eine Dienstreise durch, so sind die tatsächlichen Unterkunftskosten gleichmäßig aufzuteilen.

43 Die **Kosten des Frühstücks** (oft auf der Zimmerrechnung aufgeführt) gehören zu den Verpflegungs-, nicht zu den Übernachtungskosten. Wird in der **Hotelrechnung** ein Gesamtpreis für Übernachtung und Frühstück ausgewiesen und läßt sich der Preis für das Frühstück nicht feststellen, so sind die Kosten des Frühstücks bei Inlandsgeschäftsreisen mit **9 DM,** bei Auslandsgeschäftsreisen mit 20 % des maßgebenden vollen ausländischen Pauschbetrags für den Verpflegungsmehraufwand anzusetzen und vom ausgewiesenen Gesamtbetrag abzuziehen. Der sodann verbleibende Betrag der Hotelrechnung stellt die Kosten der Unterbringung dar. Wird glaubhaft gemacht, daß in der nicht spezifizierten Hotelrechnung Kosten für ein Frühstück nicht enthalten sind, so ist der Gesamtbetrag der Hotelrechnung als Kosten der Unterbringung anzusehen.

44 Bei **privater Unterbringung,** z.B. bei Geschäftsfreunden oder Verwandten, erhält man in der Regel keine Belege über Übernachtungskosten. Anstelle solcher Ausgaben entstehen dann Aufwendungen für ein Gastgeschenk, z.B. Blumen oder sonstige Geschenke an die Ehefrau des Gastgebers, Geschenke an die Kinder des Gastgebers, Trinkgeld an dessen Hausangestellte usw. Wenn der Nachweis vorliegt, daß die auswärtige Übernachtung im betrieblichen oder beruflichen Interesse erforderlich gewesen ist, sollte die Glaubhaftmachung solcher Nebenkosten genügen.

VII. NEBENKOSTEN

45 Nebenkosten sind z.B. die Kosten für Beförderung und Aufbewahrung von Gepäck, Telefon und Telegramme, Porto, Garage, Parkplatz, Straßenbahn oder Kraftwagen am Reiseziel, Garderobenbenutzung, Versicherungen, soweit sie reisebezogen sind. Diese Kosten sind **in der nachgewiesenen oder glaubhaft gemachten Höhe abziehbar.**

46 Zu den abziehbaren Nebenkosten gehören auch die Trinkgelder an das Bedienungspersonal in Gasthäusern, an den Taxifahrer, den Schlafwagenschaffner usw., auch z.B. an das Dienstpersonal eines besuchten Geschäftsfreundes. Es empfiehlt sich, die angefallenen Nebenkosten in einem Reisebericht aufzuführen und mit der eigenen Unterschrift versehen zu den Akten zu nehmen.

Zu den Nebenkosten zählen ebenfalls die Aufwendungen für die Inanspruch- **47** nahme eines Hotelzimmers lediglich für Zwecke des Umziehens, zur Vorbereitung auf eine anstehende geschäftliche Verhandlung, zur erforderlichen Ruhepause usw. (sog. Tageszimmer). Aus der Hotelquittung muß in solchen besonderen Fällen ersichtlich sein, daß eine Übernachtung nicht stattgefunden hat.

VIII. FAHRTEN ZWISCHEN MEHREREN BETRIEBSTÄTTEN

Die Aufwendungen für Fahrten zwischen mehreren Betriebstätten können – anders **48** als die Fahrten zwischen Wohnung und Betrieb – in vollem Umfang als Betriebsausgaben abgezogen werden; selbst dann, wenn sich eine Betriebstätte am Hauptwohnsitz des Unternehmers befindet (H 23 EStH). Dies gilt auch, wenn sich eine Betriebstätte in der Wohnung des Unternehmers befindet und dieser Teil der Wohnung von der übrigen Wohnung baulich abgetrennt ist und eine in sich geschlossene Einheit bildet (BFH v. 13.7.1989, BStBl II 1990, 23). Ein häusliches Arbeitszimmer allein reicht dagegen für die Annahme einer Betriebstätte nicht aus (BFH v. 7.12.1988, BStBl II 1989, 421). Aus der Rechtsprechung des BFH muß der Schluß gezogen werden, daß eine Betriebstätte auf dem Privatgrundstück steuerlich nur dann anerkannt wird, wenn es sich räumlich um einen getrennten Anbau oder um ein eigenes Gebäude auf dem gleichen Grundstück handelt.

Weitere Voraussetzung für die vollständige steuerliche Berücksichtigung der Fahrten zwischen mehreren Betriebstätten ist, daß keine Betriebstätte ein derartiges Übergewicht hat, daß sie den **Mittelpunkt der beruflichen Tätigkeit** mit der Folge bildet, daß der Betriebstätte am Hauptwohnsitz nur eine untergeordnete Bedeutung zukommt. Vom Mittelpunkt der beruflichen Tätigkeit kann dann ausgegangen werden, wenn die auswärtige Betriebstätte täglich oder fast täglich angefahren wird. Diese Fahrtaufwendungen sind nur in eingeschränktem Umfang als Fahrten zwischen Wohnung und Betrieb abzugsfähig. Diese Einschränkung kann m.E. nicht gelten, wenn die Betriebstätten täglich oder fast täglich im gleichen Umfang aufgesucht werden, z.B. der Vormittag wird in der einen und der Nachmittag in der anderen Betriebstätte verbracht.

BEISPIEL 1:

Ein Unternehmer hat in A sein Einfamilienhaus und den Sitz der Geschäftsleitung seines Betriebes. Eine Fertigungsstätte befindet sich in B, die der Unternehmer regelmäßig aufsucht. Die Fahrten zwischen dem Sitz der Geschäftsleitung und der Fertigungsstätte in B sind in vollem Umfang als Betriebsausgaben abzugsfähig.

BEISPIEL 2:

Ein Rechtsanwalt unterhält in seinem Einfamilienhaus eine vom Wohnbereich getrennte Kanzlei, in der er auch Mandanten empfängt. In der Stadt hat er eine weitere Kanzlei. Die Fahrten von der Kanzlei im Einfamilienhaus zur Kanzlei in der Stadt sind in vollem Umfang als Betriebsausgaben abzugsfähig.

BEISPIEL 3:

Ein Gewerbetreibender hat in seinem Einfamilienhaus in A ein häusliches Arbeitszimmer, in dem sich die Geschäftsleitung seines Betriebes in B befindet. Die Fahrten von A nach B sind nur in eingeschränktem Umfang als Fahrten zwischen Wohnung und Betriebstätte abzugsfähig, weil das häusliche Arbeitszimmer baulich nicht von der Wohnung abgetrennt ist.

Dritter Teil: Inlandsreisen

> **BEISPIEL 4:**
>
> Ein Unternehmer hat zwei Betriebstätten in A und B. Obwohl er in A wohnt, fährt er fast täglich zur Betriebstätte in B und einmal in der Woche zur Betriebstätte in A.
>
> Bei den Fahrten zu den Betriebstätten in A und B handelt es sich um Fahrten zwischen Wohnung und Betriebstätte; bei den Fahrten nach B deswegen, weil diese Betriebstätte den Mittelpunkt der beruflichen Tätigkeit darstellt.

49 Benutzt der Unternehmer/Selbständige für die Fahrten zwischen mehreren Betriebstätten ein **privates Kfz** und verzichtet er auf den Einzelnachweis der tatsächlichen Kfz-Aufwendungen, kann er statt dessen den Kilometersatz von 0,52 DM je gefahrenem Kilometer in Anspruch nehmen.

50 **Verpflegungsmehraufwendungen** können für die Fahrten zwischen mehreren Betriebstätten **nicht** geltend gemacht werden. Es handelt sich bei diesen Fahrten nicht um Geschäftsreisen, auch wenn für die Fahrten **betriebliche** (nicht jedoch geschäftliche) Gründe ausschlaggebend waren. Der Begriff „Geschäftsreise" fordert, daß der Steuerpflichtige die Reise zu einem Ort unternimmt, der nicht Ort der eigenen auswärtigen Betriebstätte ist. Zu einer am Ort der auswärtigen Betriebsstätte notwendigen Übernachtung hat der Bundesfinanzhof mit nicht veröffentlichter Entscheidung v. 22.4.1998, Aktenzeichen: XI R 59/97, entschieden, daß gelegentliche Hotelübernachtungen am Ort der auswärtigen Betriebsstätte nicht zu einer doppelten Haushaltsführung führen, weil eine gelegentliche Hotelübernachtung nicht die Begriffe des Wohnens und des eigenen Hausstandes im Sinne einer doppelten Haushaltsführung erfülle. Dagegen ist nunmehr in R 43 Abs. 1 LStR 2000 geregelt, daß auch eine einmalige Übernachtung am auswärtigen Beschäftigungsort zu einer doppelten Haushaltsführung führt, wenn keine Dienstreise vorliegt. Diese Regelung gilt durch den Verweis in R 23 Abs. 3 EStR 1999 auf R 43 LStR 2000 auch für Unternehmer und Selbständige, so daß bei einer Übernachtung am Ort der auswärtigen Betriebstätte die Übernachtungskosten und die Mehrfachaufwendungen für Verpflegung wie bei einer doppelten Haushaltsführung steuerlich berücksichtigt werden können (→ Tz. 63 ff.).

IX. PRIVATE NUTZUNG BETRIEBLICHER KRAFTFAHRZEUGE

1. FAHRTEN ZWISCHEN WOHNUNG UND BETRIEB

51 Fahrten zwischen Wohnung und Betrieb sind weder Geschäftsreisen noch Privatfahrten, so daß die Regelungen für Geschäftsreisen nicht anwendbar sind. Die Fahrtkosten für Fahrten zwischen Wohnung und Betrieb sind jedoch in eingeschränktem Umfang als Betriebsausgaben abziehbar und zwar insoweit, wie der Ansatz des Kilometer-Pauschbetrages von 0,70 DM den steuerlich zu erfassenden Nutzungswert für diese Fahrten mindert. Die ertragsteuerliche Behandlung der privaten Pkw-Nutzung ist durch das Jahressteuergesetz 1996 für alle Einkunftsarten vereinheitlicht worden (§ 4 Abs. 5 Satz 1 Nr. 6, § 6 Abs. 1 Nr. 4 Satz 2 und 3, § 8 Abs. 2 Satz 2–5 und § 9 Abs. 1 Satz 3 Nr. 5 EStG).

Danach ist bei Gewerbetreibenden und Selbständigen der kalendermonatliche Nutzungswert für Fahrten zwischen Wohnung und Betrieb mit 0,03 % des inländischen Listenpreises des Kraftfahrzeugs im Zeitpunkt der Erstzulassung für jeden Kilometer der Entfernung zwischen Wohnung und Betrieb anzusetzen; dabei spielt es grundsätzlich keine Rolle, an wie vielen Tagen im Kalendermonat das Kraftfahrzeug tatsächlich genutzt wurde. Maßgebend ist der inländische Listenpreis im Zeitpunkt der Erstzulassung. Er gilt auch für reimportierte Fahrzeuge. Sonderausstattungen, die im inländischen Listenpreis nicht enthalten sind, sind zusätzlich zu dem Wert der (inländischen) Sonderausstattung zu berücksichtigen. Ist das reimportierte Fahrzeug geringwertiger ausgestattet, muß der Wert der Minderausstattung anhand eines vergleichbaren inländischen Fahrzeugs ermittelt werden.

Von dem Nutzungswert je Kalendermonat ist der Kilometer-Pauschbetrag von **52** 0,70 DM je Entfernungskilometer für die im Monat tatsächlich durchgeführten Fahrten zwischen Wohnung und Betrieb abzuziehen. Ist der verbleibende Betrag positiv, darf er den Gewinn nicht mindern; ist er negativ, entfällt die Hinzurechnung zum Gewinn. Voraussetzung für die Besteuerung nach dem Nutzungswert ist die Zugehörigkeit des Kraftfahrzeugs zum Betriebsvermögen. Bei gemieteten oder geleasten Kraftfahrzeugen ist dies der Fall, wenn sie zu mehr als 50 % für betrieblich veranlaßte Fahrten genutzt werden und damit ein betriebliches Miet- bzw. Leasing-Verhältnis besteht.

BEISPIEL 1:

Ein Unternehmer nutzt ein betriebliches Kraftfahrzeug mit einem Listenpreis von 80 000 DM einschließlich Sonderausstattung an 20 Tagen im Monat zu Fahrten zum 18 km entfernten Betrieb.

Nutzungswert 0,03 % von 80 000 DM × 18 km	=	432,— DM
abzüglich		
20 Tage × 18 km × 0,70 DM	=	252,— DM
zu versteuernder Nutzungswert im Monat		180,— DM

BEISPIEL 2:

Wie Beispiel 1, jedoch soll der Listenpreis 40 000 DM betragen.

Nutzungswert 0,03 % von 40 000 DM × 18 km	=	216,— DM
abzüglich		
20 Tage × 18 km × 0,70 DM	=	252,— DM
	./.	36,— DM

Da der Differenzbetrag negativ ist, erfolgt keine Hinzurechnung zum Gewinn.

Für **Körperbehinderte** gilt eine Sonderregelung: **53**

Der Ansatz des Nutzungswerts von **0,03 %** für Fahrten zwischen Wohnung und Betrieb gilt grundsätzlich auch für **Körperbehinderte,** deren Grad der Behinderung

– mindestens 70 % beträgt oder

– weniger als 70 %, aber mindestens 50 % beträgt und die in ihrer Bewegungsfähigkeit im Straßenverkehr erheblich beeinträchtigt sind.

Dies hätte jedoch gegenüber behinderten Arbeitnehmern, die zu Fahrten zwischen Wohnung und Arbeitsstätte mit einem zur Nutzung überlassenen Kfz die tatsächlichen Aufwendungen als Werbungskosten geltend machen können, zu einer Ungleichbehandlung geführt (→ Tz. 181). Deshalb ist im Verwaltungswege zugelassen worden, daß bei diesen Behinderten **kein** Nutzungswert für Fahrten zwischen Wohnung und Betrieb zu erfassen ist. Die tatsächlichen Aufwendungen für Fahrten zwischen Wohnung und Betrieb darf der Behinderte als Betriebsausgaben dagegen abziehen, wenn er die Kfz-Kosten durch ein Fahrtenbuch nachweist; hier entfällt dann die Zurechnung des Nutzungswerts nach der 0,03 %-Methode.

Der **Grad der Behinderung** und ggf. der **Gehbehinderung** ist durch amtliche Un- **54** terlagen nachzuweisen. Auch dieser Personenkreis kann aber grundsätzlich nur die Kosten einer Hin- und Rückfahrt für jeden Arbeitstag ansetzen (BFH v. 2.4.1976, BStBl II, 452; → Tz. 204).

Wer als körperbehindert anzusehen ist und wie der Nachweis der Körperbehinderung und des Grades der Behinderung gegenüber dem Finanzamt zu erbringen ist, ist in § 65 EStDV sowie in H 194 EStR ausgeführt.

Benutzt der behinderte Selbständige/Unternehmer ein privateigenes – also ein nicht zum Betriebsvermögen gehörendes – Kfz, so kann er für die Fahrten zwischen Wohnung und Betrieb den Kilometersatz von 0,52 DM je gefahrenen Kilometer als Betriebsausgabe ansetzen, sofern keine höheren Aufwendungen nachgewiesen werden (Abschn. 42 Abs. 7 Satz 5 LStR).

Benutzt ein **nicht behinderter** Steuerpflichtiger ein privates Kraftfahrzeug für Fahrten zwischen Wohnung und Betrieb, so können die Aufwendungen bei Benutzung eines Pkws mit 0,70 DM und bei Benutzung eines Motorrads/Motorrollers mit 0,33 DM je Entfernungskilometer als Betriebsausgabe geltend gemacht werden.

Die Ermittlung der Entfernung zwischen Wohnung und Betrieb, die maßgebliche Wohnung (→ Tz. 59, 205 ff.) und die Anzahl der Fahrten zwischen Wohnung und Betrieb haben vor allem Bedeutung für die Differenzberechnung bei der 0,03 %-Methode und bei der Ermittlung der tatsächlichen Kfz-Kosten anhand eines Fahrtenbuches (→ Tz. 60 ff.).

55   Für die **Berechnung der Entfernung** zwischen Wohnung und Betrieb ist grundsätzlich die einfache und kürzeste Entfernung zwischen Wohnung und Betrieb für jeden Tag, an dem der Steuerpflichtige das Fahrzeug benutzt, zu berücksichtigen; das gilt auch, wenn der Weg mehrmals täglich z.B. zur Einnahme des Mittagessens zurückgelegt wird (→ Tz. 56). Eine andere Straßenverbindung kann bei Benutzung eines Kraftfahrzeugs dann zugrunde gelegt werden, wenn sie offensichtlich verkehrsgünstiger ist und vom Steuerpflichtigen regelmäßig für die Fahrten zwischen Wohnung und Betrieb benutzt wird. Dabei sind angefangene Kilometer als volle Kilometer zu zählen. Werden anläßlich einer Fahrt zwischen Wohnung und Betrieb oder umgekehrt andere **betriebliche (berufliche) Angelegenheiten miterledigt,** so können die dadurch bedingten Mehraufwendungen in voller Höhe als Betriebsausgaben abgezogen werden (BFH v. 17.2.1977, BStBl II, 543; BFH v. 25.3.1988, BStBl II, 655). Etwaige Mehraufwendungen, die anläßlich einer Fahrt zwischen Wohnung und Betrieb oder umgekehrt durch die Erledigung privater Angelegenheiten entstehen, sind nicht abzugsfähige Kosten der Lebensführung. Werden **an einem Tag** aus betrieblichen oder beruflichen Gründen **mehrere Fahrten zwischen Wohnung und Betrieb** ausgeführt, so dürfen dennoch die Aufwendungen für jede Fahrt bei der Differenzberechnung des pauschalen Ansatzes für Fahrten zwischen Wohnung und Betrieb und den tatsächlich durchgeführten Fahrten berücksichtigt werden (→ Tz. 60).

56   Die Aufwendungen für **Mittagsheimfahrten** gehören grundsätzlich zu den Lebenshaltungskosten und sind daher steuerlich nicht zu berücksichtigen (BFH v. 13.2.1970, BStBl II, 391). Dies gilt auch bei geteilter Arbeitszeit.

Ausnahme: Nur wenn die Unterbrechung der Arbeitszeit täglich mindestens etwa 4 Stunden beträgt, sind die Mittagsheimfahrten anders zu beurteilen. In diesen Fällen liegt keine einheitliche und durch eine Mittagspause unterbrochene Arbeitszeit mehr vor. Bei diesen selbständigen Arbeitszeiten werden die jeweiligen Fahrten als solche zwischen Wohnung und Betriebstätte angesehen. Auch diese Fahrten sind mit in die Differenzberechnung (→ Tz. 60) einzubeziehen. Bei der Pauschalversteuerung der privaten Nutzungswerte sind diese Fahrten jedoch nicht zu erfassen, weil sie durch die 1 %-Methode bzw. durch den Ansatz der 0,03 % für Fahrten zwischen Wohnung und Betrieb bereits erfaßt sind. Bei kürzeren, etwa nur zweistündigen Pausen bedeutet die Mittagsheimfahrt hingegen nur eine Unterbrechung der einheitlichen Arbeitszeit zur Einnahme einer Zwischenmahlzeit; sie wird steuerlich nicht anerkannt.

57   Hat ein Steuerpflichtiger **mehrere Betriebstätten** in unterschiedlicher Entfernung von der Wohnung, und wird das Kraftfahrzeug höchstens fünfmal pro Monat zu Fahrten zwischen der Wohnung und der weiter entfernt gelegenen Betriebstätte

eingesetzt, kann bei der pauschalen Berechnung der nicht abziehbaren Betriebsausgaben nach § 4 Abs. 5 Satz 1 Nr. 6 EStG die Entfernung zur näher gelegenen Betriebstätte zugrunde gelegt werden. Die Fahrten zur weiter entfernt gelegenen Betriebstätte sind zusätzlich mit dem positiven Unterschiedsbetrag zwischen 0,002 % des inländischen Listenpreises für jeden Entfernungskilometer und dem sich nach § 9 Abs. 1 Satz 3 Nr. 4 oder Abs. 2 EStG ergebenden Betrag anzusetzen.

BEISPIEL 1:

Der Unternehmer A wohnt in A-Stadt und hat dort eine Betriebstätte (Entfernung zur Wohnung: 10 km). Eine zweite Betriebstätte unterhält er in B-Stadt (Entfernung zur Wohnung 100 km). A fährt zwischen Wohnung und Betriebstätte mit dem Betriebs-Pkw (inländischer Listenpreis einschließlich Sonderausstattung und Umsatzsteuer: 45 000 DM). Er ist viermal im Monat von der Wohnung zur Betriebstätte in B-Stadt gefahren (insgesamt an 40 Tagen), an den anderen Tagen zur Betriebstätte in A-Stadt (insgesamt an 178 Tagen). Die nicht abziehbaren Betriebsausgaben sind wie folgt zu ermitteln:

– 45 000 DM × 0,03 % × 10 km × 12 Monate =	1 620,— DM	
./. 178 × 10 km × 0,70 DM/km =	1 246,— DM	
	374,— DM	374,— DM
– 45 000 DM × 0,002 % × 100 km × 40 =	3 600,— DM	
./. 40 × 100 km × 0,70 DM/km =	2 800,— DM	
	800,— DM	800,— DM
		1 174,—DM

BEISPIEL 2:

Der Unternehmer C wohnt in C-Stadt und hat dort eine Betriebstätte (Entfernung zur Wohnung: 8 km). Eine zweite Betriebstätte unterhält er in D-Stadt (Entfernung zur Wohnung: 120 km), eine dritte Betriebstätte in E-Stadt (Entfernung zur Wohnung: 300 km). C fährt zwischen Wohnung und Betriebstätte mit dem Betriebs-Pkw (inländischer Listenpreis einschließlich Sonderausstattung und Umsatzsteuer: 55 000 DM). Er ist zweimal im Monat von der Wohnung zur Betriebstätte in D-Stadt (insgesamt an 20 Tagen) und zweimal im Monat zur Betriebstätte in E-Stadt gefahren (insgesamt an 21 Tagen), an den anderen Tagen zur Betriebstätte in C-Stadt (insgesamt an 180 Tagen). Die nicht abziehbaren Betriebsausgaben sind wie folgt zu ermitteln:

a) 55 000 DM × 0,03 % × 8 km × 12 Monate =	1 584,— DM	
./. 180 × 8 km × 0,70 DM/km =	1 008,— DM	
	576,— DM	576,— DM
b) 55 000 DM × 0,002 % × 120 km × 20 =	2 640,— DM	
./. 20 × 120 km × 0,70 DM/km =	1 680,— DM	
	960,— DM	960,— DM
c) 55 000 DM × 0,002 % × 300 km × 21 =	6 930,— DM	
./. 21 × 300 km × 0,70 DM/km =	4 410,— DM	
	2 520,— DM	2 520,— DM
		4 056,— DM

Wird in den vorgenannten Beispielen die weiter entfernt liegende Betriebstätte mehr als fünfmal pro Monat angefahren, so ist in diesem Fall der volle Nutzungswert mit 0,03 % des inländischen Listenpreises je Entfernungskilometer anzusetzen.

Unter „Betrieb" ist der Ort zu verstehen, an dem oder von dem aus die betrieblichen Leistungen erbracht werden. Die Aufwendungen für Fahrten eines Unternehmers mit dem betriebseigenen Pkw **zwischen mehreren Betriebstätten** seines Unternehmens sind in vollem Umfang wie für Geschäftsreisen als Betriebsausgaben abzugsfähig. Das gilt auch dann, wenn sich eine Betriebstätte und die Wohnung des

Dritter Teil: Inlandsreisen

Unternehmers auf demselben Grundstück befinden (BFH v. 31.5.1978, BStBl II, 564 und BFH v. 29.3.1979, BStBl II, 700). Allerdings darf die Betriebstätte nicht von untergeordneter Bedeutung sein (Büroecke in der Wohnung).

59 Hat der Betriebsinhaber **mehrere Wohnungen,** so ist diejenige Wohnung maßgebend, von der er zum Betrieb fährt. Für die **weiter entfernt liegende Wohnung** gilt dies nur, wenn sich dort der Mittelpunkt der Lebensinteressen befindet (→ Tz. 206, 239). Befindet sich dieser in der weiter entfernt liegenden Wohnung, ist es **unerheblich, wie weit** die Wohnung, von der aus die Fahrt angetreten wird, vom Betrieb entfernt ist (BFH v. 3.10.1985, BStBl II 1986, 95 und BFH v. 13.12.1985, BStBl II 1986, 221). Wird für die Fahrten zwischen Wohnung und Betrieb ein betriebliches Fahrzeug genutzt, so ist der pauschale Nutzungswert von 0,03 % des inländischen Listenpreises des Fahrzeugs für die Fahrten von der näher zum Betrieb gelegenen Wohnung anzusetzen. Für die Differenzentfernung zwischen der näher gelegenen und der weiter entfernten Wohnung ist für jeden Kilometer der positive Unterschiedsbetrag zwischen 0,002 % des inländischen Listenpreises und dem Kilometer-Pauschbetrag anzusetzen, wenn die weiter entfernt liegende Wohnung **nicht mehr als fünfmal im Monat** angefahren wird. Die Regelung, wonach auch die Differenzentfernung zu erfassen ist (vgl. → Tz. 171), gilt nach Tz. 31 des Arbeitgeber-Merkblatts (BStBl I 1995, 719) nur für Arbeitnehmer; sie muß jedoch analog auch auf Selbständige und Gewerbetreibende übertragen werden. Wird die weiter entfernt liegende Wohnung mehr als fünfmal im Monat angefahren, sind diese Fahrten mit 0,03 % des inländischen Listenpreises je Entfernungskilometer anzusetzen. Hier handelt es sich um eine Regelung, der sich der Betriebsinhaber nur durch Führung eines Fahrtenbuchs entziehen kann.

2. PRIVATE MITBENUTZUNG BETRIEBLICHER KRAFTFAHRZEUGE

60 Auch für Selbständige und Gewerbetreibende wird **seit 1996** zur Abgeltung der **privaten Mitbenutzung** betrieblicher Pkw **1 % des inländischen Brutto-Listenpreises** (also einschließlich Umsatzsteuer) im Zeitpunkt der Erstzulassung zuzüglich der Kosten für Sonderausstattungen angesetzt. Die **Fahrten zwischen Wohnung und Betriebstätte** (Arbeitsstätte) werden zusätzlich mit **0,03 %** dieses Preises pro Kalendermonat je Entfernungskilometer erfaßt. **Abgezogen** wird der Pauschbetrag von **0,70 DM pro Entfernungskilometer zwischen Wohnung und Betrieb-/Arbeitsstätte.** Ist der Differenzbetrag positiv, darf er den Gewinn nicht mindern; ist er negativ, entfällt die Zurechnung zum Gewinn (→ Tz. 51 ff.).

BEISPIEL 1:

Der Brutto-Listenpreis des zum Betriebsvermögen gehörenden Kfz beträgt im Zeitpunkt der Erstzulassung 75 000 DM. Das Kfz wird neben den Privatfahrten auch an 230 Tagen für Fahrten zwischen Wohnung und Betriebstätte genutzt. Die einfache Entfernung beträgt 20 km.

a) Ermittlung private Pkw-Nutzung
(§ 6 Abs. 1 Nr. 4 Satz 2 und 3 EStG):

1 % von 75 000 DM × 12 Monate =   **9 000,— DM**

Der Entnahmewert für die private Pkw-Nutzung beträgt 9 000 DM (ggf. zzgl. Umsatzsteuer).

b) Fahrten zwischen Wohnung und Betriebstätte
(§ 4 Abs. 5 Nr. 6 EStG):

0,03 % von 75 000 DM × 20 km × 12 Monate	= 5 400,— DM	
abzüglich 230 Tage × 10 km × 0,70 DM	= 3 220,— DM	
	2 180,— DM	2 180,— DM

In Höhe von 2 180 DM darf der Gewinn nicht gemindert werden.

A. Selbständige

BEISPIEL 2:

Der Listenpreis des Kfz beträgt 40 000 DM, und es wird neben Privatfahrten an 230 Tagen zu Fahrten zwischen Wohnung und dem 10 km entfernten Betrieb genutzt.

a) Privatfahrten:

1 % von 40 000 DM × 12 Monate = $\qquad$ 4 800,— DM

b) Fahrten Wohnung-Betrieb:

0,03 % von 40 000 DM × 10 km × 12 Monate	= 1 440,— DM	
abzüglich 230 Tage × 10 km × 0,70 DM	1 610,— DM	
	./. 170,— DM	0,— DM

Da der Differenzbetrag (Fahrten Wohnung–Betrieb) negativ ist, ist für die Fahrten zwischen Wohnung und Betrieb kein Nutzungswert anzusetzen. Die Nutzungsentnahme für das Jahr beträgt 4 800 DM für die Privatfahrten.

HINWEIS:

Zur Frage, ob die Nutzungswertermittlung der privaten Kfz-Nutzung nach der 1 %-Methode hinsichtlich der in § 6 Abs. 1 Nr. 4 Satz 2 und 3 EStG aufgestellen Schätzungsmethode verfassungsgemäß ist, ist derzeit ein Revisionsverfahren beim BFH anhängig. Die Vorinstanz, das FG Baden-Württemberg, hatte die Verfassungsmäßigkeit bejaht (DStRE 1999, 697).

Macht ein Steuerpflichtiger geltend, daß er seinen Pkw **in geringerem Umfang privat benutzt,** hat er dies eindeutig durch ein **Fahrtenbuch und Einzelnachweis** aller Kfz-Kosten nachzuweisen.

Wird der Nutzungswert anhand der **Fahrtenbuchmethode** ermittelt, ist ein Fahrtenbuch (→ Tz. 169 f.) mindestens für die Kraftfahrzeuge zu führen, für die 1 % des inländischen Listenpreises anzusetzen wäre. Werden mehrere betriebliche Fahrzeuge zu Privatfahrten genutzt, und soll der Nutzungswert nicht pauschal ermittelt werden, ist für jedes privat genutzte Fahrzeug ein Fahrtenbuch zu führen. Ein Fahrtenbuch soll die Zuordnung von Fahrten zur betrieblichen und beruflichen Sphäre ermöglichen. Es muß fortlaufend geführt werden.   **61**

BEISPIEL:

Zum Betriebsvermögen des Unternehmers A gehören fünf Kraftfahrzeuge. Davon nutzt er drei Fahrzeuge auch für Privatfahrten. Er ermittelt den Nutzungswert nach der Fahrtenbuchmethode. Für die drei privat genutzten Kraftfahrzeuge ist jeweils ein Fahrtenbuch zu führen. Führt er kein Fahrtenbuch, oder führt er nicht für jedes privat genutzte Kraftfahrzeug ein Fahrtenbuch, ist der pauschalen Nutzungswertermittlung das privat genutzte Fahrzeug mit dem höchsten Listenpreis zugrunde zu legen.

Ein **elektronisches** Fahrtenbuch ist anzuerkennen, wenn sich daraus dieselben Erkenntnisse wie aus einem manuell geführten Fahrtenbuch gewinnen lassen. Beim Ausdrucken von elektronischen Aufzeichnungen müssen nachträgliche Veränderungen der aufgezeichneten Angaben technisch ausgeschlossen, zumindest aber dokumentiert werden.

Ein Fahrtenbuch muß mindestens folgende **Angaben** enthalten (vgl. LStR 31 Abs. 7 Nr. 2):

Datum und Kilometerstand zu Beginn und Ende jeder einzelnen betrieblich/beruflich veranlaßten Fahrt, Reiseziel, Reisezweck und aufgesuchte Geschäftspartner.

Wird ein Umweg gefahren, ist dieser aufzuzeichnen. Auf einzelne dieser Angaben kann verzichtet werden, soweit wegen der besonderen Umstände **im Einzelfall** die betriebliche/berufliche Veranlassung der Fahrten und der Umfang der Privatfahr-

57

Dritter Teil: Inlandsreisen

ten ausreichend dargelegt sind und Überprüfungsmöglichkeiten nicht beeinträchtigt werden. So sind z.B. folgende **berufsspezifisch bedingte Erleichterungen** möglich:

- Handelsvertreter, Kurierdienstfahrer, Automatenlieferanten und andere Steuerpflichtige, die regelmäßig aus betrieblichen/beruflichen Gründen große Strekken mit mehreren unterschiedlichen Reisezielen zurücklegen:
  Zu Reisezweck, Reiseziel und aufgesuchtem Geschäftspartner ist anzugeben, welche Kunden an welchem Ort besucht wurden. Angaben zu den Entfernungen zwischen den verschiedenen Orten sind nur bei größerer Differenz zwischen direkter Entfernung und tatsächlich gefahrenen Kilometern erforderlich.

- Taxifahrer:
  Bei Fahrten eines Taxifahrers im sog. Pflichtfahrgebiet ist es in bezug auf Reisezweck, Reiseziel und aufgesuchte Geschäftspartner ausreichend, täglich zu Beginn und Ende der Gesamtheit dieser Fahrten den Kilometerstand anzugeben mit der Angabe „Taxifahrten im Pflichtfahrgebiet" o.ä. Wurden Fahrten durchgeführt, die über dieses Gebiet hinausgehen, kann auf die genaue Angabe des **Reiseziels nicht verzichtet** werden.

- Fahrlehrer:
  Für Fahrlehrer ist es ausreichend, in bezug auf Reisezweck, Reiseziel und aufgesuchtem Geschäftspartner „Lehrfahrten", „Fahrschulfahrten" o.ä. anzugeben.
  Werden regelmäßig dieselben Kunden aufgesucht, wie z.B. bei Lieferverkehr, und werden die Kunden mit Name und (Liefer-)Adresse in einem Kundenverzeichnis unter einer Nummer geführt, unter der sie später identifiziert werden können, bestehen keine Bedenken, als Erleichterung für die Führung eines Fahrtenbuches zu Reiseziel, Reisezweck und aufgesuchtem Geschäftspartner jeweils zu Beginn und Ende der Lieferfahrten Datum und Kilometerstand sowie die Nummern der aufgesuchten Geschäftspartner aufzuzeichnen. Das Kundenverzeichnis ist dem Fahrtenbuch beizufügen.

Für Privatfahrten genügen jeweils Kilometerangaben; für Fahrten zwischen Wohnung und Betriebstätte genügt jeweils ein kurzer Vermerk im Fahrtenbuch.

Wird die Ordnungsmäßigkeit der Führung eines Fahrtenbuches von der Finanzverwaltung z.B. anläßlich einer Betriebsprüfung nicht anerkannt, ist die Nutzung des Kraftfahrzeugs zu Privatfahrten, zu Fahrten zwischen Wohnung und Betriebstätte oder zu Familienheimfahrten nach den Pauschsätzen zu bewerten.

3. WEITERE BESONDERHEITEN BEI DER PRIVATEN NUTZUNG BETRIEBLICHER KRAFTFAHRZEUGE

62 **Leasing-Fahrzeuge:** Die pauschale Nutzungswertermittlung gilt auch für Leasing-Fahrzeuge, wenn ein betriebliches Leasing-Verhältnis (Nutzung zu mehr als 50 % für betriebliche Zwecke) vorliegt.

Mehrere betriebliche Fahrzeuge: Stehen mehrere betriebliche Fahrzeuge zur privaten Nutzung zur Verfügung und werden alle Fahrzeuge privat genutzt – auch nur teilweise –, ist der pauschale Nutzungswert für jedes Fahrzeug anzusetzen, es sei denn, der Steuerpflichtige kann glaubhaft versichern, daß die Pkws nicht von zur Privatsphäre des Steuerpflichtigen gehörenden Personen genutzt werden. Im letzten Fall ist der pauschale Nutzungswert – unabhängig von der tatsächlichen Nutzung – für das teuerste Fahrzeug anzusetzen.

Fahrzeugwechsel: Wird im laufenden Jahr das privat genutzte Fahrzeug gewechselt (z.B. durch Veräußerung), so ist für den Monat des Wechsels der inländische Listenpreis des Fahrzeugs anzusetzen, das aufgrund der Anzahl der Tage in diesem Monat überwiegend genutzt wurde.

Kostendeckelung: Bei besonders teuren oder gebraucht angeschafften Kraftfahrzeugen kann der Ansatz der pauschalen Nutzungswerte zu einem Entnahmewert führen, der über den tatsächlichen Gesamtkosten für das Fahrzeug liegt. In diesem Fall ist der Entnahmewert – unter der Voraussetzung, daß kein Fahrtenbuch geführt wird – auf die tatsächlichen Gesamtkosten zu beschränken. Im Endeffekt bedeutet dies, daß die gesamten Kfz-Aufwendungen der privaten Sphäre zugerechnet werden. Vorstehendes gilt auch für Leasing-Fahrzeuge.

BEISPIEL:

Ein Unternehmer nutzt ein bereits vollständig abgeschriebenes betriebliches Kraftfahrzeug mit einem inländischen Listenpreis von 120 000 DM privat und zu Fahrten zum 30 km entfernten Betrieb. Die tatsächlichen Gesamtkosten betragen 20 000 DM. Ein Fahrtenbuch wird nicht geführt.

Private Nutzung

1 % von 120 000 DM × 12 Monate =		14 400,— DM

Fahrten zwischen Wohnung und Betrieb

0,03 % von 120 000 DM = 36 DM

36 DM × 30 km × 12 Monate =	12 960,— DM	
./. 30 km × 0,70 DM × 240 Tage =	5 040,— DM	7 920,— DM
= Summe		22 320,— DM
Kostendeckelung auf		20 000,— DM

Methodenwahl: Es wird steuerlich zugelassen, daß die privaten Nutzungswerte zunächst pauschal ermittelt werden und die genauen Werte sodann anhand eines Fahrtenbuchs und mit Einzelbelegen am Jahresende angesetzt werden. Diese Wahl kann bis zur Abgabe der Steuererklärung erfolgen; sie muß jedoch für das Wirtschaftsjahr einheitlich getroffen werden.

Personengesellschaft: Befinden sich Kraftfahrzeuge im Betriebsvermögen einer Personengesellschaft, die von Gesellschaftern auch zu Privatfahrten genutzt werden, ist ein pauschaler Nutzungswert für den Gesellschafter anzusetzen, dem die Nutzung des Kraftfahrzeugs zuzurechnen ist.

BEISPIEL 1:

Der IJK-OHG gehören die Gesellschafter I, J und K an. Es befinden sich 4 Pkws im Betriebsvermögen. Die Gesellschafter I und K sind alleinstehend. Niemand aus ihrer Privatsphäre nutzt die betrieblichen Pkws. Der Gesellschafter J ist verheiratet. Seine Ehefrau nutzt einen betrieblichen Pkw zu Privatfahrten. Die Listenpreise der Fahrzeuge betragen 80 000 DM, 65 000 DM, 50 000 DM und 40 000 DM. I nutzt das 80 000 DM-Kfz, J das 50 000 DM-Kfz, K das 65 000 DM-Kfz und Frau J das 40 000 DM-Kfz. Die private Nutzungsentnahme ist monatlich für den Gesellschafter I mit 1 % von 80 000 DM, für den Gesellschafter K mit 1 % von 65 000 DM und für den Gesellschafter J mit 1 % von 50 000 DM zuzüglich 1 % von 40 000 DM anzusetzen.

BEISPIEL 2:

Der XYZ-OHG gehören die Gesellschafter X, Y und Z an. Es befindet sich ein Pkw im Betriebsvermögen, den aufgrund einer vertraglichen Vereinbarung unter den Gesellschaftern nur der Gesellschafter Z nutzen darf. Die private Nutzungsentnahme ist nur für den Gesellschafter Z anzusetzen.

Erstmalige Privatnutzung: Will sich bei einer erstmaligen Privatnutzung eines betrieblichen Fahrzeugs der Steuerpflichtige für die Fahrtenbuchmethode entscheiden, so liegt hier noch kein individueller Nutzungswert vor. Es bestehen in einem derartigen Fall keine Bedenken, wenn die Privatfahrten vorläufig je Fahrtkilometer mit 0,001 % und die Fahrten zwischen Wohnung und Betrieb mit 0,002 % je Entfernungskilometer des inländischen Listenpreises für das Fahrzeug angesetzt werden. Nach Ablauf des Kalenderjahres bzw. Wirtschaftsjahres ist dann der tatsächlich zu versteuernde Nutzungswert zu ermitteln oder der pauschale Nutzungswert nach den 1 %- und 0,03 %-Methoden anzusetzen.

X. DOPPELTE HAUSHALTSFÜHRUNG

1. ALLGEMEINES

63 Führt ein Gewerbetreibender, Land- oder Forstwirt oder selbständig Tätiger i.S.d. § 18 EStG **aus betrieblichen Gründen einen doppelten Haushalt,** so sind die notwendigen Mehraufwendungen, die aus Anlaß der doppelten Haushaltsführung entstehen, Betriebsausgaben. Mehraufwendungen wegen beruflich veranlaßter doppelter Haushaltsführung sind nur notwendig, wenn sie nach den Umständen des Einzelfalles nicht überhöht sind (BFH v. 16.3.1979, BStBl II, 473).

Ein doppelter Haushalt liegt vor, wenn der Steuerpflichtige an verschiedenen Orten einen Hausstand hat. Ein eigener Hausstand war bislang bei einem Steuerpflichtigen dann anzunehmen, wenn er eine Wohnung besaß, deren Einrichtung seinen Lebensbedürfnissen entsprach und in der hauswirtschaftliches Leben herrschte, an dem sich der Steuerpflichtige sowohl finanziell als auch durch seine persönliche Mitwirkung maßgeblich beteiligte (BFH v. 9.11.1971, BStBl II 1972, 148).

2. EIGENER HAUSSTAND

64 Nach dem BFH-Urteil v. 5.10.1994 (BFH/NV 1995, 584) kommt es jedoch nicht mehr darauf an, daß in der Wohnung am Ort des eigenen Hausstands hauswirtschaftliches Leben herrscht. In Abschn. 43 Abs. 3 LStR 1996 ist daher der Begriff des **Familienhausstands** durch den Begriff „eigener Hausstand" ersetzt worden. Ein doppelter Haushalt ist demnach anzuerkennen, wenn der Steuerpflichtige seinen nicht berufstätigen Ehegatten in die Zweitwohnung mitnimmt bzw. beide Ehegatten, die am gleichen Ort auswärts tätig sind, eine gemeinsame Zweitwohnung beziehen. Entsprechendes gilt, wenn die Ehegatten aus beruflichen/betrieblichen Gründen außerhalb des Ortes des eigenen Hausstands jeder einen doppelten Haushalt begründet (sog. dreifache Haushaltsführung). Als Ausfluß des BFH-Urteils erließ das BMF am 3.3.1995 ein Schreiben, worin der vorgenannte Grundsatz bei Arbeitnehmern Anwendung findet. Einer Übernahme dieser Neuregelung in den Bereich der Gewinneinkunftsarten kann jedoch nichts im Wege stehen.

65 Ein eigener Hausstand setzt eine eingerichtete, seinen Lebensbedürfnissen entsprechende Wohnung voraus, die aus eigenem Recht heraus, z.B. als Eigentümer oder als Mieter, genutzt wird. In dieser Wohnung muß ein Haushalt unterhalten werden, d.h. die Haushaltsführung muß durch den Steuerpflichtigen bestimmt oder wesentlich mitbestimmt werden. Darüber hinaus muß die Wohnung dessen Lebensmittelpunkt darstellen.

66 Diese Grundsätze gelten laut BMF-Schreiben vom 8.3.1995 in Anlehnung an die Rechtsprechung des BFH auch für **nicht verheiratete** Personen. An den bislang geltenden strengen Anforderungen, wonach bei unverheirateten Steuerpflichtigen nur dann ein eigener Hausstand anzunehmen ist, wenn u.a. nach Aufnahme der auswärtigen Tätigkeit der eigene Hausstand mit einem von ihm finanziell abhängigen Angehörigen bestehen mußte, wird nicht mehr festgehalten. Das gleiche gilt bei nichtehelichen Lebensgemeinschaften, für die ein gemeinsamer Familienhausstand nur anzunehmen war, wenn mindestens ein gemeinsames Kind mit in dem Haushalt lebte.

A. Selbständige

3. NEUE ZWEIJAHRESFRIST

Zu beachten ist, daß durch das Jahressteuergesetz 1996 eine zeitliche Befristung für 67 die steuerliche Berücksichtigung eines doppelten Haushalts eingeführt worden ist. Danach ist der Abzug der Aufwendungen nach § 4 Abs. 5 Satz 1 Nr. 6a EStG auf **insgesamt 2 Jahre** begrenzt. D.h., daß nach Ablauf von 2 Jahren die notwendigen Mehraufwendungen anläßlich einer doppelten Haushaltsführung den **nicht abziehbaren Betriebsausgaben** zuzurechnen sind. Die Frist von 2 Jahren beginnt mit Aufnahme der auswärtigen Tätigkeit. Ist der Steuerpflichtige z.B. ein Jahr zwischen der Wohnung und der auswärtigen Betriebstätte gependelt, zählt diese Zeit für den Beginn der Zweijahresfrist **nicht** mit. Die Zweijahresfrist beginnt also erst mit dem Bezug der Zweitwohnung an dem auswärtigen Tätigkeitsort. Eine krankheits- bzw. urlaubsbedingte Unterbrechung hat keinen Einfluß auf den Ablauf der Zweijahresfrist. Nach Auffassung der Finanzverwaltung führen andere als die vorgenannten Unterbrechungen, z.B. die Aufnahme einer vorübergehenden Tätigkeit an einem anderen Ort, nur dann zu einem Neubeginn der Frist, wenn die vorübergehende Tätigkeit sich auf einen Zeitraum von mindestens **8 Monaten** (bis 1998: 12 Monate) erstreckt. Die zweijährige Begrenzung der doppelten Haushaltsführung gilt ab 1996. Allerdings wird bei einer bereits bestehenden doppelten Haushaltsführung die Zeit vor dem 1.1.1996 mitgerechnet, d.h., besteht der doppelte Haushalt bereits seit dem 1.7.1995, so konnten die notwendigen Mehraufwendungen nur insoweit berücksichtigt werden, als sie bis zum 30.6.1997 zugerechnet werden konnten. Zum Neubeginn der Zweijahresfrist und Zeiten der Unterbrechung vor dem 1.1.1996 → Tz. 241.

4. BERÜCKSICHTIGUNGSFÄHIGE AUFWENDUNGEN

Hinsichtlich der Höhe der steuerlich abzugsfähigen Mehraufwendungen gelten die 68 für die Lohnsteuer ergangenen Anordnungen entsprechend mit der Maßgabe, daß nur die Kosten für eine Familienheimfahrt wöchentlich als Betriebsausgaben angesetzt werden können (→ Tz. 244 ff.). Wird hierfür ein zum Betriebsvermögen gehörendes Kraftfahrzeug benutzt, so liegen ab 1996 in Höhe des positiven Unterschiedsbetrages zwischen 0,002 % vom inländischen Listenpreis und dem Kilometer-Pauschbetrag gem. § 9 Abs. 1 Nr. 4 EStG i.H.v. 0,70 DM nicht abziehbare Betriebsausgaben vor. Bei Führung eines Fahrtenbuchs ist nur der positive Differenzbetrag zum Kilometer-Pauschbetrag den nicht abziehbaren Betriebsausgaben zuzurechnen.

Bei der Nutzung eines betrieblichen Kfz zu Familienheimfahrten entfällt der Ansatz des Nutzungswerts, wenn das Kfz von einem **Körperbehinderten** genutzt wird, dessen Grad der Behinderung

– mindestens 70 % beträgt oder

– weniger als 70 %, aber mindestens 50 % beträgt und der Körperbehinderte in seiner Bewegungsfähigkeit im Straßenverkehr erheblich beeinträchtigt ist.

Führt der Steuerpflichtige mehrere Familienheimfahrten wöchentlich durch, so kann er wählen, ob er die Fahrten als Familienheimfahrten einmal wöchentlich bei doppelter Haushaltsführung oder als Fahrten zwischen Wohnung und Betrieb geltend machen will. Wählt er den Abzug der Fahrtkosten zwischen Wohnung und Betrieb, so können daneben Mehraufwendungen für Verpflegung und die Kosten der Unterkunft am auswärtigen Ort nicht geltend gemacht werden. Der Steuerpflichtige muß die Wahl des Verfahrens für jedes Wirtschaftsjahr **einheitlich** treffen. Wählt der Steuerpflichtige den Abzug der Fahrtkosten zwischen Wohnung und Betrieb und benutzt er hierzu ein betriebliches Kraftfahrzeug, ist hinsichtlich des Ansatzes des privaten Nutzungswerts nach → Tz. 59 zu verfahren.

Dritter Teil: Inlandsreisen

69 Auch im Bereich der Verpflegungsmehraufwendungen hat es seit 1996 Änderungen gegeben. Bis einschließlich 1995 konnten anläßlich der Begründung eines doppelten Haushalts für die ersten 2 Wochen pauschal 46 DM und für die Folgezeit pauschal 16 DM je Kalendertag berücksichtigt werden. Durch die Neuregelung aufgrund des Jahressteuergesetzes 1996 wird der Abzug der notwendigen Verpflegungsmehraufwendungen auf die **ersten 3 Monate** nach Beginn der Tätigkeitsaufnahme am neuen Ort **begrenzt.** Allerdings können nunmehr für jeden Tag, an dem der Steuerpflichtige von seiner Hauptwohnung abwesend ist, **pauschal 46 DM** geltend gemacht werden. Für die Tage der Familienheimfahrt und der Rückreise an den auswärtigen Tätigkeitsort kommen je nach Abwesenheitsdauer von 8 bzw. 14 Stunden nur die Pauschbeträge für Verpflegungsmehraufwendungen von 10 bis 20 DM in Betracht. Ist der Tätigkeit am neuen Beschäftigungsort eine Geschäftsreise unmittelbar vorausgegangen, so wird die Dauer der **Geschäftsreise** auf die Dreimonatsfrist **angerechnet.** Der Abzug **tatsächlich** entstandener höherer Verpflegungsmehraufwendungen als 46 DM ist nicht möglich. **Nach Ablauf der Dreimonatsfrist können keine Verpflegungsmehraufwendungen mehr geltend gemacht werden,** d. h., daß sich die Neuregelung bei den Mehraufwendungen für Verpflegung in den ersten 3 Monaten günstiger, aber in der Folgezeit ungünstiger gestaltet.

Die Begrenzung der Berücksichtigungsfähigkeit eines doppelten Haushalts auf 2 Jahre hat mithin nur auf die Aufwendungen für die Zweitwohnung praktische Bedeutung. Hierunter fallen u.a. Mietkosten incl. Nebenkosten, Hotelkosten sowie etwaige Absetzungen für Abnutzung bei einer eigenen Wohnung. Der Abzug von Verpflegungsmehraufwendungen ist auf 3 Monate begrenzt; Aufwendungen für Familienheimfahrten können auch nach Ablauf von 2 Jahren berücksichtigt werden. Es handelt sich dann insoweit um gewöhnliche Fahrten zwischen Wohnung und Betriebstätte.

Zur Ermittlung der Mehraufwendungen bei doppelter Haushaltsführung, wenn sich der Ort der **Berufsausübung im Ausland** befindet → Tz. 290.

XI. BEWIRTUNG UND GESCHENKE

1. ALLGEMEINES

70 Die Kosten einer Bewirtung aus geschäftlichem Anlaß, insbesondere von Geschäftsfreunden, gehören steuerrechtlich nicht zu den Reisekosten. Auf diese Kosten wird dennoch im folgenden kurz eingegangen, weil eine Bewirtung nicht selten im Zusammenhang mit einer Geschäftsreise auftritt.

Die Bewirtung von Geschäftsfreunden kann durch den Unternehmer selbst, aber auch durch seine Familienangehörigen oder Angehörige seines Betriebes erfolgen. Als **Geschäftsfreunde** wird man den Personenkreis bezeichnen, mit dem ein Unternehmer in geschäftlicher oder beruflicher Verbindung steht oder mit dem er eine solche Verbindung anbahnen will. Es ist jedoch auch möglich, daß Personen bewirtet werden, ohne daß eine einzelne Geschäfte betreffende Veranlassung besteht, z.B. Bewirtung des Steuerberaters.

In engem Zusammenhang mit einem geschäftlichen Anlaß können auch die Kosten für Kundschaftstrinken, Bewirtung in Gästehäusern, bei Jagden, auf Jachten und Schiffen sowie Kosten für Geschenke an Geschäftsfreunde stehen. Zur steuerlichen Anerkennung dieser Aufwendungen → Tz. 100 ff. und 107.

A. Selbständige

2. BEGRIFF DER BEWIRTUNGSKOSTEN

Man unterscheidet zwischen den **eigentlichen Bewirtungskosten** und weiteren **71**
Kosten im Zusammenhang mit Bewirtungsaufwendungen. Der Frage, was zu den
eigentlichen Bewirtungskosten zählt, kommt wegen der durch die Steuerreform
1990 eingeführten Abzugsbeschränkung auf 80 % besondere Bedeutung zu. Die
eigentlichen Bewirtungskosten sind Kosten, die anläßlich der unentgeltlichen Bewirtung von Geschäftsfreunden aus geschäftlichem Anlaß für **Verzehr** von **Speisen,
Getränken** und sonstigen **Genußmitteln** entstehen, sowie die **Nebenleistungen,** die
in **unmittelbarem** Zusammenhang mit dem Verzehr stehen, z.B. Organisation,
Tischdekoration, Garderobe, Trinkgelder etc. Zu den Bewirtungskosten im weiteren Sinne gehören auch die Unterbringung und Unterhaltung von Geschäftsfreunden in einem Hotel, der gemeinsame Theaterbesuch, der Besuch von sportlichen oder unterhaltenden Veranstaltungen, die Zurverfügungstellung eines
Kraftwagens für den Geschäftsfreund am Betriebsort usw., also Ausgaben, bei denen vielleicht auch gesellschaftliche Gründe mitbestimmend sind. Soweit letztere
Kosten Betriebsausgaben sind, sind sie m.E. zu 100 % abzugsfähig, denn durch die
Begrenzung des Abzugs der reinen Bewirtungsaufwendungen auf 20 % sollte die
Haushaltsersparnis bei den Verpflegungsmehraufwendungen zum Ausdruck ge-
bracht werden. Von einer Haushaltsersparnis kann aber bei den vorgenannten
Aufwendungen nicht die Rede sein. Nicht zu den Bewirtungsaufwendungen gehören nach hier vertretener Auffassung sog. **Aufmerksamkeiten** (z.B. Kaffee,
Kekse, Zigaretten u.ä.) und auch nicht die Darreichung von Lebensmittel-
produkten, sofern sie im Zusammenhang mit **Verkaufsveranstaltungen** angeboten
werden. Solche Aufwendungen führen wie auch bei Warenproben außerhalb der
Nahrungs- und Genußmittelindustrie zu unbeschränkt abziehbarem Werbeauf-
wand. Steht allerdings die Darreichung von Speisen im Vordergrund, handelt es
sich um eine Bewirtung. Nach allgemeiner Verkehrsauffassung ist eine Bewirtung
bereits dann gegeben, wenn lediglich kleine Speisen dargereicht werden, z.B. bei
belegten Brötchen, Salaten, kleinen Nudelgerichten, Kuchen, Torten usw. Eine be-
tragsmäßige Abgrenzung ist hier nicht möglich, weil z.B. bei einem hochwertigen
Geschäftsabschluß die dargereichte Flasche Champagner durchaus eine Auf-
merksamkeit sein kann. Die in LStR 73 Abs. 2 genannte Nichtaufgriffsgrenze von
60 DM kann jedenfalls **nicht** als Abgrenzungsmerkmal herangezogen werden.

Um **Kosten der Lebensführung,** die nicht abgezogen werden können, handelt es sich
stets bei den Aufwendungen, die ein Steuerpflichtiger – ggf. unter Teilnahme seines
Ehegatten – aus Anlaß von **gesellschaftlichen Veranstaltungen** seines Berufs-
verbandes, seines Wirtschaftsverbandes, seines Fachverbandes oder seiner Gewerk-
schaft gemacht hat, und zwar auch dann, wenn die gesellschaftlichen Veranstaltungen im Zusammenhang mit einer rein fachlichen oder beruflichen Tagung oder
Sitzung standen (BFH v. 1.8.1968, BStBl II, 713). Zur **Abgrenzung** der betrieblichen
von der privaten Veranlassung von Bewirtungen s. BFH v. 29.3.1994, BStBl II, 843.

3. ABZUGSBESCHRÄNKUNGEN

Bewirtungskosten unterliegen einer **mehrstufigen Abzugsbeschränkung** als Be- **72**
triebsausgaben. Nach § 4 Abs. 5 Nr. 2 EStG sind **20 %** der Aufwendungen für die
Bewirtung von Personen aus geschäftlichem Anlaß, die nach der allgemeinen Verkehrsauffassung als angemessen anzusehen und deren Höhe und betriebliche
Veranlassung nachgewiesen sind, **nicht abzugsfähig. Dasselbe** gilt auch für Bewirtungen **durch Arbeitnehmer** (§ 9 Abs. 5 EStG).

Grundsätzlich sind nur Bewirtungsaufwendungen abzugsfähig, die durch den **Betrieb oder Beruf veranlaßt** sind, aber nicht überwiegend die Lebensführung des
Steuerpflichtigen oder anderer Personen berühren. Sie sind als Betriebsausgaben

Dritter Teil: Inlandsreisen

nur abziehbar, wenn sie sich leicht und eindeutig von denen der Lebenshaltung trennen lassen. So sind z.B. Aufwendungen eines Rechtsanwalts, die ihm aus Anlaß eines für Mandanten, Berufskollegen und Mitarbeiter gegebenen **Empfangs** zu einem herausgehobenen **Geburtstag** entstehen, keine Betriebsausgaben, sondern durch die wirtschaftliche und gesellschaftliche Stellung bedingt (BFH v. 12.12.1991, BStBl II 1992, 524). Die Rechtsprechung räumt in Zweifelsfällen der Nichtabzugsfähigkeit den Vorrang vor der Abzugsfähigkeit ein (zu weiteren Einzelheiten s. R 117 EStR und BFH v. 20.8.1986, BStBl II, 904).

Liegen betrieblich veranlaßte Bewirtungen vor, sind nur die **„angemessenen"** Bewirtungskosten als Betriebsausgaben abziehbar. Angemessen sind die Bewirtungskosten, wenn sie betragsmäßig in einem vernünftigen Verhältnis zur betrieblichen Situation stehen. In der Frage der **Angemessenheit** ist nicht auf die Summe der Bewirtungsaufwendungen im Wirtschaftsjahr abzustellen, sondern jeder einzelne Bewirtungsvorgang ist für sich zu untersuchen, ob er die gesetzlichen Voraussetzungen erfüllt. Dabei ist insbesondere das Verhältnis der Aufwendungen zur Betriebsgröße, dem Umsatz und dem Gewinn maßgebend. Die Entscheidung über die Notwendigkeit der Betriebsausgaben liegt jedoch grundsätzlich beim Unternehmer (BFH v. 20.8.1986, BStBl II, 904). Deshalb kann eine absolute Betragsgrenze nicht festgelegt werden. Es ist auf die Umstände des Einzelfalls abzustellen (BFH v. 8.10.1987, BStBl II, 853). In der Literatur wird als Grenzpunkt der Angemessenheit der Betrag von **200 DM** pro bewirtete Person genannt. Der Betrag von 200 DM soll keine Höchstgrenze darstellen, es können auch höhere Beträge durchaus noch angemessen sein, wenn durch den Aufwand ein günstigerer Geschäftsabschluß erreicht wurde (BFH v. 20.8.1986, BStBl II, 904). Stehen z.B. beim Besuch eines Nachtlokals die gesamten Aufwendungen in einem offensichtlichen Mißverhältnis zum Wert der verzehrten Speisen und/oder Getränke, ist jeglicher Betriebsausgabenabzug ausgeschlossen. Solche Ausgaben sind in ihrer Art schon dem Grunde nach als unangemessen anzusehen. Da mit dem Besuch von solchen Veranstaltungen ein anderer Zweck als mit Bewirtungen im engeren Sinne verfolgt wird, kommt auch nicht ein evtl. um 20 % gekürzter Abzug der Aufwendungen in Betracht (BFH v. 16.2.1990, BStBl II, 575). Aus diesem Urteil folgt, daß bei gemischten Leistungen (Bewirtungen im engeren Sinne und andere Zuwendungen) keine Aufteilung der Gesamtaufwendungen in Betracht kommt, wenn die Hauptleistung nicht als Betriebsausgabe abziehbar ist.

Fallen im Zusammenhang mit Bewirtungsaufwendungen weitere Kosten an, z.B. Aufwendungen für Redner, Musikkapelle, Produktvorführung, Organisation und Personal, so sind diese Kosten von den eigentlichen Bewirtungskosten abzugrenzen. Sie unterliegen nach hier vertretener Auffassung nicht der Abzugsbeschränkung von 80 %.

Für die Abzugsfähigkeit ist **nicht mehr** der Nachweis der Bewirtungskosten durch den **amtlichen Vordruck** (→ Tz. 77) erforderlich.

Die Bewirtung muß aus **„geschäftlichem Anlaß"** stattgefunden haben. Der Begriff „geschäftlicher Anlaß" wird unterschiedlich ausgelegt. Nach R 21 Abs. 5 EStR besteht ein geschäftlicher Anlaß insbesondere bei der Bewirtung von Personen, zu denen schon Geschäftsbeziehungen bestehen oder zu denen sie angebahnt werden sollen. Auch die Bewirtung von Besuchern des Betriebs im Rahmen der Öffentlichkeitsarbeit, die dem Ziel dient, Geschäftsabschlüsse allgemein zu fördern, ist geschäftlich veranlaßt. Da der „geschäftliche Anlaß" nach § 4 Abs. 5 Nr. 2 EStG ein Unterfall der „betrieblichen Veranlassung" nach § 4 Abs. 4 EStG ist, ist „geschäftlich" **eng** im Sinne von „die einzelnen Geschäfte betreffend" **auszulegen.** Nicht geschäftlich wäre demnach die Bewirtung von Personen, deren Tätigkeit ebenso wie die der Arbeitnehmer des Unternehmers dem inneren Betriebsablauf

A. Selbständige

dient (z.B. Rechtsanwalt, Steuerberater, Behördenvertreter, Handwerker, freie Mitarbeiter u.ä.).

Zur umsatzsteuerlichen Behandlung: Ab 1.4.1999 ist der Vorsteuerabzug auf die als Betriebsausgaben nach § 4 Abs. 5 Satz 1 Nr. 2 EStG abziehbaren Aufwendungen begrenzt (→ Tz. 294).

4. BEWIRTUNG IM PRIVATHAUSHALT

Gerade die Kosten der Bewirtung von Geschäftsfreunden im Privathaushalt werden in der Regel nicht leicht und einwandfrei von denen der privaten Lebenssphäre zu trennen sein. Daher rechnet das Finanzamt **fast immer** den gesamten Betrag zu **den nicht abziehbaren Privatausgaben.**   73

Sind Aufwendungen für die Bewirtung von Geschäftsfreunden teils betrieblich, teils privat veranlaßt, so sind die Aufwendungen in vollem Umfang Kosten der Lebensführung, wenn eine Trennung nach objektiven Maßstäben nicht leicht und einwandfrei möglich ist. Das ist z.B. regelmäßig bei der Bewirtung von Geschäftsfreunden in der Wohnung des Steuerpflichtigen oder anläßlich seines Geburtstages in einer Gaststätte (BFH v. 12.12.1968, BStBl II 1969, 239) der Fall. Dies soll auch dann gelten, wenn im Hinblick auf die geschäftlichen Beziehungen die Bewirtung besonders kostspielig gestaltet oder ein besonders wertvolles Geschenk gewählt wird.

Im Urteil des BFH v. 16.5.1963 (DB 1963, 1306) wurden die pauschal geltend gemachten Repräsentationsaufwendungen eines Vorstands- und Aufsichtsratsmitglieds für die Bewirtung von Geschäftsfreunden im eigenen Haus als nicht abzugsfähig angesehen.

In besonders gelagerten Fällen hat der BFH jedoch auch die Kosten der Bewirtung im eigenen Haushalt des Steuerpflichtigen zum Abzug zugelassen (BFH v. 10.6.1966, BStBl III, 607). Dies hat er z.B. angenommen, wenn **ausländische** Geschäftsfreunde die Unterbringung in einem Hotel ablehnen, um Einblick in eine deutsche Familie zu gewinnen. Ein Betriebsausgabenabzug dürfte auch gegeben sein, wenn die Bewirtung der Geschäftsfreunde zwar im Haus des Unternehmers, aber dort in betriebseigenen Räumen erfolgt.

Weiterhin ist denkbar, daß Verhandlungen im geschäftlichen Interesse **geheimgehalten** werden müssen. Diese Geheimhaltung ließe sich aber in einem Gasthaus nicht ermöglichen. Es ist auch denkbar, daß Betrieb und Wohnhaus des Unternehmers so weit von einem geeigneten Restaurant entfernt sind, daß der Weg bis dorthin kaum zumutbar ist. Schließlich kann auch der **Gesundheitszustand** oder die Dauer von Verhandlungen der Beteiligten die Anerkennung der Aufwendungen begründen. Stets müssen jedoch, wie es der BFH im oben angeführten Urteil ausdrückt, „die besonderen Verhältnisse dargetan werden, vor allem auch in der Hinsicht, daß der Steuerpflichtige, wenn er seinen Geschäftsfreund besucht, nicht auch in dessen Familie aufgenommen wird. In solchen Fällen tritt das gesellschaftliche Ereignis in den Vordergrund".

5. BEWIRTUNG AUSSERHALB DES PRIVATHAUSHALTS

Die Bewirtungskosten von Geschäftsfreunden außerhalb des Privathaushalts können als Betriebsausgaben abgezogen werden, wenn sie ausschließlich durch Beruf oder Betrieb veranlaßt sind. Hierbei ergibt es sich häufig, daß der Geschäftsfreund oder der Steuerpflichtige selbst von Angehörigen begleitet wird. Die Ausgaben, die auf die Bewirtung des Geschäftsfreundes und seine Angehörigen entfallen, dürften ohne weiteres abzugsfähig sein. Die Aufwendungen für die Angehörigen des Steuerpflichtigen sind nur zu berücksichtigen, wenn diese im Betrieb tätig sind   74 oder ihre Anwesenheit erforderlich ist (z.B. die Ehefrau oder Tochter als Dolmetscherin).

6. NACHWEIS DER BEWIRTUNGSKOSTEN

75 Nach den Vorschriften des EStG (§ 4 Abs. 5 Nr. 2 Satz 1) sind die Aufwendungen für die Bewirtung von Geschäftsfreunden nicht zum Abzug zugelassen, soweit sie **nach der allgemeinen Verkehrsauffassung** als **unangemessen** anzusehen **oder** wenn ihre **Höhe und** ihre **betriebliche Veranlassung nicht nachgewiesen** sind.

76 **Die Höhe** und die **betriebliche Veranlassung** der Aufwendungen sind durch **folgende schriftliche** Angaben **nachzuweisen:** Ort, Tag, Teilnehmer und Anlaß der Bewirtung sowie Höhe der Aufwendungen. **Fehlt** der **Nachweis** über Höhe und betriebliche Veranlassung von Bewirtungsaufwendungen, sind die Aufwendungen **in vollem Umfang nicht abzugsfähig.** Sind Bewirtungsaufwendungen als unangemessen anzusehen, ist nur der Teil der Aufwendungen nicht abzugsfähig, der angemessene Aufwendungen übersteigt.

77 Hat die Bewirtung in einer Gaststätte stattgefunden, so genügen Angaben zu dem Anlaß und den Teilnehmern der Bewirtung; die Rechnung über die Bewirtung ist beizufügen. Soweit die vom Gesetz geforderten Angaben nicht in Fremdbelegen enthalten sind, z.B. der Name des bewirtenden Steuerpflichtigen, muß der Steuerpflichtige **zeitnah** einen formlosen Eigenbeleg erstellen (→ Tz. 81).

78 **Ort** und **Tag** der Bewirtung müssen durch schriftliche Angaben (Eigenbeleg) nur nachgewiesen werden, wenn die Bewirtung nicht in einer Gaststätte stattgefunden hat. Der Ort ist näher zu bezeichnen, z.B. Bonn, Firmenkasino.

79 Zur Bezeichnung der bewirteten Personen ist grundsätzlich die schriftliche Angabe des Namens erforderlich. Die Angabe der Adresse ist nicht zwingend erforderlich, eine Identifizierung muß aber möglich sein. Bei Bewirtung mehrerer Personen müssen die **Namen aller bewirteten Personen** angegeben werden, auch die des Steuerpflichtigen und/oder seiner Arbeitnehmer (BFH v. 30.1.1986, BStBl II, 488 und BFH v. 25.2.1988, BStBl II, 581). Auf die Angabe der bewirteten Person und des Bewirtenden kann auch dann nicht verzichtet werden, wenn dem, z.B. bei einem Journalisten, das Pressegeheimnis entgegensteht (BFH v. 15.1.1998, BStBl II, 263). Rechtsstaatsprinzip und Gleichbehandlungsgebot erhalten gegenüber dem Pressegeheimnis Vorrang. Entsprechendes dürfte deshalb auch für Rechtsanwälte und Ärzte gelten. Nur wenn die Feststellung der Namen unzumutbar ist (z.B. bei Bewirtungen anläßlich von Betriebsbesichtigungen durch eine größere Personenzahl), kann auf die Angabe der Namen der bewirteten Personen verzichtet werden. In diesem Fall genügen die schriftliche Angabe der Zahl der bewirteten Personen sowie eine die Personengruppe kennzeichnende Sammelbezeichnung. Entsprechendes gilt z.B. bei Bewirtungen anläßlich von Ausstellungseröffnungen, Geschäftseröffnungen, Präsentation neuer Produkte u.ä.

80 **Die Angaben über den Anlaß der Bewirtung müssen den Zusammenhang mit einem betrieblichen Vorgang oder einer Geschäftsbeziehung** erkennen lassen. Der konkrete Anlaß muß zumindest stichwortartig beschrieben werden. Angaben wie „Arbeitsgespräch", „Infogespräch", „Hintergrundgespräch" oder „Gedankenaustausch" reichen für die Angabe des Anlasses der Bewirtung nicht aus (BFH v. 15.1.1998, BStBl II, 263). Die schriftlichen Angaben können auf der Rechnung oder getrennt gemacht werden. Erfolgen die Angaben getrennt von der Rechnung, müssen das Schriftstück über die Angaben und die Rechnung grundsätzlich zusammengefügt werden. Ausnahmsweise genügt es, den Zusammenhang dadurch darzustellen, daß auf der Rechnung und dem Schriftstück über die Angaben Gegenseitigkeitshinweise angebracht werden, so daß Rechnung und Schriftstück jederzeit zusammengefügt werden können. Sind die Angaben lückenhaft, so können

die Aufwendungen auch dann nicht abgezogen werden, wenn der Steuerpflichtige ihre Höhe und betriebliche Veranlassung in anderer Weise nachweist oder glaubhaft macht (BFH v. 30.1.1986, BStBl II, 488). Die zum Nachweis von Bewirtungsaufwendungen erforderlichen schriftlichen Angaben müssen zeitnah gemacht werden (BFH v. 25.3.1988, BStBl II, 655). Das Schriftstück über die Angaben ist sechs Jahre aufzubewahren (§ 147 Abs. 1 Nr. 5 und Abs. 3 AO). Eine **Ergänzung** des amtlich vorgeschriebenen **Bewirtungsvordrucks** gem. § 4 Abs. 5 Nr. 2 EStG 1985/1987 setzt voraus, daß ein ergänzungsbedürftiger Vordruck bereits existierte. Das ist nicht der Fall, wenn im Vordruck zunächst jegliche Eintragungen fehlten oder der Vordruck nicht unterschrieben war (BFH v. 13.7.1994, BStBl II, 894). Der IV. Senat des BFH hat mit Beschluß v. 2.10.1997 – IV R 40/95 – dem vorgenannten Urteil widersprochen und verneint, daß einzelne Angaben im Bewirtungsvordruck, wie z.B. des Bewirtenden, nach Ablauf des Geschäftsjahres noch nachgeholt werden dürfen. Der IV. Senat hat die Angelegenheit dem Großen Senat des BFH zur Entscheidung vorgelegt. Dieser Vorlagebeschluß ist durch das BFH-Urteil v. 19.3.1998 – IV R 40/95 – (DStR 1998, 965) überholt; danach kann die unterbliebene Angabe des Bewirtenden auch noch nachträglich, z.B. im Rechtsbehelfsverfahren, nachgeholt werden.

Aus Vereinfachungsgründen brauchen Teilnehmer und Bewirtungsgrund nicht angegeben zu werden, wenn es sich bei der „Bewirtung" um eine „übliche Geste der Höflichkeit" handelt. Das ist der Fall, wenn lediglich Getränke, Tabakwaren, Gebäck oder ähnliches anläßlich einer geschäftlichen oder beruflichen Besprechung in geringem Umfang angeboten werden. Die Pflicht zur besonderen Aufzeichnung bleibt hiervon unberührt. Hat eine solche „kleine Bewirtung" in einer Gaststätte stattgefunden, ist die Rechnung vorzulegen. Bei Bewirtungen in den Geschäftsräumen usw. sind Einkaufsbelege mit entsprechenden Angaben bezüglich der betrieblichen Verwendung vorzulegen.

7. BEWIRTUNG IN EINER GASTSTÄTTE

Bei **Bewirtung in einer Gaststätte** ist zur Angabe der Höhe die Rechnung über die 81 Bewirtung hinzuzufügen. Die Rechnung muß den **Namen und die Anschrift** des leistenden Unternehmers, **der Gaststätte,** enthalten. Das gilt **auch** bei Rechnungen über **Kleinbeträge,** deren Gesamtbetrag 200 DM nicht übersteigt (§ 33 UStDV). Auch die ab 1.1.1995 maschinell zu erstellende und zu registrierende Rechnung muß den Namen und die Anschrift der Gaststätte enthalten. Für den Betriebsausgabenabzug von Bewirtungskosten muß der **Tag der Bewirtung** angegeben werden. Das Datum ist auf der maschinell erstellten und registrierten Rechnung auszudrucken. Handschriftliche Ergänzungen oder Datumsstempel reichen nicht aus.

Nach dem 30.6.1994 sind die Bewirtungsleistungen im einzelnen zu bezeichnen; die Angabe **„Speisen und Getränke"** und die Angabe der für die Bewirtung in Rechnung gestellten Gesamtsumme **reichen nicht** aus. Bezeichnungen wie z.B. „Menü 1", „Tagesgericht 2" oder „Lunch-Buffet" und aus sich selbst heraus verständliche Abkürzungen sind jedoch nicht zu beanstanden. Codierte Bezeichnungen der Speisen und Getränke, die nicht zu entschlüsseln sind, schließen die Anerkennung der Bewirtungsleistungen aus, selbst dann, wenn der Rechnung eine Speisekarte beigefügt ist. Die Rechnung muß das Entgelt für die Lieferung oder die sonstige Leistung enthalten.

Für den Nachweis von **Trinkgeldzahlungen** → Tz. 46.

Die Rechnung muß auch den Namen des **bewirtenden Steuerpflichtigen** enthalten; dies gilt nicht, wenn der Gesamtbetrag der Rechnung 200 DM nicht übersteigt. Es bestehen jedoch bei einer Rechnung über 200 DM keine Bedenken, wenn der lei-

Dritter Teil: Inlandsreisen

stende Unternehmer (Gastwirt) den Namen des bewirtenden Steuerpflichtigen handschriftlich auf der Rechnung vermerkt.

Ab 1.1.1995 werden für den Betriebsausgabenabzug von Aufwendungen für eine Bewirtung von Geschäftsfreunden aus betrieblichem Anlaß **nur noch maschinell erstellte** und maschinell **registrierte Rechnungen/Belege** anerkannt. Rechnungen in anderer Form, z.B. handschriftlich erstellte oder nur maschinell erstellte, erfüllen die Nachweisvoraussetzungen der Einkommensteuer-Richtlinien nicht; sie führen zur vollständigen Versagung des Betriebsausgabenabzugs der so nachgewiesenen Bewirtungsaufwendungen. Es genügt, wenn die Rechnungsendsumme maschinell registriert wird; eine Registrierung der Einzelleistungen (Speisen, Getränke, Sonstiges) beim Gastwirt ist nicht erforderlich. Der bewirtende Steuerpflichtige (Leistungsempfänger) kann im allgemeinen darauf vertrauen, daß die ihm erteilte Rechnung vom Gastwirt maschinell ordnungsgemäß registriert worden ist, wenn die Rechnung von der Registrierkasse mit einer laufenden Registriernummer versehen wird. **Fehlt** eine solche **Registriernummer** auf der Rechnung, führt das nicht zwingend zur Versagung des Betriebsausgabenabzugs der im übrigen nachgewiesenen Bewirtungsaufwendungen beim bewirtenden Steuerpflichtigen (Unternehmer, Leistungsempfänger). Eine **laufende Registriernummer** ist nicht notwendiger Bestandteil der ab 1.1.1995 zu erteilenden maschinell erstellten und registrierten Gaststättenrechnung. Die Dokumentationspflichten und Aufbewahrungsfristen, die der Gastwirt zu beachten hat, sind hiervon unabhängig zu beurteilen.

Freiwillige Trinkgelder sind regelmäßig nicht Bestandteil der Gaststättenrechnung. Als Nachweis über die Höhe des hingegebenen Trinkgeldes reicht hier ein Vermerk des Kellners auf der Rechnung aus. Die Bestätigung kann auch auf einer besonderen Quittung oder bei Bezahlung durch eine Kreditkarte durch eine entsprechende Eintragung auf dem Belastungsbeleg erfolgen. Bei kleineren Trinkgeldbeträgen dürfte das Finanzamt auch Eigenbelege anerkennen.

Werden Leistungen üblicherweise zu einem späteren Zeitpunkt in Rechnung gestellt und unbar bezahlt (z.B. bei Bewirtung eines größeren Personenkreises), ist die Vorlage eines Registrierkassenbelegs nicht erforderlich. In diesem Fall ist der Rechnung der Zahlungsbeleg beizufügen. Werden für Gäste eines Unternehmens **Verzehrgutscheine** ausgegeben, gegen deren Vorlage die Besucher auf Rechnung des Unternehmens in einer Gaststätte bewirtet werden, reicht für den Betriebsausgabenabzug die Vorlage der Abrechnung über die Verzehrgutscheine aus.

Die genannten Anforderungen sind grundsätzlich **auch bei Bewirtungen im Ausland** zu erfüllen. Wird jedoch glaubhaft gemacht, daß eine detaillierte, maschinell erstellte und registrierte Rechnung nicht zu erhalten war, genügt in Ausnahmefällen die ausländische Rechnung, auch wenn sie diesen Anforderungen nicht voll entspricht, z.B. nur handschriftlich erstellt ist (vgl. BMF-Schreiben v. 21.11.1994, BStBl I, 855).

82 **Fehlen** die vom Gesetz geforderten **Angaben** zum Ort, Tag, Anlaß, zu den Teilnehmern der Bewirtung sowie zur Höhe der Aufwendungen, ist der **gesamte** Bewirtungsaufwand **nicht abzugsfähig.** Die schriftlichen Angaben sind grundsätzlich **zeitnah** zu erstellen.

8. BEWIRTUNG IN BÜRO UND PRAXIS

83 Eine Bewirtung außerhalb des Privathaushalts ist anzunehmen, wenn Geschäftsfreunde in Büro, Praxis oder sonstigen Arbeitsräumen bewirtet werden. Liegen die Büro-, Praxis- oder sonstigen Arbeitsräume von Gewerbetreibenden oder selbständig Tätigen zwar innerhalb der Wohnung, sind sie aber von ihr durch ihre Einrichtung, Beschaffenheit usw. eindeutig von den übrigen Wohnungsräumen ab-

trennbar, so sind die Bewirtungskosten, die in solchen Arbeitsräumen anfallen, als Betriebsausgaben abzugsfähig. Zur Bewirtung in **betriebseigenen Kantinen** u.ä. gelten Besonderheiten, dazu R 21 Abs. 6 Satz 9 EStR.

Bei der Bewirtung von Geschäftsfreunden im Büro oder in der Praxis genügt es für die Abzugsfähigkeit nicht, daß der Einkauf von Getränken oder Speisen durch Belege nachgewiesen wird. Es muß darüber hinaus der Nachweis durch schriftliche Angabe über Ort, Tag, Teilnehmer, Anlaß der Bewirtung sowie Höhe der Aufwendungen, sofern nicht aus Vereinfachungsgründen Erleichterungen (→ Tz. 79 ff.) vorgesehen sind, geführt werden.

Ausgaben, die ein Gewerbetreibender **anläßlich** seines **Geburtstages** für die Bewirtung von Geschäftsfreunden hat, sind **nicht** als **Betriebsausgaben** abzugsfähig. Sie können nur Betriebsausgaben sein, wenn sie ausschließlich oder überwiegend betrieblich veranlaßt sind (BFH v. 15.5.1986, BFH/NV 1986, 657 m.w.N. und BFH v. 12.12.1991, BStBl II 1992, 524 zu entsprechenden Aufwendungen eines Rechtsanwaltes), z.B. bei einer Besprechung mit Geschäftsfreunden, einem Geschäftsabschluß oder einem Firmenjubiläum.   **84**

Liegt der unmittelbare Anlaß für die Bewirtung in der **persönlichen (privaten) Sphäre** des bewirtenden Geschäftsmannes (wie es vor allem bei einem familiären Anlaß wie zu einem Jubiläumsgeburtstag, einer Hochzeit oder bei der Geburt eines Kindes der Fall ist), so können die Ausgaben hierfür auch dann nicht abgesetzt werden, wenn und soweit sie für Geschäftsfreunde entstehen. Nehmen Geschäftsfreunde an einem in der privaten Sphäre des Geschäftspartners liegenden Ereignis teil, so verlagert der Bewirtende die Bewirtung aus der geschäftlichen in die gesellschaftliche Ebene. Dann aber sind Kosten der Lebenshaltung anzunehmen, die die wirtschaftliche oder gesellschaftliche Stellung des Geschäftsmannes mit sich bringt. Sie sind dann nicht abzugsfähig, und zwar auch dann nicht, wenn sie zur Förderung des Berufs oder der Tätigkeit des Unternehmens erfolgen.   **85**

Erledigt ein Gewerbetreibender oder selbständig Tätiger seine Arbeiten in einem **Zimmer innerhalb der Privatwohnung,** weil kein zusätzlicher Arbeitsraum in der Wohnung zur Verfügung steht oder Umfang und Art der Arbeiten keine besonderen Räume erfordern, so sind die Kosten eines solchen Raumes nicht als Aufwendungen für ein häusliches Arbeitszimmer abzugsfähig (BFH v. 18.5.1961, BStBl III, 337). Hieraus folgt, daß Ausgaben, die anläßlich der Bewirtung von Geschäftsfreunden in solchen Räumen entstehen, in der Regel ebenfalls nicht abzugsfähig sind.   **86**

9. BEWIRTUNGSKOSTEN BEI FREIEN BERUFEN

Für die Angehörigen der freien Berufe gelten die **allgemeinen Grundsätze des Einkommensteuerrechts** (BFH v. 6.12.1963, BStBl III 1964, 134). Angehörige der freien Berufe (Ärzte, Architekten, Anwälte, Steuerberater, Steuerbevollmächtigte, Notare usw.) können die bei der Bewirtung ihrer Mandanten entstehenden Aufwendungen grundsätzlich als Betriebsausgaben abziehen. An die Darlegungs- und Nachweispflichten der Angehörigen der freien Berufe werden **strenge Anforderungen** gestellt, weil Aufwendungen für Bewirtung, besonders außerhalb des Büros, häufig mit der privaten Lebensführung zusammenhängen. Der **Chefarzt** einer Krankenhausabteilung, der im Krankenhaus mit Hilfe des Krankenhauspersonals, das in keinem Arbeitsverhältnis zu ihm steht, eine **freiberufliche Arztpraxis** ausübt, kann Bewirtungskosten für dieses Personal anläßlich eines **Betriebsausfluges** nach Maßgabe des § 4 Abs. 5 Nr. 2 EStG als Betriebsausgaben abziehen (BFH v. 6.12.1984, BStBl II 1985, 288). Im zweiten Rechtsgang hat der Bundesfinanzhof den Abzug versagt, weil die Teilnehmer nicht auf dem amtlichen Vordruck benannt wurden.   **87**

Dritter Teil: Inlandsreisen

10. BEWIRTUNG AUF GESCHÄFTSREISEN

88 Die Aufwendungen für die Bewirtung und Unterhaltung von Geschäftsfreunden gehören **nicht zu den Reisekosten** im engeren Sinn. Sie treten jedoch vielfach im Zusammenhang mit Kosten von Geschäftsreisen auf.

89 Bewirtet ein Steuerpflichtiger im Verlauf einer Geschäftsreise Geschäftsfreunde, so sind die gesamten Aufwendungen Bewirtungsaufwendungen i.S.d. § 4 Abs. 5 Nr. 2 EStG, die zu 80 % der angemessenen und nachgewiesenen Aufwendungen als Betriebsausgaben abzugsfähig sind. Für den Abzug der Aufwendungen kommt es nicht darauf an, daß dem Bewirtenden anläßlich der Geschäftsreise ein Verpflegungspauschbetrag zusteht. Sind allerding die zeitlichen Voraussetzungen für einen Verpflegungspauschbetrag erfüllt, steht dem Bewirtenden zusätzlich der Verpflegungspauschbetrag zu (→ Tz. 34).

Seit 1996 entfällt die anteilige **Kürzung** des Verpflegungspauschbetrages – ein steuerlich zulässiger Einzelnachweis ist hier nicht mehr möglich –, wenn die Bewirtung das Frühstück, das Mittag- oder Abendessen umfaßt. Der den Pauschbetrag übersteigende Teil der eigenen Bewirtungsaufwendungen ist nicht als Betriebseinnahme zu erfassen.

90 Nimmt an der Bewirtung eines Steuerpflichtigen auch ein **Arbeitnehmer** teil, ist der den Pauschbetrag für Verpflegungsmehraufwendungen übersteigende Teilbetrag **nicht** als Arbeitslohn zu versteuern (→ Tz. 98).

Diese Grundsätze gelten **sinngemäß,** wenn ein Arbeitnehmer während einer **Dienstreise** Geschäftsfreunde auf Kosten seines Arbeitgebers bewirtet.

11. BEWIRTUNG VON GESCHÄFTSFREUNDEN DURCH ARBEITNEHMER

91 Bei **Bewirtungen durch Arbeitnehmer** gelten uneingeschränkt dieselben Grundsätze wie bei Unternehmern, also insbesondere die Abzugsbeschränkung auf 80 % der angemessenen Bewirtungskosten (→ Tz. 70 ff.).

92 Erfolgt die Bewirtung von Geschäftsfreunden des Arbeitgebers außerhalb des Privathaushalts, so gilt das oben Ausgeführte (→ Tz. 74 ff.) entsprechend. Die Beurteilung, ob bei Bewirtungen durch den Arbeitnehmer ein betriebliches Erfordernis vorgelegen hat, wird dadurch erleichtert, daß in der Regel die Erstattung der aufgewendeten Beträge durch den Arbeitgeber für ein **betriebliches Erfordernis** spricht. Die ersetzten Beträge sind beim Arbeitnehmer durchlaufende Gelder bzw. Auslagenersatz und gehören nicht zum steuerpflichtigen Arbeitslohn. Sie sind einzeln abzurechnen und gehören nur insoweit beim Arbeitnehmer nicht zum steuerpflichtigen Arbeitslohn, als ihre Angemessenheit (→ Tz. 75) nicht überschritten wird. Auch gilt bei der Erstattung der Aufwendungen an den Arbeitnehmer nicht die 80 %-Beschränkung.

93 Befindet sich ein Arbeitnehmer auf einer Dienstreise und bewirtet er im Verlauf dieser Dienstreise Geschäftsfreunde seines Arbeitgebers, so sind die abziehbaren Pauschbeträge für Verpflegungsmehraufwendungen in diesen Fällen für Reisetage, an denen eine Bewirtung stattgefunden hat, **ab 1996 nicht mehr** zu kürzen.

12. BEWIRTUNG VON MITARBEITERN

94 Bei der Frage, ob und wann die Bewirtung von Mitarbeitern und Kollegen als Betriebsausgaben bzw. Werbungskosten berücksichtigt werden kann, kommt es darauf an, ob die Bewirtung in erster Linie betrieblich bzw. beruflich oder aber privat veranlaßt ist. Ein **privater Anlaß ist anzunehmen,** wenn die Bewirtung von Kollegen und Mitarbeitern anläßlich einer Beförderung (BFH v. 13.8.1971, BStBl II, 818), anläßlich der Verleihung eines Titels (Ernennung eines **Chefarztes zum Professor,** BFH v. 13.9.1962, BStBl III, 539) oder anläßlich eines **Geburtstages** (BFH v.

12.12.1968, BStBl II 1969, 239 und BFH v. 12.12.1991, BStBl II 1992, 524) sowie eines **Dienstjubiläums** (FG Düsseldorf, Urteil v. 17.1.1968, EFG 1968, 302) erfolgt. Die bei diesen Feiern entstandenen Aufwendungen rühren aus der Person des Steuerpflichtigen, seiner wirtschaftlichen und gesellschaftlichen Stellung her und sind **nicht abzugsfähig;** dies auch dann nicht, wenn hierdurch mittelbar die berufliche Tätigkeit gefördert oder betriebliche Kontaktpflege und Verbesserung des Betriebsklimas angestrebt werden (BFH v. 19.2.1993, BStBl II, 403).

Die Bewirtung eigener Arbeitnehmer durch den Arbeitgeber **außerhalb von herkömmlichen Betriebsveranstaltungen** führt in der Regel zu einem Zufluß von Arbeitslohn, z.B. bei regelmäßigen Besprechungen leitender Angestellter (BFH v. 4.8.1994, BStBl II 1995, 59). Bei einem außergewöhnlichen Arbeitseinsatz kann ausnahmsweise der Belohnungscharakter verneint werden, wenn die unentgeltliche Überlassung des Essens der Beschleunigung des Arbeitsablaufs dient und dies für den Arbeitgeber von erheblicher Wichtigkeit ist. Weitere Voraussetzung ist, daß das Essen einfach und nicht aufwendig ist; die Verwaltung sieht hier die Grenze bei einem Essenspreis von 60 DM. Ein ca. zehnmal jährlich stattfindendes **Arbeitsessen** in einer Gaststätte am Sitz des Unternehmens führt bei den teilnehmenden Arbeitnehmern (leitenden Angestellten) zu einem Zufluß von steuerpflichtigem Arbeitslohn. Dieser Arbeitslohn kann gem. § 3 Nr. 16 EStG steuerbefreit sein (BFH v. 4.8.1994, BStBl II 1995, 59), wenn z.B. einzelne Arbeitnehmer von auswärtigen Zweigstellen angereist sind.

Auch Bewirtungskosten, die **leitenden Angestellten ohne besonderen Anlaß gegenüber Mitarbeitern** und Hilfskräften entstehen, sind nicht abzugsfähig, weil sie nicht überwiegend beruflich veranlaßt sind, selbst wenn solche Bewirtungen branchenüblich sind. Die Bewirtung von Mitarbeitern beruht schon ihrer Natur nach zumindest teilweise auf den durch die Zusammenarbeit begründeten gesellschaftlichen und zwischenmenschlichen Beziehungen. 95

Die Aufwendungen sind auch keine abzugsfähigen Werbungskosten beim bewirtenden Angestellten.

Fallen im Rahmen der Bewirtung von Geschäftsfreunden auch Aufwendungen für die Bewirtung von Mitarbeitern an, so sind diese Aufwendungen bis zu 80 % der angemessenen Kosten als Betriebsausgaben abzugsfähig, wenn die Mitarbeiter **aus betrieblichen Gründen** an der Bewirtung teilnehmen (z.B. wenn die Mitarbeiter als sachkundige Personen oder deshalb hinzugezogen werden, weil sie mit dem Geschäftsfreund dienstlich häufig zu tun haben). 96

Auch die Bewirtungskosten, die auf **Familienangehörige** entfallen, können bis zu 80 % der angemessenen Kosten als Betriebsausgaben berücksichtigt werden, wenn die Angehörigen im Betrieb angestellt sind oder sonst mithelfen und ihre Anwesenheit bei der Bewirtung nicht gesellschaftlich, sondern betrieblich bedingt ist (z.B. Ehefrau bei ausländischen Geschäftsfreunden als Dolmetscherin, BFH v. 19.1.1961, HFR 1961, 244). 97

Nehmen **Mitarbeiter an Geschäftsreisen** teil (z.B. auch bei Besuch von Ausstellungen oder auf Messen), so stellen die Kosten der **Bewirtung der Mitarbeiter** ebenfalls bis zu 80 % der angemessenen Kosten **Betriebsausgaben** dar, wenn die Mitarbeiter anläßlich der Bewirtung von Geschäftsfreunden mitbewirtet werden. Erhält der bewirtete Mitarbeiter Pauschbeträge für Verpflegungsmehraufwendungen, dann ist der Pauschbetrag ab 1996 nicht mehr zu kürzen (→ Tz. 34). In diesem Fall ist beim Mitarbeiter auch kein geldwerter Vorteil aus der unentgeltlichen Mahlzeitengestellung zu versteuern. 98

Wird ein **Mitarbeiter** auf einer **Geschäftsreise vom Unternehmer** oder von einem leitenden Angestellten freigehalten, ohne daß hierfür ein Anlaß, wie z.B. bei Bewirtung von Geschäftsfreunden, besteht, hat dies keinen Einfluß auf einen dem Mitarbeiter evtl. zustehenden Pauschbetrag für Verpflegungsmehraufwendungen. 99

Dritter Teil: Inlandsreisen

Arbeitslohn beim Mitarbeiter liegt selbst dann nicht vor, wenn z.B. bei einer sechsstündigen Geschäftsreise kein Pauschbetrag für Verpflegungsmehraufwendungen zu gewähren ist. Betriebsausgaben liegen auch vor, wenn Mitarbeiter bei Arbeitsbesprechungen (z.B. Vertretertagungen oder Beiratssitzungen) bewirtet werden.

13. AUFZEICHNUNGSPFLICHT FÜR BEWIRTUNGSKOSTEN

100   Zu beachten ist, daß Aufwendungen für die Bewirtung von Geschäftsfreunden **einzeln und getrennt** von den sonstigen Betriebsausgaben **aufzuzeichnen sind,** und zwar i.H.v. 100 % der Aufwendungen. Der Pflicht zur einzelnen und von den sonstigen Betriebsausgaben getrennten Aufzeichnung ist nur genügt, wenn diese Ausgaben von Anfang an (d.h. **zeitnah**) getrennt und fortlaufend aufgezeichnet werden. Die besondere Buchung bzw. Aufzeichnung der Bewirtungsaufwendungen muß unbedingt zeitnah erfolgen (BFH v. 30.1.1986, BStBl II, 488). Darunter ist im allgemeinen eine Erfassung innerhalb von 10 Tagen zu verstehen. Selbst eine monatliche Aufgliederung hat der BFH grundsätzlich als nicht mehr ausreichend angesehen (BFH v. 19.8.1980, BStBl II, 745). Eine nachträglich angefertigte gesonderte Zusammenstellung entspricht den Erfordernissen also nicht und führt aus formellen Gründen zur Versagung der Abzugsmöglichkeit (BFH v. 22.1.1988, BStBl II, 535). Es ist ein entsprechendes Sonderkonto „Bewirtung von Geschäftsfreunden" einzurichten, welches nach seiner Belastung auch auf andere Betriebsausgabenkonten überführt werden kann. Die geordnete und gesonderte **Belegsammlung genügt** dafür – auch bei geringer Anzahl der Bewirtungen – nicht. Auf die Gewinnermittlungsart kommt es nicht an.

Werden Belege geordnet und gesondert gesammelt, muß zusätzlich die Summe der Aufwendungen periodisch und zeitnah auf einem besonderen Konto oder vergleichbaren anderen Aufzeichnungen eingetragen werden (BFH v. 22.1.1988, BStBl II, 535; BFH v. 26.2.1988, BStBl II, 611; BFH v. 10.3.1988, BStBl II, 613). Der auf den Steuerpflichtigen und/oder seine Arbeitnehmer entfallende Teil der Aufwendungen braucht nicht gesondert verbucht zu werden.

Nach § 4 Abs. 7 EStG sind Aufwendungen i.S.d. Absatzes 5 Nr. 1 – 4, 6b und 7 EStG einzeln und getrennt von den sonstigen Betriebsausgaben aufzuzeichnen. Aus der Formulierung „im Sinne" wird deutlich, daß die Aufzeichnungspflichten sich allein nach der Art der Aufwendungen richten, und nicht danach, ob oder in welcher Höhe eine Aufwendung den Gewinn mindern darf. Deshalb sind Bewirtungsaufwendungen auch künftig **in voller Höhe** – einschließlich des nichtabziehbaren Teils der Aufwendungen – **gesondert aufzuzeichnen.** Der **nichtabziehbare** Teil der Aufwendungen, der keine Entnahme ist (H 22 EStR), braucht erst **am Ende des Wirtschaftsjahres außerhalb der Bilanz** und der Erfolgsrechnung dem Gewinn hinzugerechnet zu werden.

14. KUNDSCHAFTSTRINKEN

101   Häufig müssen Gewerbetreibende in bestimmten Branchen zur Erlangung von Bestellungen von Getränken und Lebensmitteln Gasthäuser, Hotels usw. besuchen und ohne Vorliegen eines persönlichen Bedürfnisses größere Ausgaben tätigen. Dies wird insbesondere bei **Bier-, Wein- oder Zigarettenvertretern, Automatenaufstellern usw.** in Frage kommen. Die Aufwendungen für dieses sog. Kundschaftstrinken können insoweit als Betriebsausgaben abgezogen werden, als „der für die Lebensführung übliche Aufwand überschritten und ein ausschließlicher Zusammenhang mit dem Betrieb einwandfrei dargelegt ist" (BFH v. 11.12.1964, BStBl III, 98 und BFH v. 14.4.1988, BStBl II, 771).

Die Aufwendungen können – soweit sie betrieblich veranlaßt sind – nur noch zu **80 %** der angemessenen Aufwendungen abgezogen werden, soweit damit Bewirtungen verbunden sind. Lädt der Gewerbetreibende lediglich zum Verzehr der von ihm vertriebenen Produkte ein, kann eine Produkt- oder Warenverkostung vorliegen mit der Folge, daß die Aufwendungen in voller Höhe steuerlich abziehbar sind.

Die obengenannten Urteile stellen an den Nachweis der betrieblichen Veranlassung strenge Anforderungen (getrennte Aufzeichnung und Angaben über den Verzehraufwand im Detail) und verkennen nicht, daß allgemeine Grundsätze für die Abgrenzung zwischen privaten und betrieblichen Ausgaben dieser Art schwer aufzustellen sind, weil es wesentlich auf die Verhältnisse der Branche und der einzelnen Unternehmen ankommt. Der BFH erkennt ausdrücklich die Ausgaben von **Brauereivertretern** in den von ihnen betreuten Gastwirtschaften insoweit als Betriebsausgaben an, **als die Zechen die Beträge übersteigen, die sie aus persönlichen Gründen machen würden.** Er schließt jedoch auf der anderen Seite die Aufwendungen für Brot, Kaffee und ähnliche Gegenstände, die ein Gewerbetreibender ohnehin im Haushalt braucht, vom Betriebsausgabenabzug aus, auch wenn er mit den Lieferanten dieser Waren in geschäftlichen Beziehungen steht. Auch bei Aufwendungen eines Steuerpflichtigen für solche Bedürfnisse, die seinen notwendigen Lebensunterhalt überschreiten, kann man oft davon ausgehen, daß, selbst wenn berufliche oder betriebliche Erwägungen mit im Spiel sind, doch die Lebensführung im Vordergrund steht und eine Aufteilung zwischen beruflicher und persönlicher Veranlassung in aller Regel unmöglich ist. So gehören z.B. die Kosten für die Teilnahme an einem wöchentlichen Skatabend oder einer Stammtischrunde, der Besuch eines Varietés oder einer guten Gaststätte und die Teilnahme an einem Faschingsfest und an ähnlichen Veranstaltungen auch für Gewerbetreibende in der Regel zur Lebensführung, selbst wenn sie zu den Gaststättenbesitzern, Veranstaltern usw. in geschäftlichen Beziehungen stehen.

15. GESCHENKE AN GESCHÄFTSFREUNDE

Ein **Geschenk** setzt eine **unentgeltliche Zuwendung** an einen Dritten voraus. Eine solche Unentgeltlichkeit ist nicht anzunehmen, wenn die Zuwendung als Entgelt für eine bestimmte Gegenleistung des Empfängers anzusehen ist. Es ist regelmäßig anzunehmen, daß es sich um ein Geschenk handelt, wenn ein Steuerpflichtiger einem Geschäftsfreund oder dessen Beauftragten oder anderen Personen ohne rechtliche Verpflichtung und ohne zeitlichen oder sonstigen unmittelbaren Zusammenhang mit einer Leistung des Empfängers aus geschäftlichem Anlaß eine Bar- oder Sachzuwendung gibt. **Keine** Geschenke i.S.v. § 4 Abs. 5 Satz 1 Nr. 1 EStG sind z.B.: 102

- Kränze oder Blumen für Beerdigungen, da hier keine Zuwendung an einen Dritten anzunehmen ist,
- Spargeschenkgutscheine der Kreditinstitute und darauf beruhende Gutschriften auf dem Sparkonto anläßlich der Eröffnung des Sparkontos oder der Leistung weiterer Einzahlungen,
- Preise anläßlich eines Preisausschreibens oder einer Auslobung,
- Zugaben im Sinne der Zugabeverordnung, die im geschäftlichen Verkehr neben einer Ware oder Leistung gewährt werden (BFH v. 21.9.1994, BStBl II, 170).

Solche Zuwendungen sind daher ohne Beachtung der besonderen Aufzeichnungspflichten als Betriebsausgaben abziehbar.

Wird für den Fall eines bestimmten **Geschäftsabschlusses** ein Geschenk in Aussicht gestellt, so dürfte es sich **nicht um ein Geschenk** im vorgenannten Sinne handeln, da es in einer gewissen Beziehung zu einem bestimmten Geschäftsvorfall steht.

Dritter Teil: Inlandsreisen

Auch **Preisnachlässe, Rabatte, Kundenboni und Warenzugaben sind keine Geschenke.**

103 Betrieblich veranlaßte Geschenke an Personen, die nicht Arbeitnehmer des Steuerpflichtigen sind, und an juristische Personen (z.B. Vereine) sind nur abzugsfähig, wenn ihre Anschaffungs- oder Herstellungskosten **je Empfänger und Jahr insgesamt 75 DM nicht übersteigen.** Zu den **Anschaffungs- oder Herstellungskosten** rechnen auch die Kosten der Kennzeichnung als Werbeträger sowie die Umsatzsteuer, soweit sie nicht als Vorsteuer abziehbar ist. Verpackungs- und Versandkosten gehören jedoch nicht zu den Anschaffungs- oder Herstellungskosten, wenn sie durch den Versand an den Beschenkten entstehen. Hiervon zu unterscheiden sind die Verpackungs- und Versandkosten, die beim Kauf des Geschenkes entstehen. Diese Aufwendungen gehören zu den Anschaffungskosten des Geschenkes. Übersteigt der Wert eines Geschenkes an einen Empfänger oder, wenn an einen Empfänger im Wirtschaftsjahr mehrere Geschenke gegeben werden, der Wert aller Geschenke den Betrag von 75 DM, so entfällt der Abzug völlig.

> **BEISPIEL:**
> Der Steuerpflichtige gibt einem Kunden anläßlich verschiedener Gelegenheiten in einem Jahr 3 Geschenke im Wert von 30 DM, 25 DM und 23 DM. Die Aufwendungen für alle 3 Geschenke in Höhe von 78 DM sind nicht abzugsfähig, da sie insgesamt den Wert von 75 DM übersteigen.

104 Als Geschenke, die ein Steuerpflichtiger seinen Geschäftsfreunden oder deren Angestellten **ohne rechtliche Verpflichtung und ohne zeitlichen oder sonstigen unmittelbaren Zusammenhang mit einer Leistung des Empfängers gibt,** kommen Geschenkkörbe oder andere typische Geschenkartikel wie Vasen, Schalen, Service, Plastiken, Bilder u.ä. zu Weihnachten oder anderen Festtagen oder zu einem Jubiläum oder sonstigen besonderen Gelegenheiten in Betracht. An der erforderlichen konkreten Gegenleistung fehlt es, wenn eine Zuwendung nur die Aufgabe hat, Geschäftsverbindungen zu knüpfen, zu sichern oder zu verbessern. Insoweit sind auch **Reisen für Geschäftsfreunde Geschenke,** d.h., die Kosten dafür unterliegen dem Abzugsverbot (BFH v. 23.6.1993, BStBl II, 806) und sind vom Geschäftspartner als Betriebseinnahmen zu erfassen.

105 **Die Bewirtung,** die damit verbundene Unterhaltung und die Beherbergung von Geschäftsfreunden zählen **nicht** zu den Geschenken.

106 Die Beschränkungen der Grenze von 75 DM pro Empfänger und Jahr gelten auch **für Personen,** die auf Grund **eines Werkvertrages** oder Handelsvertretervertrages in ständiger Geschäftsbeziehung zum Unternehmer tätig werden, und für juristische Personen. So gilt die Freigrenze bei Geschenken an einen Verein nur einmal, d.h. nicht für jedes einzelne Mitglied. Ein Werkvertrag wird im allgemeinen bei Autoren, Handwerkern, Fuhrunternehmern und ähnlichen Personen angenommen. Bei freiberuflich tätigen Personen wie Ärzten, Anwälten, Steuerberatern, Steuerbevollmächtigten, Wirtschaftsprüfern usw. wird in der Regel ein **Dienstvertrag** mit der Folge gegeben sein, daß Geschenke an diesen Personenkreis **unter die Abzugsbegrenzung fallen.**

107 Bei der Freigrenze von 75 DM für einen Empfänger sollen auch Geschenke in Form von Werbeträgern zu berücksichtigen sein, die mit Rücksicht auf die Geschäftsbeziehungen zu einem Geschäftsfreund an Personen gegeben werden, die dem Geschäftsfreund persönlich nahestehen. Nahestehende Personen in diesem Sinne werden vor allen Dingen die Familienangehörigen, also z.B. die Ehefrau und die Kinder des beschenkten Geschäftsfreundes sein. Die Zusammenrechnung von Geschenken unterbleibt jedoch, wenn die die Geschenke empfangenden Ehe-

gatten oder Kinder Mitunternehmer oder in der Firma des Geschäftsfreundes tätig sind.

Zur umsatzsteuerlichen Behandlung → Tz. 294.

16. GESCHENKE AN ARBEITNEHMER

Geschenke an **Arbeitnehmer** sind uneingeschränkt als Betriebsausgaben abzugsfähig. Übersteigt ihr Wert jedoch **60 DM,** so handelt es sich um lohnsteuerpflichtigen Arbeitslohn.

17. BEWIRTUNG IN GÄSTEHÄUSERN, AUF JAGDEN, JACHTEN UND SCHIFFEN

Der Vollständigkeit halber wird noch darauf hingewiesen, daß Aufwendungen für 108 **Gästehäuser außerhalb des Betriebsortes nichtabziehbare** Betriebsausgaben sind. Soweit Einrichtungen des Steuerpflichtigen der Bewirtung oder der Beherbergung von Personen dienen, die nicht Arbeitnehmer des Steuerpflichtigen sind (Geschäftsfreunde), sind die Aufwendungen dafür vom Betriebsausgabenabzug ausgeschlossen, wenn sich diese Einrichtungen außerhalb des Ortes eines Betriebes des Steuerpflichtigen befinden. Die Pachtzahlung für gepachtete Gästehäuser fällt auch unter das Abzugsverbot. Nicht abziehbar sind ebenfalls Aufwendungen für die Ausübung einer Jagd oder Fischerei, für die Haltung von Segel- oder Motorjachten, die einer entsprechenden sportlichen Betätigung oder Unterhaltung von Geschäftsfreunden dienen, sowie für ähnliche Zwecke und für damit zusammenhängende Bewirtungen (§ 4 Abs. 5 Nr. 4 EStG). Der Abzug ist nicht verboten, wenn eine **Motorjacht** nur als schwimmendes Konferenzzimmer oder nur zum Transport und zur Unterbringung von Geschäftsfreunden verwendet wird (BFH v. 3.2.1993, BStBl II, 367).

Gästehäuser am Ort des Betriebes werden jedoch nicht vom Abzugsverbot be- 109 troffen. Als „Betrieb" in diesem Sinne gelten auch Zweigniederlassungen und Betriebstätten mit einer gewissen Selbständigkeit, die üblicherweise von Geschäftsfreunden besucht werden. Ein Gästehaus ist als „am Ort des Betriebes gelegen" anzusehen, wenn es in der Gemeinde, in der sich der Betrieb befindet, oder außerhalb der Grenze der Gemeinde, aber in deren Einzugsbereich liegt. Wegen des Begriffs „Ort des Betriebes" (vgl. BFH v. 9.4.1968, BStBl II, 603).

Die **Kosten der eigentlichen Bewirtung** bleiben nach Maßgabe des § 4 Abs. 5 Nr. 2 110 EStG abziehbar (→ Tz. 70 ff.).

18. BESONDERE AUFZEICHNUNGSPFLICHTEN

Die Empfänger von Geschenken sind namentlich nachzuweisen. Eine Sammel- 111 buchung ist nur zulässig, wenn im Hinblick auf die Art der Geschenke (z.B. Taschenkalender, Drehbleistifte u.ä.) und wegen des geringen Werts des einzelnen Geschenkes die Vermutung besteht, daß die Freigrenze von 75 DM bei dem einzelnen Empfänger im Wirtschaftsjahr nicht überschritten wird. Die Angabe der Namen der Empfänger ist in diesem Fall nicht erforderlich.

Die Aufwendungen für Geschenke, Gästehäuser, Jagden usw. sowie die Auf- 112 wendungen, die die Lebensführung des Steuerpflichtigen oder anderer Personen berühren, sind **einzeln und getrennt** von den sonstigen Betriebsausgaben **aufzuzeichnen.** Die Aufzeichnungspflicht ist erfüllt, wenn auf einem besonderen Konto oder auf mehreren besonderen Konten oder in einer besonderen Spalte im Rahmen der Buchführung oder der Ausgabenaufzeichnung die Aufwendungen verbucht oder ausgewiesen werden. Die Aufwendungen sind auch dann einzeln zu buchen bzw. auszuweisen, wenn Aufwendungen verschiedener Gattungen, z.B. Aufwendungen für Geschenke, zusammentreffen, die anläßlich der Bewirtung von

Dritter Teil: Inlandsreisen

Geschäftsfreunden oder bei Geschäftsreisen anfallen. Eine Trennung lediglich auf den Belegen reicht nicht aus. Nicht zu beanstanden ist aber, wenn die Verpflegungsmehraufwendungen anläßlich einer Geschäftsreise zusammen mit den anderen Reisekosten verbucht werden, vorausgesetzt, daß sich aus dem Reisekostenbeleg eine eindeutige Trennung der Aufwendungen ergibt. Entsprechendes gilt für Kosten der doppelten Haushaltsführung.

113   Nach zwei Urteilen des BFH v. 28.5.1968, BStBl II, 648 und 651 ist es erforderlich, daß die Aufwendungen fortlaufend auf besonderen Konten im Rahmen der Buchführung bzw. bei Einnahme-Überschuß-Rechnung bereits von Anfang an getrennt von den sonstigen Ausgaben fortlaufend und einzeln aufgezeichnet werden. **Nachträgliche statistische Zusammenstellungen ohne Zusammenhang mit der Buchführung genügen nicht,** da gerade der Sinn der besonderen Aufzeichnungspflicht darin besteht, die Verwaltungsarbeit bei der Prüfung der Betriebsausgaben, die die Lebensführung berühren, zu erleichtern. Spesenaufwendungen sind daher in der Weise getrennt aufzuzeichnen, daß sie von vornherein nicht unter den allgemeinen Kostenaufzeichnungen erscheinen dürfen. Dies schließt jedoch nicht aus, daß beim Abschluß die Ergebnisse (Salden) der Sonderkonten oder -aufzeichnungen auf andere Konten usw. übertragen werden.

114   **Achtung:** Bereits ein **formeller Verstoß,** wie er bei der Nichtbeachtung der besonderen Aufzeichnungspflichten vorliegen kann, **führt zur Nichtanerkennung der Ausgaben** (BFH v. 22.1.1988, BStBl II, 535).

Werden Aufwendungen zur Bewirtung von Geschäftsfreunden auf Konten verbucht, die auch zur Verbuchung anderer Aufwendungen als der i.S.d. § 4 Abs. 5 EStG – gleichgültig, ob artverwandt oder nicht – bestimmt sind, und werden auf diesen Konten tatsächlich auch andere Aufwendungen verbucht, so liegen die Erfordernisse einer getrennten Aufzeichnung von den sonstigen Betriebsausgaben (wie sie § 4 Abs. 7 Satz 1 EStG fordert) nicht vor. Dies gilt auch dann, wenn auf diesen Konten überwiegend Aufwendungen für Geschenke verbucht sind (BFH v. 10.1.1974, BStBl II, 211 und BFH v. 19.8.1980, BStBl II, 745 sowie H 22 EStR).

B. ARBEITNEHMER

I. REISEKOSTENBEGRIFF

Reisekosten sind   **115**

– **Fahrtkosten,**
– **Verpflegungsmehraufwendungen** sowie
– **Übernachtungs- und Reisenebenkosten**

unter der Voraussetzung, daß diese so gut wie ausschließlich durch die berufliche Tätigkeit außerhalb der Wohnung und an einer ortsgebundenen Arbeitsstätte veranlaßt sind.

Auch der **Vorstellungsbesuch** eines Stellenbewerbers gilt als berufliche Tätigkeit eines Arbeitnehmers, selbst dann, wenn dieser keine regelmäßige Arbeitsstätte hat.

Erledigt der Arbeitnehmer im Zusammenhang mit seiner beruflichen Tätigkeit auch **in** einem mehr als **geringfügigen Umfang private Angelegenheiten**, sind die beruflich veranlaßten von den privat veranlaßten Aufwendungen zu trennen. Ist das nicht, auch nicht schätzungsweise, leicht und einwandfrei möglich, so gehören die gesamten Aufwendungen zu den nicht abziehbaren Aufwendungen für die Lebensführung.

Zu den Reisekosten gehören **nicht** die Aufwendungen, die nicht so gut wie ausschließlich durch die berufliche Tätigkeit veranlaßt sind, z.B. **Bekleidungskosten,** sowie Aufwendungen für die Anschaffung von **Koffern** und anderer **Reiseausrüstung.** Dagegen kann der Verlust durch Diebstahl des persönlichen Gepäcks während einer Dienstreise steuerlich geltend gemacht werden.

Für die steuerliche Berücksichtigung der Reisekosten sind zu unterscheiden:

– **Dienstreise,**
– **Fahrtätigkeit,**
– **Einsatzwechseltätigkeit.**

Die steuerlichen Schlußfolgerungen sind für sämtliche Dienstgeschäfte nahezu identisch. Für die Bemessung der Abwesenheitsdauer und die Ermittlung der Fahrtkosten ist jedoch weiterhin zwischen einer Dienstreise, einer Fahrtätigkeit und einer Einsatzwechseltätigkeit zu unterscheiden. Denn bei einer Dienstreise betrifft die Abwesenheitsdauer die zeitliche Abwesenheit **von Wohnung und regelmäßiger Arbeitsstätte**, wogegen bei Fahr-/Einsatzwechseltätigkeit allein die Abwesenheitsdauer von der Wohnung maßgebend ist.

Der **Begriff** des **Dienstgangs** ist ab 1996 **entbehrlich** geworden, da es für die Definition einer Dienstreise nur noch darauf ankommt, daß der Arbeitnehmer einen **Ortswechsel** aus Anlaß einer **vorübergehenden Auswärtstätigkeit** vornimmt. Die bis 1995 geltende **Entfernungsvoraussetzung**, wonach der Arbeitnehmer für die Annahme einer Dienstreise mehr als 20 km von seiner Wohnung und von seiner regelmäßigen Arbeitsstätte entfernt beruflich tätig sein mußte, ist **weggefallen.**

Den **Anlaß** und die Art der beruflichen Tätigkeit, die Reisedauer und den **Reiseweg** hat der Arbeitnehmer aufzuzeichnen und anhand geeigneter Unterlagen, z.B. Fahrtenbuch, Tankquittungen, Hotelrechnungen, Schriftverkehr, nachzuweisen oder glaubhaft zu machen.

II. REGELMÄSSIGE ARBEITSSTÄTTE

116 Als regelmäßige Arbeitsstätte gilt der **ortsgebundene Mittelpunkt** der dauerhaft angelegten beruflichen Tätigkeit des Arbeitnehmers, z.B. Betrieb oder Zweigbetrieb. Der Arbeitnehmer muß an diesem Mittelpunkt wenigstens einen Teil der ihm insgesamt übertragenen Arbeiten verrichten. Der Betrieb muß beruflicher Mittelpunkt des Arbeitnehmers sein; dies ergibt sich aus der Häufigkeit des Aufenthalts im Betrieb und dem Umfang der dort ausgeübten Tätigkeiten. Im Vergleich zu vorübergehenden Tätigkeitsstätten muß dieser berufliche Mittelpunkt ein eindeutiges und bestimmendes Übergewicht besitzen. Voraussetzung ist auch, daß der Arbeitnehmer nach Auswärtstätigkeiten immer wieder in den Betrieb zurückkehrt, um dort vom zeitlichen Ablauf einen wesentlichen Teil seiner Arbeitsleistung zu erbringen (BFH v. 10.10.1994, BStBl II 1995, 137). Hiervon kann ausgegangen werden, wenn der Arbeitnehmer durchschnittlich im Kalenderjahr **an einem Arbeitstag je Arbeitswoche** ausschließlich im Betrieb des Arbeitgebers tätig wird. Das Wort „durchschnittlich" besagt, daß hier auch ein zusammenhängender Zeitraum die Voraussetzungen für eine regelmäßige Arbeitsstätte erfüllen kann. In R 37 Abs. 2 LStR 1996 ist nunmehr geregelt, daß auch der täglich stundenweise Aufenthalt im Betrieb zu einer regelmäßigen Arbeitsstätte führen **kann**, wenn der Arbeitnehmer **regelmäßig** in der Woche **20 % der vertraglichen Arbeitszeit** im Betrieb des Arbeitgebers tätig wird. Da es sich bei beiden Voraussetzungen um Kann-Vorschriften handelt, kann der Arbeitnehmer im Einvernehmen mit dem Arbeitgeber wählen, ob er eine Einsatzwechseltätigkeit oder Dienstreisen ausübt.

> **BEISPIEL:**
>
> Ein Bauleiter führt täglich morgens im Betrieb zweistündige Besprechungen über den Fortgang der Bauvorhaben, berät sich mit Technikern, vergibt Aufträge usw. und verbringt der Bauleiter somit in der Woche 20 % seiner vertraglichen Arbeitszeit im Betrieb, ist dieser seine regelmäßige Arbeitsstätte.

Für die Annahme einer regelmäßigen Arbeitsstätte im Betrieb reicht es dagegen nicht aus, daß der Arbeitnehmer im Betrieb eingestellt wird, er den Betrieb nur aufsucht, um Werkzeug und Material für die Tätigkeit an einer auswärtigen Einsatzstelle abzuholen oder vom Betrieb aus zur jeweiligen Einsatzstelle befördert wird, im Betrieb seinen Lohn erhält oder an Betriebsversammlungen teilnimmt. In diesen Fällen ist vielmehr die jeweilige Einsatzstelle zugleich regelmäßige Arbeitsstätte, wenn der Arbeitnehmer täglich zu seiner Wohnung zurückkehrt. Bei einer regelmäßigen Arbeitsstätte kann es sich auch um ein **weiträumiges Arbeitsgelände** handeln (z.B. Waldrevier), wenn es sich um ein zusammenhängendes Gelände des Arbeitgebers handelt, z.B. Werksgelände oder Forstrevier, Hafengebiet (→ Tz. 119), Neubaugebiet, Kehr- oder Zustellbezirk (BFH v. 2.2.1994, BStBl II, 422 und BFH v. 5.5.1994, BStBl II, 534). Ein zusammenhängendes Arbeitsgebiet wird aber nicht schon deshalb angenommen, weil der Arbeitnehmer ständig in einem Gemeindegebiet, im Bereich einer Großstadt, Hafengebiet oder in einem durch eine Kilometergrenze bestimmten Arbeitsgebiet an verschiedenen Stellen tätig wird.

> **BEISPIEL 1:**
>
> A., Kundendienstmonteur, repariert regelmäßig die Geräte in den Haushalten der Kunden. Einige Geräte lassen sich jedoch nur in der Werkstatt instandsetzen. A. nimmt auch diese Reparaturen vor und ist daher jeden Freitag ausschließlich in der Werkstatt tätig. Die Arbeitszeit in der Firma an diesem Tag ist von 8 bis 13 Uhr.

Nach der o.g. Vereinfachungsregelung hat A. seine regelmäßige Arbeitsstätte in der Werkstatt, da er dort einen ganzen Tag in der Woche tätig ist. Es ist unerheblich, daß die Arbeitszeit an diesem Tag nur 5 Stunden beträgt. Die Fahrten zu den Kunden stellen somit Dienstreisen dar.

BEISPIEL 2:

A., Diplom-Informatiker, entwickelt Software. Die Entwicklungsarbeit dauert etwa 3 Monate. Den Rest des Jahres verbringt A. damit, die Software bei den Kunden (Firmen, Verwaltungen, Krankenhäuser) zu installieren und die betroffenen Mitarbeiter zu schulen.

Der Betrieb ist als regelmäßige Arbeitsstätte anzusehen, wenn A. dort durchschnittlich mindestens einen Wochenarbeitstag tätig ist. Diese „Mindestzeit" kann auch zusammenhängend abgeleistet werden. A. muß daher bei 48 Arbeitswochen (52 Wochen abzüglich 4 Wochen Urlaub) mindestens 48 Tage ausschließlich im Betrieb tätig sein, damit dieser als regelmäßige Arbeitsstätte anerkannt werden kann.

BEISPIEL 3:

Sachverhalt wie Beispiel 1, A. ist jedoch täglich 2 Stunden im Betrieb tätig, um die Geräte zu reparieren und anschließend auszuliefern.

Da der Arbeitnehmer wöchentlich 10 Stunden im Betrieb verbringt, kann davon ausgegangen werden, daß dies 20 % seiner vertraglichen Arbeitszeit sind und somit der Betrieb die regelmäßige Arbeitsstätte ist.

III. DIENSTREISE

Eine Dienstreise liegt vor, wenn der Arbeitnehmer aus dienstlichen Gründen anläßlich einer **vorübergehenden Auswärtstätigkeit** einen **Ortswechsel**, einschließlich Hin- und Rückfahrt, vornimmt. Eine Auswärtstätigkeit setzt voraus, daß der Arbeitnehmer außerhalb seiner Wohnung und seiner regelmäßigen Arbeitsstätte beruflich tätig wird. Eine Auswärtstätigkeit ist vorübergehend, wenn der Arbeitnehmer voraussichtlich an die regelmäßige Arbeitsstätte zurückkehren und dort seine berufliche Tätigkeit fortsetzen wird. Eine Dienstreise liegt auch bei Arbeitnehmern mit einer Einsatzwechsel- oder Fahrtätigkeit vor, wenn der Arbeitnehmer vorübergehend eine von seiner üblichen Tätigkeit untypische Auswärtstätigkeit ausübt. Z.B. ein Montagearbeiter mit Einsatzwechseltätigkeit wird von seinem Arbeitgeber zu einer mehrtägigen auswärtigen Fortbildungsveranstaltung entsandt. Anders als bei Gewerbetreibenden und Selbständigen sind die Voraussetzungen für die steuerliche Anerkennung einer Dienstreise regelmäßig dadurch erbracht, daß der Arbeitnehmer im betrieblichen Interesse die Dienstreise unternehmen muß. Hierzu hat allerdings das FG Düsseldorf mit Urteil v. 16.6.1998 (EFG 1998, 1253) entschieden, daß bei einem nichtselbständigen Handelsvertreter ein nicht ordnungsgemäß geführtes Fahrtenbuch (keine genaue Angabe der aufgesuchten Geschäftspartner) die steuerliche Anerkennung von Verpflegungsmehraufwendungen ausschließt. Dieses Urteil geht m.E. entschieden zu weit, wenn das Vorliegen einer Dienstreise von einem ordnungsgemäß geführten Fahrtenbuch abhängig gemacht werden soll, zumal schon der Beruf des Versicherungsvertreters für häufige Dienstreisen spricht und zudem im Fahrtenbuch die Abfahrt- und Rückkehrzeiten angegeben waren. Schließt z.B. ein Arbeitnehmer an eine Dienstreise mit Einverständnis des Arbeitgebers am auswärtigen Tätigkeitsort oder im Ausland einen Urlaub an, verliert hierdurch der berufliche Teil der Reise nicht seinen Charakter als Dienstreise und zwar für alle Aufwendungen im Zusammenhang mit der Dienstreise, also auch die Kosten eines Hin- und Rückfluges trotz des dazwischen liegenden Urlaubsaufenthalts. Probleme hierzu ergeben sich offensichtlich aus dem BFH-Urteil v. 9.8.1996 (DStR 1996, 1768), aus dem die Finanzverwaltung offenbar folgert, daß bei einer

Dritter Teil: Inlandsreisen

Dienstreise mit vorgeschaltetem oder anschließendem Urlaub keine Dienstreise, sondern insgesamt eine Urlaubsreise vorliegt, wenn die Urlaubszeit ein Drittel der Gesamtreisezeit ausmacht. Danach wäre die Arbeitgebererstattung der Reisekosten insgesamt als Arbeitslohn zu versteuern. M.E. ist dieses BFH-Urteil für die Verbindung von Dienstreisen mit Urlaub nicht einschlägig, weil es zu dem Problemfeld der Incentivereisen (→ Tz. 22) ergangen ist, die steuerlich anders zu würdigen sind, als reine Dienstreisen. Für die steuerliche Beurteilung einer Dienstreise mit Urlaub kommt es allein darauf an, daß für die Tage des auswärtigen Dienstgeschäfts der Arbeitnehmer im Rahmen der üblichen Arbeitszeit für den Arbeitgeber, z.B. anläßlich von Vertragsverhandlungen, tätig geworden ist. Ist dies gewährleistet, verliert die Dienstreise trotz der Verbindung mit Urlaub nicht ihren dienstlichen Charakter.

Eine Auswärtstätigkeit richtet sich nach dem **Gesamtbild der Verhältnisse**; sie ist nicht vorübergehend, wenn die auswärtige Tätigkeit vom ersten Tag an regelmäßige Arbeitsstätte geworden ist, z.B. bei einer Versetzung.

Bis einschließlich 1995 war für die Annahme einer Dienstreise Voraussetzung, daß der Arbeitnehmer mehr als 20 km von seiner Wohnung und von seiner regelmäßigen Arbeitsstätte entfernt beruflich tätig werden mußte. Aufgrund der Neufassung der Lohnsteuer-Richtlinien ist der Begriff der Dienstreise neu gefaßt worden. Danach kommt es nur noch auf einen Ortswechsel anläßlich einer vorübergehenden Auswärtstätigkeit an.

Bei einer längerfristigen vorübergehenden Auswärtstätigkeit an derselben Tätigkeitsstätte ist nur für die ersten drei Monate eine Dienstreise anzuerkennen; nach Ablauf der Dreimonatsfrist ist die auswärtige Tätigkeitsstätte als neue regelmäßige Arbeitsstätte anzusehen.

Eine urlaubs- oder krankheitsbedingte Unterbrechung der Auswärtstätigkeit an derselben Tätigkeitsstätte hat auf den Ablauf der Dreimonatsfrist keinen Einfluß. Andere Unterbrechungen, z.B. durch vorübergehende Tätigkeit an der regelmäßigen Arbeitsstätte, führen nur dann zu einem Neubeginn der Dreimonatsfrist, wenn die Unterbrechung mindestens 4 Wochen gedauert hat.

Eine Unterbrechung der Auswärtstätigkeit von weniger als 4 Wochen führt nicht zu einer Verlängerung der Dreimonatsfrist (BFH v. 19.7.1996, DStR 1996, 1767).

Bei auswärtigen Tätigkeitsstätten, die sich infolge der Eigenart der Tätigkeit laufend örtlich verändern, z.B. bei dem Bau einer Autobahn oder der Montage von Hochspannungsleitungen, **gilt die Dreimonatsfrist nicht. Sie gilt ebenfalls nicht** für Arbeitnehmer, die über einen längeren Zeitraum hinweg eine Auswärtstätigkeit an täglich mehrmals wechselnden Tätigkeitsstätten innerhalb einer Gemeinde oder deren Umgebung ausüben, z.B. Reisevertreter.

BEISPIEL 1:

Bauingenieur A. beaufsichtigt für ein halbes Jahr den Neubau einer Bahnstrecke, monatlich werden 5 km fertiggestellt.

Selbst wenn A. ein halbes Jahr auf den Baustellen tätig ist, werden diese nicht nach 3 Monaten zu seiner regelmäßigen Arbeitsstätte. Sofern er im ganzen Jahr durchschnittlich einen Arbeitstag je Woche im Betrieb tätig ist (z.B. den Rest des Jahres), übt er das vollständige halbe Jahr beim Eisenbahnstreckenbau eine Dienstreisetätigkeit aus.

BEISPIEL 2:

Reisevertreter A. ist bei einem großen Lebensmittelkonzern tätig und muß täglich Großabnehmer (Supermärkte, Großküchen usw.) aufsuchen.

Ein Reisevertreter macht grundsätzlich Dienstreisen, selbst wenn er kaum den Betrieb seines Arbeitgebers aufsucht. Regelmäßige Arbeitsstätte ist im Regelfall seine Wohnung. Die Dreimonatsfrist ist ohne Bedeutung.

IV. FAHRTÄTIGKEIT

Eine Fahrtätigkeit liegt bei Arbeitnehmern vor, die ihre **Tätigkeit auf** einem **Fahrzeug** ausüben, z.B. Berufskraftfahrer, Beifahrer, Linienbusfahrer, Straßenbahnführer, Taxifahrer, Müllfahrzeugführer, Beton- und Kiesfahrer, Lokführer und Zugbegleitpersonal. Eine Fahrtätigkeit übt auch das Begleitpersonal aus, wie z.B. Straßenbahnschaffner und die Müllwerker auf Müllfahrzeugen.

118

Eine Fahrtätigkeit ist **regelmäßig nicht** bei Polizeibeamten im Streifendienst, Zollbeamten im Grenzaufsichtsdienst, Kraftfahrern im Zustelldienst, Verkaufsfahrern, Kundendienstmonteuren und Fahrlehrern sowie bei Binnenschiffern und Seeleuten, die auf dem Schiff eine Unterkunft haben, anzunehmen.

V. EINSATZWECHSELTÄTIGKEIT

Werden Arbeitnehmer bei ihrer individuellen beruflichen Tätigkeit typischerweise **nur an ständig wechselnden Tätigkeitsstellen eingesetzt**, z.B. Bau- und Montagearbeiter, Leiharbeiter und Mitglieder einer Betriebsreserve für Filialbetriebe, liegt eine Einsatzwechseltätigkeit vor. Auszubildende, bei denen keine Ausbildungsstätte als Mittelpunkt ihrer Ausbildung angesehen werden kann, üben auch eine Einsatzwechseltätigkeit aus (BFH v. 4.5.1990, BStBl II, 856 und BFH v. 10.10.1994, BStBl II 1995, 137). Auch ein Stauer, der auf Seeschiffen an unterschiedlichen Liegeplätzen in einem weiträumigen Hafengebiet arbeitet, übt eine Einsatzwechseltätigkeit aus (BFH v. 7.2.1997, BStBl I, 333); Entsprechendes gilt für die gleiche Tätigkeit in einem weiträumigen Binnenhafen. In den vorgenannten Fällen gilt die jeweilige Tätigkeitsstätte als regelmäßige Arbeitsstätte. Dabei ist für die Anerkennung einer Einsatzwechseltätigkeit die Anzahl der während eines Kalenderjahres erreichten Tätigkeitsstätten ohne Bedeutung. Allerdings ist der Einsatz an verschiedenen Stellen innerhalb eines weiträumigen Arbeitsgebietes keine Einsatzwechseltätigkeit (BFH v. 19.2.1982, BStBl II 1983, 466).

119

VI. DER ARBEITNEHMER TRÄGT DIE REISEKOSTEN SELBST

1. FAHRTKOSTEN

Es gilt grundsätzlich die gleiche Regelung wie für Gewerbetreibende und selbständig Tätige, d.h. bei Benutzung öffentlicher Verkehrsmittel ist dem Arbeitnehmer die Wahl des Beförderungsmittels und der Wagen-/Flugzeugklasse grundsätzlich freigestellt. Benutzt ein Arbeitnehmer für dienstliche Zwecke ein eigenes Kraftfahrzeug, ohne daß ihm dafür von seinem Arbeitgeber Ersatz geleistet wird, so können die entstehenden tatsächlichen Kosten als Werbungskosten geltend gemacht werden. Aufwendungen für Zwischenheimfahrten aus Anlaß einer Dienstreise sind auch in tatsächlicher Höhe als Werbungskosten abziehbar. Auf die Motive für die Zwischenheimfahrten kommt es nicht an (BFH v. 15.11.1991, BStBl II 1992, 266). Auf die Dauer der Dienstreise kommt es nicht an. Grundsätzlich steht es im Ermessen des Arbeitnehmers, ob er die Verwendung des Kraftfahrzeugs dienstlich für erforderlich hält. Die dienstliche Notwendigkeit wird in der Regel bei Arbeitnehmern zutreffen, die beruflich viel unterwegs sind und schnell greifbar sein müssen, z.B. bei Reisevertretern mit großem Kundenkreis, bei Journalisten, bei Generalagenten, die Unteragenten zu überwachen haben, auch bei Körperbehinderten usw. In allen diesen Fällen zählen beim Einzelnachweis auch die Anschaffungskosten und die sog. fixen Kosten (Versicherungsprämien, Garagenmiete usw.) zu den Aufwendungen. Die Anschaffungskosten sind auf die Jahre der voraus-

120

Dritter Teil: Inlandsreisen

sichtlichen Nutzungsdauer gleichmäßig zu verteilen. Bei Kraftfahrzeugen und Kombifahrzeugen ist den Absetzungen für Abnutzung **grundsätzlich** eine Nutzungsdauer von **5 Jahren** zugrunde zu legen. Eine kürzere Nutzungsdauer kann allerdings bei einer **hohen Fahrleistung** anerkannt werden. Bei Kraftfahrzeugen, die im Zeitpunkt der Anschaffung **nicht neu** gewesen sind, ist die entsprechende **Restnutzungsdauer** unter Berücksichtigung des Alters, der Beschaffenheit und des voraussichtlichen Einsatzes des Fahrzeugs zu **schätzen**.

> **Hinweis:**
> Zur Zeit befaßt sich das BMF damit, neue AfA-Tabellen zu erstellen. Danach soll künftig u.a. die Nutzungsdauer für Pkws von 5 Jahren auf 8 Jahre verlängert werden. Die verlängerte Nutzungsdauer soll bereits für Neuanschaffungen ab dem 1.1.2000 gelten.

Die Berücksichtigung der unmittelbaren Reiseaufwendungen mit einem Kraftfahrzeug setzt grundsätzlich den Einzelnachweis der entstehenden Kosten voraus. Ohne **Einzelnachweis** können sie steuerlich insoweit anerkannt werden, als sie den festgesetzten folgenden Kilometersätzen entsprechen:

Kraftwagen	**0,52 DM,**
Motorrad und Motorroller	**0,23 DM,**
Moped/Mofa	**0,14 DM,**
Fahrrad	**0,07 DM**

für den gefahrenen Kilometer. Für jede Person, die bei einer Dienstreise mitgenommen wird, erhöhen sich beim Kraftfahrzeug der Kilometersatz um 0,03 DM und der Kilometersatz für ein Motorrad bzw. einen Motorroller um 0,02 DM. Die Mitnahme – auch von schwerem – Gepäck führt nicht zu einer Erhöhung der Kilometersätze. Die Kilometersätze sind nicht anzusetzen, soweit sie im Einzelfall zu einer offensichtlich unzutreffenden Besteuerung führen würden (BFH v. 25.10.1985, BStBl II 1986, 200). Dies kann z.B. in Betracht kommen, wenn bei einer Jahresfahrleistung von mehr als 40 000 km die Kilometersätze die tatsächlichen Kilometerkosten offensichtlich übersteigen. Dies ist z.B. der Fall, wenn bei einem bereits abgeschriebenen Kraftfahrzeug die Kosten nur rund 0,216 DM je gefahrenen Kilometer betragen (BFH v. 26.7.1991, BStBl II 1992, 105).

a) FAHRTKOSTEN BEI EINER EINSATZWECHSELTÄTIGKEIT

121   Bei einer Einsatzwechseltätigkeit können die **Fahrtkosten** (Fahrtkosten öffentlicher Verkehrsmittel, anteilige Gesamtkosten eines Fahrzeugs oder Kilometersätze) für Fahrten **zwischen Wohnung und Einsatzstelle** sowie für Fahrten **zwischen mehreren Einsatzstellen** als Reisekosten angesetzt werden.

Die Aufwendungen für Fahrten **zwischen Wohnung und Einsatzstelle** sind aber **nur** dann als **Reisekosten** zu behandeln, wenn die Entfernung die übliche Fahrtstrecke zwischen Wohnung und regelmäßiger Arbeitsstätte **überschreitet** (BFH v. 10.5.1985, BStBl II, 595; BFH v. 20.11.1987, BStBl II 1988, 443 und BFH v. 10.10.1994, BStBl II 1995, 137), d.h. **mehr als 30 km** beträgt, und soweit die Dauer der Tätigkeit an derselben Einsatzstelle nicht über 3 Monate hinausgeht. Die Dreimonatsfrist beginnt neu, wenn der Arbeitnehmer die Einsatzstelle wechselt und diese mehr als 30 km von der Wohnung entfernt ist (hier kann es sich auch um den Betrieb des Arbeitgebers handeln) oder er an die ursprüngliche Einsatzstelle zurückkehrt und die Unterbrechung der Tätigkeit mindestens 4 Wochen betragen hat.

Die vorgenannte Regelung gilt nicht, wenn **an einem Tag mehrere Einsatzstellen** aufgesucht werden, von denen mindestens **eine mehr als 30 km** von der Wohnung entfernt ist, **oder** wenn die Tätigkeit im wesentlichen durch den **täglichen mehr-fachen Ortswechsel** geprägt ist (BFH v. 2.2.1994, BStBl II, 422).

Die **Fahrten zwischen Wohnung und Einsatzstelle** sind **als Fahrten zwischen Wohnung und Arbeitsstätte** zu behandeln,

– wenn die jeweilige **Einsatzstelle nicht mehr als 30 km** (die Fahrten zwischen mehreren Einsatzstellen gelten jedoch als Dienstfahrten) **von der Wohnung entfernt** ist, oder

– nach Ablauf von **3 Monaten** einer Tätigkeit an einer Einsatzstelle, die mehr als 30 km von der Wohnung entfernt ist, oder

– soweit die Fahrten von der Wohnung ständig zu einem gleichbleibenden Treff-punkt führen, von dem der Arbeitnehmer vom Arbeitgeber zur jeweiligen Ein-satzstelle weiterbefördert wird. Dies ist der Fall, wenn der Treffpunkt nahezu täglich (= zu mehr als 90 % der Fahrten) angefahren wird. Dabei ist die Entfer-nung zwischen der Wohnung und dem gleichbleibenden Treffpunkt unerheblich. Bei der Ermittlung der 90 %-Grenze sind außergewöhnliche Fahrten, z.B. Fahrten zu Fortbildungsveranstaltungen oder Fachtagungen nicht zu berücksichtigen.

Hat der Arbeitnehmer **mehrere Wohnungen**, muß die **Entfernungsvoraussetzung von 30 km für sämtliche Wohnungen** erfüllt sein.

> **BEISPIEL:**
>
> Ein Arbeitnehmer hat in A eine Sommer- und in B eine Winterwohnung. Die Entfernung zwi-schen beiden Wohnungen soll 70 km betragen. Im Sommer fährt er von A zu einer 60 km ent-fernten Einsatzstelle, die jedoch nur 10 km von der Wohnung in B entfernt ist. Obwohl die Einsatzstelle mehr als 30 km von der Wohnung in A entfernt ist, kann nur der Kilometer-Pauschbetrag von 0,70 DM angesetzt werden, weil die Einsatzstelle von der Wohnung in B nur 10 km entfernt ist.

Für die Entfernungsberechnung ist bei Benutzung öffentlicher Verkehrsmittel die Fahrtstrecke, z.B. die Tarifentfernung, in anderen Fällen die kürzeste benutzbare Straßenverbindung maßgebend. Bei Benutzung eines eigenen Kraftfahrzeugs kann auch eine andere, offensichtlich verkehrsgünstigere Straßenverbindung zugrunde gelegt werden. Bei einem weiträumigen Arbeitsgebiet ist für die Entfernungsbe-rechnung die Stelle maßgebend, an der das Arbeitsgebiet verlassen wird.

b) FAHRTKOSTEN BEI EINER FAHRTÄTIGKEIT

Bei einer Fahrtätigkeit sind die Aufwendungen für die Fahrten zwischen Wohnung **122** und Betrieb, Standort, Fahrzeugdepot oder Einsatzstelle, wenn der Einsatzort nicht ständig wechselt, als Aufwendungen für Fahrten zwischen Wohnung und Arbeits-stätte, wenn der Einsatzort ständig wechselt, als Aufwendungen für Fahrten bei einer Einsatzwechseltätigkeit zu berücksichtigen (auch hier gilt die 30 km-Grenze). Bei Fahrten mit öffentlichen Verkehrsmitteln → Tz. 121.

Zur steuerlichen Berücksichtigung der Kosten für die Erlangung des Führerscheins → Tz. 147.

2. VERPFLEGUNGSKOSTEN

a) EINZELNACHWEIS

Es gilt grundsätzlich die gleiche Regelung wie für Gewerbetreibende und selb- **123** ständig Tätige. Der Einzelnachweis der Verpflegungsmehraufwendungen ist **ab 1996** nicht mehr möglich. Es gelten die für Inlandsreisen anzusetzenden Beträge von **46 DM / 20 DM / 10 DM**.

Seit 1996 ist nach § 4 Abs. 5 Nr. 5 Satz 5 EStG bei einer längerfristigen vorübergehenden Tätigkeit an derselben Tätigkeitsstätte der pauschale Abzug der Verpflegungsmehraufwendungen bei **Arbeitnehmern**, die eine **regelmäßige Arbeitsstätte** haben, auf die ersten 3 Monate **beschränkt**. Nach Ablauf der Dreimonatsfrist können keine Mehraufwendungen für Verpflegung mehr abgesetzt werden.

124 Vergütet ein **Arbeitgeber geringere als die steuerlich zulässigen Verpflegungs-Pauschbeträge** bei Dienstreisen, so kann der Arbeitnehmer den Unterschiedsbetrag zwischen den steuerlichen Pauschbeträgen und den geringeren Ersatzleistungen ohne weiteren Einzelnachweis als Werbungskosten geltend machen. Die Frage einer unzutreffenden Besteuerung ist ab 1996 nicht mehr zu prüfen, weil auf die Anwendung der Pauschbeträge für Verpflegungsmehraufwendungen ein gesetzlicher Anspruch besteht.

125 Mehraufwendungen eines Arbeitnehmers für die **Beköstigung an der Arbeitsstätte** gehören grundsätzlich zu den nichtabzugsfähigen Kosten der Lebensführung. Seit 1990 liegen keine beruflich veranlaßten Verpflegungsmehraufwendungen vor, wenn der Arbeitnehmer berufsbedingt arbeitstäglich überdurchschnittlich oder ungewöhnlich lange (mehr als 12 Stunden) von seiner Wohnung abwesend ist.

b) FAHRTÄTIGKEIT ODER EINSATZWECHSELTÄTIGKEIT

126 Bei einer Fahrtätigkeit oder Einsatzwechseltätigkeit dürfen je Kalendertag die Verpflegungsmehraufwendungen mit folgenden Pauschbeträgen angesetzt werden:

Bei einer Abwesenheit von

– **24 Stunden**	46,— DM,
– **weniger als 24 Stunden, aber mindestens 14 Stunden**	20,— DM,
– **weniger als 14 Stunden, aber mindestens 8 Stunden**	10,— DM.

Dabei ist allein die Dauer der Abwesenheit von der Wohnung am jeweiligen Kalendertag maßgebend. Mehrere Abwesenheiten an einem Kalendertag sind zusammenzurechnen. Bei einer Tätigkeit, die an einem Tag nach 16 Uhr begonnen und vor 8 Uhr des nachfolgenden Kalendertages beendet wird, ohne daß eine Übernachtung stattgefunden hat, sind die Abwesenheitszeiten beider Tage ebenfalls zusammenzurechnen und dem Kalendertag mit der überwiegenden Abwesenheitsdauer zuzurechnen. Dies kann zu dem kuriosen Ergebnis führen, daß es hier einen Kalendertag mit mehr als 24 Stunden geben kann.

BEISPIEL:

Ein Berufskraftfahrer kehrt morgens um 8 Uhr von einer Fahrt in den Betrieb zurück, die er am Vortag um 20 Uhr begonnen hat. Um 17 Uhr bricht er erneut zu einer Fahrt auf, die bis zum anderen Tag um 6 Uhr dauert. Es sollen keine Übernachtungen stattgefunden haben.

Die Gesamtabwesenheitsdauer beträgt insgesamt 25 Stunden. Am mittleren Tag beträgt die Abwesenheitsdauer 8 und 7 Stunden; dies ist der Tag mit der überwiegenden Abwesenheit. Da der Berufskraftfahrer 25 Stunden abwesend war, erhält er den Pauschbetrag für 24 Stunden von 46 DM.

Die Abzugsbeschränkung für Verpflegungsmehraufwendungen auf 3 Monate gilt nur für Arbeitnehmer, die eine regelmäßige Arbeitsstätte haben. Arbeitnehmer, die eine Fahrtätigkeit als Berufskraftfahrer oder eine Einsatzwechseltätigkeit ausüben, sind nach dem Wortlaut des Gesetzes von dieser Einschränkung nicht betroffen, d.h. Verpflegungsmehraufwendungen können im Rahmen der Pauschbeträge **zeitlich unbegrenzt** geltend gemacht werden.

c) DIENSTREISE

Die Verpflegungspauschbeträge betragen bei einer Dienstreise bei einer Abwesenheit von **127**

– **24 Stunden**	**46,— DM,**
– **weniger als 24 Stunden, aber mindestens 14 Stunden**	**20,— DM,**
– **weniger als 14 Stunden, aber mindestens 8 Stunden**	**10,— DM.**

Als **Reisetag** ist jeweils **der einzelne Kalendertag** anzusehen. Bei mehreren **128** Dienstreisen an einem Kalendertag sind **sämtliche Abwesenheitszeiten** an einem Kalendertag zusammenzurechnen, denn der neuformulierte § 4 Abs. 5 Nr. 5 EStG besagt nicht, daß die Abwesenheitsdauer am Kalendertag ununterbrochen bestanden haben muß. Werden beispielsweise an einem Kalendertag 2 Dienstreisen durchgeführt, deren Dauer jeweils unter 8 Stunden beträgt, so käme bei isolierter Betrachtung keine Verpflegungspauschale in Betracht. Beträgt die gesamte Abwesenheit beider Dienstreisen jedoch mehr als 8 bzw. 14 Stunden, so kann der entsprechende Pauschalbetrag i.H.v. 10 DM bzw. 20 DM gewährt werden.

> **BEISPIEL:**
>
> Arbeitnehmer A. tätigt von seiner regelmäßigen Arbeitsstätte in Bonn eine Dienstreise nach **129** Köln. Er tritt die Dienstreise um 9.00 Uhr an und kehrt um 14.00 Uhr zurück. Um 15.00 Uhr muß er aus dienstlichen Gründen nach Koblenz, von wo aus er um 21.00 Uhr unmittelbar an seinen Wohnsitz zurückkehrt.
>
> Nach der bisherigen Regelung hätte jede Dienstreise isoliert beurteilt werden müssen. Da die dienstlichen Abwesenheiten 5 bzw. 6 Stunden betragen, wäre eine anteilige Verpflegungspauschale nicht in Betracht gekommen, da die jeweilige Dienstreise weniger als 8 Stunden gedauert hat. Nach der ab 1996 geltenden Regelung werden beide Dienstreisen zusammengefaßt, so daß bei insgesamt elfstündiger Abwesenheit eine Verpflegungspauschale i.H.v. 10 DM zu gewähren ist.

Wird eine Dienstreise nach 16.00 Uhr begonnen und vor 8.00 Uhr des nach- 130 folgenden Kalendertags beendet, ohne daß eine Übernachtung stattfindet, so ist die Dienstreise mit der gesamten Abwesenheitsdauer dem Kalendertag der überwiegenden Abwesenheit zuzurechnen.

> **BEISPIEL:**
>
> Beginn einer Dienstreise um 18.00 Uhr, die ohne Übernachtung am nächsten Tag um 2.15 Uhr endet. Die Gesamtabwesenheitsdauer von 8,25 Stunden ist dem Abreisetag zuzuordnen, weil auf diesen Tag die längere Abwesenheit (6 Stunden) entfällt; für den Abreisetag wird somit der Verpflegungspauschbetrag von 10 DM gewährt.

d) BEGLEITPERSON

Es gilt grundsätzlich die gleiche Regelung wie für Gewerbetreibende und selb- **131** ständig Tätige (→ Tz. 39 ff.).

Maßgebend ist auch hier, daß ein zwingender dienstlicher Grund für die Mitnahme der Begleitperson vorliegt und nachgewiesen oder zumindest glaubhaft gemacht werden kann.

3. ÜBERNACHTUNGSKOSTEN

132 Die Regelung ist die gleiche wie für Gewerbetreibende und selbständig Tätige
(→ Tz. 42 f.).

4. NEBENKOSTEN

133 Zu den Reisenebenkosten gehören alle Aufwendungen, die durch eine Auswärtstätigkeit veranlaßt sind und die nicht direkt den Verpflegungsmehraufwendungen, Fahrt- und Übernachtungskosten zugeordnet werden können. Die Reisenebenkosten können vom Arbeitnehmer als Werbungskosten geltend gemacht
bzw. vom Arbeitgeber steuerfrei erstattet werden. Zu den Nebenkosten gehören,
sofern sie nachgewiesen oder zumindest glaubhaft gemacht werden, u.a. die Aufwendungen für:

– Beförderung und Aufbewahrung von Gepäck **sowie Reisegepäckversicherun-
  gen, soweit sich der Versicherungsschutz auf eine beruflich bedingte Abwesenheit von einer ortsgebundenen regelmäßigen Arbeitsstätte beschränkt; zur
  Aufteilung der Aufwendungen für eine gemischte Reisegepäckversicherung
  vgl. BFH-Urteil v. 19.2.1993 (BStBl II, 519),**

– Ferngespräche und Schriftverkehr beruflichen Inhalts mit dem Arbeitgeber oder
  dessen Geschäftspartner,

– Straßenbenutzung (z.B. Mautgebühren, Fährkosten) und Parkplatz sowie Scha-
  densersatzleistungen infolge von Verkehrsunfällen, wenn die jeweils damit
  verbundenen Fahrtkosten nach Abschn. 38 LStR als Reisekosten anzusetzen
  sind,

– Unfallversicherungen, **soweit sie** Berufsunfälle außerhalb einer ortsgebundenen
  regelmäßigen Arbeitsstätte abdecken.

Deckt die Unfallversicherung sowohl die private als auch die berufliche Sphäre ab,
so bestehen keine Bedenken gegen die berufliche Veranlassung, wenn der auf die
Reisenebenkosten entfallende Anteil der Prämie auf 50 % des auf den beruflichen
Bereich entfallenden Beitrags/Beitragsanteils geschätzt wird. Da jedoch der berufliche Anteil mit 50 % geschätzt werden kann, sind dies 25 % der Gesamtprämie
(BMF-Schreiben v. 18.2.1997, BStBl I, 278), die als Werbungskosten geltend gemacht werden können.

Der **Verlust von Vermögensgegenständen** anläßlich einer Auswärtstätigkeit führt
nur dann zu Reisenebenkosten, wenn die Gegenstände für die Reise unbedingt
erforderlich waren und der Schaden durch eine reisespezifische Gefährdung
eingetreten ist (Diebstahl, Transport- oder Unfallschaden). Der Diebstahl von
Geldbörsen oder wertvollem Schmuck führt jedoch nicht zu Reisenebenkosten.
Werden notwendige Reisegegenstände gestohlen, sollte zum Nachweis des
Diebstahls die polizeiliche Anzeige vorliegen. Wird der Verlust bei der Auswärtstätigkeit dem Grunde nach steuerlich anerkannt, muß der Verlust der Höhe
nach bestimmt werden. Der Verlust ist nicht mit dem Neuwert, den Anschaf-
fungs- oder Wiederbeschaffungskosten anzusetzen. Vielmehr ist nur der „Rest-
wert" der Privatgegenstände, der sich bei Verteilung auf die gesamte Nutzungsdauer im Zeitpunkt des Verlustes ergibt, abzusetzen. Deshalb müssen beim
jeweiligen Gegenstand der Zeitpunkt der Anschaffung und der Anschaffungs-
preis nachgewiesen werden.

134 Steuerfrei ist auch die vom Arbeitgeber übernommene Gebühr für eine **Kreditkarte**, die der Arbeitnehmer ausschließlich für die Abrechnung von Reisekosten
und Auslagenersatz einsetzt. Hier hat der Arbeitgeber anhand der Monats-
abrechnungen durch das Kreditkartenunternehmen zu überprüfen, daß mit der
Kreditkarte keine Privatausgaben durch den Arbeitnehmer getätigt wurden.

B. Arbeitnehmer

Wurde sie zu privaten Zwecken verwendet, ist nur der Anteil der Gebühr steuerfrei, der auf die beruflichen Umsätze entfällt. Hat jedoch der Arbeitgeber mit dem Kreditkartenunternehmen ein Rahmenabkommen über die verbilligte Überlassung von Kreditkarten abgeschlossen, entfällt eine Besteuerung des auf den Arbeitnehmer entfallenden Sachbezugs, wenn die Freigrenze von 50 DM nach § 8 Abs. 2 Satz 9 EStG einschließlich evtl. weiterer Sachbezüge durch den Arbeitgeber (z.B. kostenlose Telefonnutzung im Betrieb) im Kalendermonat nicht überschritten wird.

Keine Reisenebenkosten sind die **Anschaffung eines Koffers** oder von **Kleidung,** auch dann, wenn die Anschaffung anläßlich einer Dienstreise erfolgte.

5. BEWIRTUNG VON GESCHÄFTSFREUNDEN/GESCHENKE

Bei Arbeitnehmern kommen als Werbungskosten nur solche Aufwendungen in **135** Betracht, die ausschließlich durch den Beruf veranlaßt sind. Bewirtet ein Arbeitnehmer Geschäftsfreunde des Arbeitgebers, so ist zu empfehlen, mit dem Arbeitgeber zu vereinbaren, daß die Aufwendungen als solche des Arbeitgebers gelten und von diesem dem „bewirtenden" Arbeitnehmer erstattet werden. Solche Aufwendungen gehören dann bei dem Arbeitnehmer als Auslagenersatz nicht zum steuerpflichtigen Arbeitslohn. Das gilt auch für den Fall, in welchem der Arbeitnehmer die Bewirtung im eigenen Hause durchführt. Ersetzt der Arbeitgeber die angefallenen Aufwendungen nicht, dann ist das in aller Regel ein Anzeichen dafür, daß er solche Kosten weder als angemessen noch als notwendig ansieht. Damit entfällt aber auch ein Grund für die steuerliche Anerkennung der Abziehbarkeit als Werbungskosten beim Arbeitnehmer.

Bewirtungen und **Werbegeschenke** eines Arbeitnehmers an die **Kunden seines 136 Arbeitgebers** sind steuerrechtlich **mit** den **Einschränkungen** des § 4 Abs. 5 Nr. 1 und 2 EStG (→ Tz. 72, 91), d.h. bei Bewirtungen sind die Aufwendungen nur zu 80 % wie bei Gewerbetreibenden abziehbar, wenn der Arbeitgeber die Kosten dafür nicht erstattet und soweit sie zu den beruflich veranlaßten Werbungskosten (BFH v. 13.1.1984, BStBl II, 315 und BFH v. 16.3.1984, BStBl II, 433) i.S.d. § 9 Abs. 1 Satz 1 EStG gehören. Zum Nachweis der beruflichen Veranlassung empfiehlt es sich, die Belege über gekaufte Geschenke aufzubewahren und Empfänger sowie konkreten Anlaß der Schenkung schriftlich festzuhalten.

Bewirtung von untergeordneten Arbeitnehmern und/oder **Geschenke** an diese **137** können als Werbungskosten abgezogen werden, wenn sie beruflich veranlaßt sind. Das kann insbesondere dann der Fall sein, wenn der vorgesetzte Arbeitnehmer variable Bezüge erhält, die der Höhe nach vom Erfolg seiner Mitarbeiter abhängig sind (BFH v. 23.3.1984, BStBl II, 315). Geschenke aus gesellschaftlichem Anlaß, z.B. zwischen Arbeitnehmern in leitender Funktion, sind nicht als Werbungskosten abziehbar (BFH v. 1.7.1994, BStBl II 1995, 273).

VII. DER ARBEITGEBER ERSETZT DIE REISEKOSTEN

1. ALLGEMEINES

In vielen Fällen werden die Reisekosten des Arbeitnehmers durch den Arbeitgeber **138** ersetzt. Ein solcher **Ersatz gehört nicht zum steuerpflichtigen Arbeitslohn,** wenn und soweit er die Beträge nicht übersteigt, die bei dem Arbeitnehmer (für jede einzelne Reise über die **Pauschalierung**) als Werbungskosten anzuerkennen wären. Dies betrifft nur die Reisekosten i.e.S. (vgl. LStR 37). Darüber hinausgehende Beträge, die dem Arbeitnehmer zufließen, sind bei diesem steuerpflichtiger Arbeitslohn. Aufwendungen eines Arbeitgebers für den Flug und die Übernachtung

Dritter Teil: Inlandsreisen

der Arbeitnehmer einer auswärtigen Niederlassung des Unternehmens sind auch dann Aufwendungen für den äußeren Rahmen einer mehrtägigen Betriebsveranstaltung und damit Arbeitslohn, wenn die Betriebsveranstaltung eine **Besichtigung** des Werkes **am Hauptsitz** des Unternehmens einschließt. Bei eintägigen Betriebsveranstaltungen können jedoch die Fahrtkosten für auswärtige Mitarbeiter als steuerfreie Reisekosten behandelt werden (LStR 72 Abs. 5 Nr. 3).

Seit der Steuerreform 1990 gibt es außerdem die **Möglichkeit der Pauschal-Lohnversteuerung** der **Fahrtkosten-Ersatzleistungen für Fahrten zwischen Wohnung und Arbeitsstätte** mit Pkw usw.

Seit dem Veranlagungszeitraum 1994 sind **Zuschüsse** des Arbeitgebers zu den Aufwendungen des Arbeitnehmers für **Fahrten zwischen Wohnung und Arbeitsstätte mit öffentlichen Verkehrsmitteln im Linienverkehr steuerfrei.**

139 Der Arbeitnehmer hat dem Arbeitgeber **Unterlagen** über seine Dienstreisen **vorzulegen,** aus denen die **Dauer der Reise,** der **Reiseweg** und, soweit die **Reisekosten** nicht zulässigerweise pauschal ersetzt werden, auch die entstandenen Reisekosten ersichtlich sein müssen. Der Arbeitgeber hat diese Unterlagen als **Beleg zum Lohnkonto** zu nehmen.

2. VERPFLEGUNGSKOSTEN

140 Die steuerfreie Erstattung der Verpflegungsmehraufwendungen anhand von **Einzelnachweisen** – über die Pauschbeträge hinaus (→ Tz. 151) – ist **ab 1996 nicht mehr möglich.** Wird einem Arbeitnehmer vom Arbeitgeber ein höherer Betrag als der Pauschbetrag erstattet, so ist der übersteigende Betrag als Arbeitslohn zu versteuern (→ Tz. 153).

3. KRAFTFAHRZEUGKOSTEN

141 Ersetzt der Arbeitgeber Aufwendungen des Arbeitnehmers für die **dienstliche Benutzung von dessen eigenem Kraftfahrzeug** für **Dienstreisen,** so handelt es sich nicht um steuerpflichtigen Arbeitslohn. Ermittelt der Arbeitnehmer den von ihm zu erstattenden Betrag nach Kilometersätzen, dann wird ein besonderer Nachweis nicht verlangt, wenn diese Kilometersätze die Pauschsätze nicht übersteigen. Werden **niedrigere Kilometersätze erstattet,** dann kann der Arbeitnehmer den Differenzbetrag zum steuerlichen Kilometersatz als Werbungskosten geltend machen. Bei **Ersatz höherer Kilometersätze** ist der die Pauschsätze übersteigende Betrag **steuerpflichtiger Arbeitslohn.** Das ist nur dann anders, wenn etwaige entsprechende tatsächliche Aufwendungen nachgewiesen werden.

a) PAUSCHALIERUNG

142 Soweit die ersetzten Beträge beim

Kraftwagen	**0,52 DM,**
Motorrad und Motorroller	**0,23 DM,**
Moped/Mofa	**0,14 DM,**
Fahrrad	**0,07 DM**

für den **gefahrenen Kilometer** nicht übersteigen, sind sie grundsätzlich anzuerkennen. Für jede **Person,** die bei einer Dienstreise **mitgenommen** wird, erhöht sich der Kilometersatz für **Pkw** um **0,03 DM** und für **Motorräder/Motorroller** um **0,02 DM.** Mit der pauschalen Regelung sind grundsätzlich sämtliche mit dem Betrieb des Fahrzeuges verbundenen Aufwendungen einschließlich der fixen Kosten, der AfA und einer kombinierten Rechtsschutzversicherung mit Verkehrsrechtsschutz, mit Ausnahme der Parkplatzgebühren, abgegolten. Daher zählt die zusätzliche Erstattung der Prämie für die private Fahrzeug-Vollkaskoversicherung zum Arbeitslohn (BFH v. 21.6.1991, BStBl II, 614). Die Erstattung der Beiträge stellt auch insoweit steuerpflichtigen Arbeitslohn dar, als die Versicherungsprämien auf Privatfahrten und auf Fahrten zwischen Wohnung und Arbeitsstätte entfallen (BFH v. 8.11.1991, BStBl II 1992, 204).

Hat ein Arbeitgeber eine **Dienstreise-Kaskoversicherung** für die seinen Arbeit- 143
nehmern gehörenden Kfz abgeschlossen, so kann nach Auffassung des Bundesfinanzhofs (BFH v. 27.6.1991, BStBl II 1992, 365) dem Arbeitnehmer nur ein entsprechend gekürzter Kilometersatz steuerfrei erstattet werden. Mit BMF-Schreiben v. 31.3.1992 (BStBl I, 270) wurde jedoch klargestellt, daß auch in diesem Fall neben der Dienstreise-Kaskoversicherung der Kilometersatz von 0,52 DM steuerfrei erstattet werden darf. Schließt ein Arbeitgeber für seine Arbeitnehmer eine **Reisegepäckversicherung** ab, aus der den Arbeitnehmern ein eigener Anspruch gegenüber dem Versicherer zusteht, so führt die Zahlung der Prämien durch den Arbeitgeber zu Arbeitslohn. Dieser ist in der Regel dann gem. § 3 Nr. 16 EStG steuerbefreit, wenn sich der Versicherungsschutz auf Dienstreisen beschränkt. Bezieht sich der Versicherungsschutz auf sämtliche Reisen des Arbeitnehmers, so ist eine Aufteilung der gesamten Prämie in einen beruflichen und einen privaten Anteil dann zulässig, wenn der Versicherer eine Auskunft über die Kalkulation seiner Prämien erteilt, die eine Aufteilung ohne weiteres ermöglicht (BFH v. 19.2.1993, BStBl II, 519).

Pauschvergütungen, die der Arbeitgeber dem Arbeitnehmer für die dienstliche Benutzung des eigenen Kraftfahrzeugs ohne Rücksicht auf die tatsächlichen Kosten zahlt, sind nicht Reisekosten. Sie **zählen zum Arbeitslohn,** wobei die Aufwendungen des Arbeitnehmers in der nachgewiesenen Höhe oder mit dem Kilometersatz von 0,52 DM als Werbungskosten anzuerkennen sind.

Arbeitnehmern, die typischerweise **an ständig wechselnden Einsatzstellen be-** 144
schäftigt sind, können die Aufwendungen für die Benutzung eines eigenen Kraftfahrzeugs zu **Fahrten zwischen** der **Wohnung und** der jeweiligen **Einsatzstelle** sowie Fahrten zwischen **mehreren** Einsatzstellen bei Vorliegen der unten genannten Voraussetzungen nach Dienstreisegrundsätzen in der **nachgewiesenen** Höhe steuerfrei durch den Arbeitgeber ersetzt werden. Bei Verzicht auf den Nachweis der tatsächlichen Aufwendungen können die **Kilometersätze für Dienstreisen** in Höhe von **0,52 DM** usw. angesetzt werden. Diese Handhabung ist in der Regel nur für die **ersten 3 Monate** einer länger andauernden Beschäftigung an derselben Einsatzstelle möglich. Vom Beginn des 4. Monats einer ununterbrochenen Tätigkeit an derselben Einsatzstelle kann der Arbeitnehmer die Kilometer-Pauschbeträge in Höhe von 0,70 DM/0,33 DM als Werbungskosten für Fahrten zwischen Wohnung und Arbeitsstätte geltend machen. Ein steuerfreier Arbeitgeberersatz ist hier nicht möglich, es sei denn, es handelt sich um **Körperbehinderte,** bei denen eine Körperbehinderung von 70 % oder von mindestens 50 % und eine erhebliche Beeinträchtigung der Bewegungsfähigkeit im Straßenverkehr vorliegt. Eine Ausnahmeregelung von der Dreimonatsfrist bei der Berücksichtigung der Fahrtkosten mit dem Kilometersatz von 0,52 DM greift jedoch bei Arbeitnehmern mit ständig wechselnden Einsatzstellen, bei denen sich die auswärtige Tätigkeitsstätte laufend örtlich verändert, z.B. beim Bau einer Autobahn oder ICE-Bahnstrecke (R 37 Abs. 3 Nr. 2 LStR 2000), so daß der Arbeitgeber über den Dreimonatszeitraum hinaus die Aufwendungen für die Fahrten des Arbeitnehmers zur auswärtigen Tätigkeitsstätte mit 0,52 DM je gefahrenen Kilometer steuerfrei erstatten kann; Voraussetzung ist auch hier, daß die auswärtige Tätigkeitsstätte mehr als 30 km von der Wohnung des Arbeitnehmers entfernt ist (→ Tz. 145).

Weitere Voraussetzung ist für den steuerfreien Fahrtkostenersatz, daß die **Entfer-** 145
nung zwischen der Wohnung und der jeweiligen Einsatzstelle die übliche Fahrt-

strecke zwischen Wohnung und regelmäßiger Arbeitsstätte überschreitet (BFH v. 20.11.1987, BStBl II 1988, 443), d.h. **mehr als 30 km** beträgt. Beträgt die Entfernung weniger, können die Kilometer-Pauschbeträge nur ausnahmsweise in Höhe der Kilometersätze für Dienstreisen steuerfrei ersetzt werden, wenn an einem Tag mehrere Einsatzstellen aufgesucht werden, von denen **mindestens eine** mehr als 30 km von der Wohnung entfernt ist. Ist keine Einsatzstelle **mehr als 30 km** von der Wohnung entfernt, können jedoch die Fahrtkosten zwischen den Einsatzstellen mit dem Kilometersatz für Dienstreisen von 0,52 DM angesetzt werden. Die Fahrt zur ersten Einsatzstelle und die Rückfahrt zur Wohnung gelten als Fahrt zwischen Wohnung und Arbeitsstätte.

Die 30 km-Grenze und die Dreimonatsfrist gelten nicht für Arbeitnehmer, deren Tätigkeit dadurch geprägt ist, daß mehrmals täglich der Tätigkeitsort wechselt, wie dies z.B. bei Reisevertretern oder Kundendienstmonteuren der Fall ist. In diesen Fällen kann für die tägliche Gesamtfahrtstrecke ohne Rücksicht auf die 30 km-Grenze und die Dreimonatsfrist der Kilometersatz von **0,52 DM** je gefahrenen Kilometer angesetzt werden.

Die ersetzten Kosten für Fahrten zwischen der Wohnung und einer 30 km oder weniger entfernten Einsatzstelle sind **steuerpflichtiger** Arbeitslohn. Sie können aber **pauschal lohnversteuert** werden (→ Tz. 165 f.).

Die Dreimonatsfrist und die 30-km-Grenze haben keine Bedeutung, wenn die Fahrten zu den Einsatzstellen mit öffentlichen Verkehrsmitteln im Linienverkehr durchgeführt werden; denn die Aufwendungen kann der Arbeitgeber nach § 3 Nr. 34 EStG ohnehin zusätzlich zum geschuldeten Barlohn steuerfrei erstatten.

Wegen der Behandlung der **Unfallfolgen** → Tz. 222 ff.

146 **Die vorgenannten Pauschsätze gelten die dienstliche Benutzung des eigenen Kraftfahrzeugs** des Arbeitnehmers ab. Die Aufwendungen für Fahrten **mit einem im Leasing** gemieteten Kraftfahrzeug sind steuerlich ebenso zu behandeln wie Aufwendungen für das eigene Kraftfahrzeug.

b) KOSTEN DES FÜHRERSCHEINS

147 Aufwendungen zur Erlangung eines Führerscheins sind ausnahmsweise nur dann Werbungskosten, wenn der Führerschein entweder Voraussetzung für die Berufsausübung ist oder wenn infolge der Erlangung des Führerscheins ein berufliches Fortkommen in Aussicht steht. Wenn der Arbeitgeber die Kosten für die Erlangung des Führerscheins ersetzt, so ist darin kein Arbeitslohn zu sehen, wenn der Arbeitgeber den Arbeitnehmer zum Erwerb des Führerscheins veranlaßt hat, damit dieser ein betriebliches Fahrzeug – wenn auch nur gelegentlich – führen kann. Dies ist dann der Fall, wenn der Arbeitnehmer z.B. als Taxi- oder Lkw-Fahrer eingesetzt werden soll.

4. UNFALLVERSICHERUNG

148 Hat der Arbeitnehmer eine Unfallversicherung, die das Unfallrisiko im beruflichen und außerberuflichen Bereich abdeckt, also auch das Unfallrisiko bei Dienstreisen erfaßt, so ist der vom Arbeitgeber erstattete Beitragsanteil, der auf das Unfallrisiko bei Dienstreisen entfällt, als Reisenebenkosten steuerfrei. Es wird zugelassen, daß aus Vereinfachungsgründen der vom Arbeitgeber steuerfrei erstattungsfähige Betrag auf 20 % der Gesamtprämie des Arbeitnehmers für die Unfallversicherung geschätzt wird. Wegen weiterer Einzelheiten vgl. BMF-Schreiben v. 18.2.1997 (BStBl I, 278).

B. Arbeitnehmer

VIII. DER ARBEITGEBER ERSETZT NACH FESTEN SÄTZEN

1. PAUSCHALABGELTUNG STEUERPFLICHTIG

Arbeitgeber erstatten die **Reisekosten** ihrer Arbeitnehmer oft nach einheitlichen **149** Richtlinien und festen Sätzen. Vorweg sei bemerkt, daß eine Abgeltung von Reisekosten ohne Einzelnachweis durch eine pauschale Aufteilung des Gehalts in einen Teil, der mit Gehalt, und in einen anderen Teil, der mit Dienstaufwandsentschädigung (Vertrauensspesen, Spesenersatz usw.) bezeichnet wird, nicht zu dem gewünschten Resultat führt. Solche Monats- oder Jahrespauschalen sind ohne Einzelabrechnung als Arbeitslohn steuerpflichtig.

Verpflegungsmehraufwendungen dürfen nur insoweit steuerfrei erstattet werden, als sie als Werbungskosten beim Arbeitnehmer berücksichtigt werden dürfen. Höhere Erstattungen als die steuerlich zulässigen Pauschbeträge stellen geldwerten Vorteil dar und sind dem steuerpflichtigen Arbeitslohn zuzurechnen.

2. PAUSCHALIERTE VERPFLEGUNGSKOSTEN

a) VERPFLEGUNGSPAUSCHBETRÄGE

Wie bereits ausgeführt, gehören vom Arbeitgeber erstattete Reisekosten nicht zum **150** steuerpflichtigen Arbeitslohn, soweit der Arbeitgeber keine höheren Beträge ersetzt, als beim Arbeitnehmer als Werbungskosten anerkannt werden würden. Ein darüber hinausgehender Betrag gehört jedoch zum steuerpflichtigen Arbeitslohn (→ Tz. 153).

Es kommen somit für jeden Kalendertag folgende steuerfreie Erstattungen vom **151** Arbeitgeber in Betracht:

bei einer Abwesenheit von

– **24 Stunden**	46,— DM,
– **weniger als 24 Stunden, aber mindestens 14 Stunden**	20,— DM,
– **weniger als 14 Stunden, aber mindestens 8 Stunden**	10,— DM.

Als Reisetag gilt jeweils der einzelne Kalendertag. Führt der Arbeitnehmer an **152** einem Kalendertag mehrere Dienstreisen durch, sind die Abwesenheitszeiten an diesem Kalendertag zusammenzurechnen. Soweit für denselben Kalendertag Verpflegungsmehraufwendungen

– wegen einer Dienstreise, Fahrtätigkeit oder Einsatzwechseltätigkeit oder

– wegen einer doppelten Haushaltsführung

anzuerkennen sind, ist jeweils der **höchste Pauschbetrag** anzusetzen.

> **BEISPIEL:**
>
> Ein Arbeitnehmer führt seit 2 Monaten einen doppelten Haushalt. Vom Ort der auswärtigen Beschäftigung unternimmt er eine 10-stündige Dienstreise. Einzeln betrachtet stünden dem Arbeitnehmer Mehraufwendungen für Verpflegung für die doppelte Haushaltsführung für den Tag der Dienstreise in Höhe von 46 DM und die Dienstreise als solches in Höhe von 10 DM, also 56 DM zu.
>
> Es darf jedoch nur der höchste in Betracht kommende Einzelbetrag von 46 DM erstattet werden.

Dritter Teil: Inlandsreisen

b) LOHNSTEUER-PAUSCHALIERUNG VON VERPFLEGUNGSMEHRAUFWENDUNGEN

153 Ab 1997 darf der Arbeitgeber Erstattungen von Verpflegungsmehraufwendungen bei einer Dienstreise, Fahr- oder Einsatzwechseltätigkeit (**nicht** bei einer doppelten Haushaltsführung), die über die steuerlichen Pauschbeträge hinausgehen, bis zu 100 % der maßgebenden Pauschbeträge mit 25 % pauschal versteuern. Ein Einzelnachweis der Verpflegungsmehraufwendungen durch den Arbeitnehmer ist nicht erforderlich. Im Endeffekt bedeutet dies, daß bei einer Abwesenheit je Kalendertag von

– mindestens 8 Stunden 20 DM erstattet werden dürfen, wovon 10 DM pauschal zu versteuern sind,

– mindestens 14 Stunden 40 DM erstattet werden dürfen, wovon 20 DM pauschal zu versteuern sind,

– 24 Stunden 92 DM erstattet werden dürfen, wovon 46 DM pauschal zu versteuern sind.

Die Erhöhung der maßgebenden Pauschbeträge für Verpflegungsmehraufwendungen um 100 % gilt **nur** für Arbeitgebererstattungen an Arbeitnehmer, also nicht für Selbständige und Gewerbetreibende. Arbeitgebererstattungen, die über den Erhöhungsbeträgen liegen, sind beim Arbeitnehmer individuell zu versteuern und unterliegen – im Gegensatz zu den pauschal zu versteuernden Beträgen – der Sozialversicherungspflicht.

Die Pauschalierungsmöglichkeit gilt auch bei Auslandsreisen. Hier können die über die steuerfreien Pauschbeträge hinausgehenden Erstattungen bis zur Höhe der maßgebenden ausländischen Pauschbeträge (→ Tz. 2) pauschal versteuert werden.

Die Lohnsteuer-Pauschalierung ist dagegen nicht zulässig, wenn z.B. bei einer sechsstündigen Abwesenheit vom Arbeitgeber Verpflegungsmehraufwendungen erstattet werden, weil hier kein Pauschbetrag, der anzusetzen wäre, in Betracht kommt. Die Möglichkeit der Lohnsteuer-Pauschalierung durch den Arbeitgeber führt nicht dazu, daß der Arbeitnehmer bei Verzicht des Arbeitgebers auf die Pauschalierung Werbungskosten in Höhe der Pauschalierungsmöglichkeit geltend machen kann.

Hinsichtlich der Regelung zur Lohnsteuer-Pauschalierung in § 40 Abs. 2 Satz 1 Nr. 4 EStG ist durch den Verweis auf § 4 Abs. 5 Satz 1 Nr. 5 Satz 2 bis 4 EStG ausdrücklich festgelegt worden, daß die Pauschalierung nur bei einer Dienstreise oder Fahr- und Einsatzwechseltätigkeit möglich und die doppelte Haushaltsführung ausgenommen ist.

154 Ein Arbeitnehmer mit Einsatzwechseltätigkeit führt jedoch beim Verbleiben an einer auswärtigen Tätigkeitsstätte von Beginn an einen doppelten Haushalt, weil die auswärtige Tätigkeitsstätte zugleich seine regelmäßige Arbeitsstätte ist. Nach Ablauf der Dreimonatsfrist für die Anerkennung von Verpflegungsmehraufwendungen für eine doppelte Haushaltsführung können jedoch wieder Verpflegungsmehraufwendungen für eine Einsatzwechseltätigkeit vom Arbeitgeber steuerfrei erstattet werden, wenn von der auswärtigen Unterkunft die Abwesenheitszeiten von mindestens 8 bzw. 14 Stunden erfüllt werden. Hier könnte der Arbeitgeber bei höheren Erstattungsbeträgen für Verpflegungsmehraufwendungen als den Pauschbeträgen von der Lohnsteuer-Pauschalierung Gebrauch machen, nicht jedoch für die ersten 3 Monate der doppelten Haushaltsführung.

Dieses Ergebnis ist auch im Hinblick auf den Wortlaut des § 40 Abs. 2 Satz 1 Nr. 4 EStG unbefriedigend. Deshalb müßte bei Arbeitnehmern mit Einsatzwechseltätigkeit und doppelter Haushaltsführung nach dem Sinn und Zweck der Gesetzesformulierung für höhere Verpflegungsersatzleistungen dem Arbeitgeber die Möglichkeit zur Lohnsteuer-Pauschalierung gestattet sein (es wird auch eine Gleichstellung mit Dienstreisenden erreicht), da der Ausschluß der Lohnsteuer-Pauschalierung nur für Fälle der „echten" doppelten Haushaltsführung gelten sollte.

Die Finanzverwaltung läßt deshalb die folgende Regelung zu: Beim Arbeitnehmer mit Einsatzwechseltätigkeit und doppelter Haushaltsführung verbleibt es dabei, daß für die ersten 3 Monate Verpflegungsmehraufwendungen für die doppelte Haushaltsführung bis zu 46 DM täglich ohne weitere Lohnsteuer-Pauschalierungsmöglichkeit steuerfrei erstattet werden können. In einem zweiten Schritt ist jedoch zu prüfen, wie lange der Arbeitnehmer von der auswärtigen Unterkunft abwesend ist. Erfüllt er hier die Abwesenheitszeiten von mindestens 8 bzw. 14 Stunden, kann der Arbeitgeber weitere 10 bzw. 20 DM zahlen, die er mit 25 % pauschal versteuern muß.

BEISPIEL:

Ein Arbeitnehmer mit Einsatzwechseltätigkeit wohnt an der auswärtigen Tätigkeitsstätte und erhält innerhalb der ersten 3 Monate eine tägliche Auslösung von 60 DM. Er ist täglich von seiner Zweitwohnung 9 Stunden abwesend.

Zahlung des Arbeitgebers	60,— DM
– davon steuerfrei wegen doppelter Haushaltsführung	46,— DM
– davon vom Arbeitgeber mit 25 % pauschal versteuert	10,— DM
– müssen beim Arbeitnehmer individuell versteuert werden	4,— DM

Des weiteren stellt sich bei der Lohnsteuer-Pauschalierung durch den Arbeitgeber die Frage, ob nicht auch die Sachbezugswerte für unentgeltlich gewährte Mahlzeiten mit einbezogen werden dürfen. Auch dies muß bejaht werden. Denn es macht hinsichtlich der Besteuerung der Sachbezugswerte und der Lohnsteuer-Pauschalierung für höhere Arbeitgebererstattungen von Verpflegungsmehraufwendungen keinen Unterschied, ob die Arbeitgeberleistungen nun pauschal oder individuell versteuert werden.   **155**

BEISPIEL:

Ein Arbeitnehmer mit einer fünfzehnstündigen Auswärtstätigkeit erhält vom Arbeitgeber ein unentgeltliches Mittagessen. Hier könnte der Arbeitgeber 20 DM steuerfrei erstatten und müßte den Sachbezugswert von 4,77 DM als Arbeitslohn versteuern. Auch wenn die Gewährung des Mittagessens dem Gesetzeswortlaut nach keine „Vergütung" ist, spricht vieles dafür, daß der Sachbezugswert vom Arbeitgeber pauschal versteuert werden kann.

Nach Auffassung der Finanzverwaltung ist jedoch die Einbeziehung der Sachbezugswerte in die Lohnsteuer-Pauschalierung ausgeschlossen. Der Arbeitgeber muß deshalb, will er das gewünschte Ergebnis erreichen, wie folgt verfahren:

Er erstattet dem Arbeitnehmer, dem er eine unentgeltliche Mahlzeit gewährt hat, neben dem Verpflegungspauschbetrag auch den Sachbezugswert für die Mahlzeit in bar und der Arbeitnehmer bezahlt die Mahlzeit dem Arbeitgeber in Höhe des Sachbezugswerts in bar. In diesem Fall kann der Arbeitgeber den „Sachbezugswert" der pauschalen Lohnsteuer unterwerfen.

Bei der Ermittlung des steuerfreien Betrages bei den Reisekosten dürfen die einzelnen Vergütungsarten (Fahrt-, Verpflegungs- und Übernachtungskosten) zusammengefaßt werden, so daß z.B. höhere Verpflegungserstattungen mit Fahrtkosten, die der Arbeitgeber nicht voll erstattet, verrechnet werden dürfen. Diese Verrechnungsmöglichkeit besteht auch bei pauschal zu versteuernden Vergütungen für Verpflegungsmehraufwendungen.   **156**

Dritter Teil: Inlandsreisen

BEISPIEL:

Ein Arbeitnehmer erhält von seinem Arbeitgeber für eine neunstündige Dienstreise in eine 50 km entfernte Stadt einen Erstattungsbetrag von 80 DM.

Steuerfrei sind

– Fahrtkosten 100 km × 0,52 DM	52,— DM
– Verpflegungspauschale	10,— DM
	62,— DM.

Der Mehrbetrag von 18 DM kann mit einem Teilbetrag von 10 DM (Verpflegungspauschale) mit 25 % pauschal versteuert werden, so daß beim Arbeitnehmer lediglich 8 DM individuell zu versteuern sind.

Die Verrechnungsmöglichkeit der einzelnen Vergütungsarten kann letztendlich auch dazu führen, daß Arbeitgebererstattungen für Verpflegungsmehraufwendungen für Reisetage unter 8 Stunden mit in die Pauschalierung einbezogen werden können:

BEISPIEL:

Anläßlich einer dreitägigen Dienstreise erstattet der Arbeitgeber dem Arbeitnehmer Verpflegungsmehraufwendungen für den 1. Tag mit fünfzehnstündiger Abwesenheit 30 DM, den 2. Tag 60 DM und den 3. Tag mit siebenstündiger Abwesenheit ebenfalls 30 DM; insgesamt 120 DM.

Steuerfrei sind

– 1. Tag mit 15 Stunden	20,— DM
– 2. Tag mit 24 Stunden	46,— DM
– 3. Tag mit 7 Stunden	—,— DM
– insgesamt	66,— DM.

Der Erstattungsbetrag des Arbeitgebers übersteigt den steuerfreien Betrag um 54 DM (= 120 DM ./. 66 DM). Da der Arbeitgeber zu dem steuerfreien Betrag von 66 DM zusätzlich 66 DM pauschal versteuern könnte, kann er den übersteigenden Betrag von 54 DM mit 25 % pauschal versteuern; also auch den Betrag von 30 DM für den 3. Tag, für den an sich kein steuerfreier Verpflegungspauschbetrag in Betracht kommt.

157 Im Fall der Lohnsteuer-Pauschalierung konnte der Arbeitgeber bis zum 31.3.1999 die pauschale Lohnsteuer für Vergütungen für Verpflegungsmehraufwendungen auch auf den Arbeitnehmer abwälzen. Dies bewirkte eine Minderung der vom Arbeitgeber erbrachten Barleistung. Dem Arbeitnehmer floß somit als Arbeitslohn nicht der gesamte Wert der Barleistung, sondern nur der um die von ihm getragene Lohnsteuer, ggf. der um die Kirchensteuer und den Solidaritätszuschlag verminderte Betrag zu. Dies geschah dadurch, daß für den Arbeitnehmer eine sog. Netto-Verpflegungspauschale zu ermitteln ist. Unter Berücksichtigung der Lohnsteuer, der unterschiedlichen pauschalen Kirchensteuer-Prozentsätze in den einzelnen Bundesländern und des Solidaritätszuschlags ergaben sich folgende Prozentsätze (Nettosteuersätze):

in Bundesländern mit pauschaler Kirchensteuer von	Solidaritätszuschlag 5,5 %
7,00 %	78,05 %
6,00 %	78,20 %
5,00 %	78,35 %
4,50 %	78,43 %

> **B. Arbeitnehmer**

BEISPIEL:

Bei einem pauschal zu versteuernden Verpflegungspauschbetrag von 46 DM und der Übernahme aller Steuern durch den Arbeitnehmer ergab sich bei 5,5 % Solidaritätszuschlag und 7 %iger Kirchensteuer ein Netto-Verpflegungspauschbetrag von 46 DM × 78,05 % = 35,90 DM.

Um bei der Lohnabrechnung die Aufteilung in pauschale Lohnsteuer, pauschale Kirchensteuer und pauschalen Solidaritätszuschlag zu erleichtern, wird nachfolgend dargestellt, wie sich die vorgenannten Prozentsätze zusammengesetzt haben.

Dabei war der pauschale Lohnsteuersatz von 25 % unter Einbeziehung der pauschalen Kirchensteuer und des Solidaritätszuschlags von einem „Nettosteuersatz" in einen „Bruttosteuersatz" umzurechnen und zwar wie folgt:

Nettosteuersatz: $25 + (25 \times 0{,}07) + (25 \times 0{,}055)$ = 28,125 %,
umgerechnet in einen Bruttosteuersatz:
$28{,}125 : (100 + 28{,}125)$ = 21,95 %.

Dieser setzt sich zusammen aus:

– Lohnsteuer $21{,}95 : 112{,}5 (= 100 + 7 + 5{,}5)$ = 19,51 %
– Kirchensteuer $21{,}95 : 112{,}5 \times 0{,}07$ = 1,37 %
– Solidaritätszuschlag $21{,}95 : 112{,}5 \times 0{,}055$ = <u>1,07 %</u>

<u>21,95 %.</u>

Sollte z.B. neben der Lohnsteuer nur die Kirchensteuer auf den Arbeitnehmer abgewälzt werden, war die Berechnung wie vorstehend ohne den Solidaritätszuschlag durchzuführen.

Die vorstehend beschriebene Verfahrensweise ist durch die Änderung des § 40 Abs. 3 Satz 2 EStG – durch das Steueränderungsgesetz 1999/2000/2002 – ab dem 1.4.1999 nicht mehr zulässig. Danach führt die Abwälzung der pauschal Lohnsteuer nicht mehr zu einer Minderung des Barlohns.

Soll gleichwohl wirtschaftlich das gleiche Ergebnis erreicht werden, sind die pauschal zu versteuernden Vergütungen für Verpflegungsmehraufwendungen nicht mit 100 % der maßgebenden Pauschbeträge, sondern entsprechend geringer anzusetzen. Hierüber sollten mit den betroffenen Arbeitnehmern schriftliche Vereinbarungen getroffen werden. Steuerlich dürften sich hier keine Schwierigkeiten ergeben, weil es sich nicht um eine Gehaltsumwandlung, sondern lediglich um die Kürzung einer freiwilligen Arbeitgeberleistung handelt.

Im Fall der Lohnsteuer-Pauschalierung und der Übernahme der pauschalen Lohnsteuer, der Kirchensteuer und des Solidaritätszuschlags durch den Arbeitgeber sollten die Vergütungen um 21,95 % gekürzt werden und dann die Pauschsteuer mit dem Nettosteuersatz von 28,125 % übernommen werden.

BEISPIEL:

Der Arbeitgeber vereinbart mit dem Arbeitnehmer, daß im Fall der Lohnsteuer-Pauschalierung die zusätzlichen Vergütungen für Verpflegungsmehraufwendungen um 21,95 % gekürzt werden und er von den gekürzten Beträgen die pauschale Lohnsteuer, die Kirchensteuer und den Solidaritätszuschlag übernimmt.

Z.B. beim Betrag von 46 DM bedeutet dies:

zusätzlicher Höchstbetrag	46,— DM
./. vereinbarte Kürzung um 21,95 %	<u>10,10 DM</u>
ausgezahlter Betrag	35,90 DM
übernommene Pauschsteuer 35,90 DM × 28,125 %	<u>10,10 DM</u>
Arbeitgeberaufwand	<u>46,— DM</u>

Dritter Teil: Inlandsreisen

3. PAUSCHALIERTE ÜBERNACHTUNGSKOSTEN

158 Die Kosten für die Übernachtung im Inland können in der Regel ohne Einzelnachweis i.H.v. **39 DM** steuerfrei ersetzt werden, sofern die Übernachtung nicht in einer vom Arbeitgeber gestellten Unterkunft erfolgt. Hat z.B. die Übernachtung in einem Hotel stattgefunden und wird vom Arbeitgeber wegen des fehlenden Belegs nur der Übernachtungspauschbetrag von 39 DM steuerfrei erstattet, ist hier **keine** Kürzung für die Kosten des Frühstücks um 9 DM vorzunehmen. Zusätzlich dürfen die Aufwendungen für die Benutzung eines **Schlafwagens** oder einer **Schiffskabine steuerfrei** erstattet werden, wenn die Übernachtung in einer anderen Unterkunft begonnen oder beendet worden ist. Die steuerfreie Erstattung durch den Arbeitgeber ist auch möglich, wenn die Übernachtung in einem Wohnmobil oder Campingbus erfolgte.

Im Rahmen einer doppelten Haushaltsführung darf der Arbeitgeber die notwendigen Aufwendungen für die Zweitwohnung im Inland für einen Zeitraum von **3 Monaten** ohne Einzelnachweis pauschal mit **39 DM** und für die Folgezeit bis zu 21 Monaten pauschal mit **8 DM je Übernachtung** erstatten. Die steuerfreie Erstattung der vorgenannten Beträge ist auch dann möglich, wenn der Arbeitnehmer nicht in der Wohnung übernachtet, diese aber vorgehalten hat, z.B. an Tagen der Familienheimfahrten. Die steuerfreie Erstattung pauschaler Übernachtungskosten ist ausgeschlossen, wenn der Arbeitgeber dem Arbeitnehmer die Zweitwohnung unentgeltlich oder teilentgeltlich zur Verfügung gestellt hat.

Für die Dauer der **Benutzung von Beförderungsmitteln** darf ein Übernachtungsgeld nicht angesetzt werden. Die steuerfreie Zahlung des Pauschbetrages für eine **Übernachtung im Fahrzeug ist nicht zulässig.**

Begleitet der **Ehegatte** den Arbeitnehmer auf einer **Dienstreise,** so ergibt sich hinsichtlich der steuerfreien Erstattung von Übernachtungskosten folgendes:

– Bei Inanspruchnahme eines Doppelzimmers können Übernachtungskosten, die bei Inanspruchnahme eines Einzelzimmers in demselben Haus entstanden wären, vom Arbeitgeber steuerfrei erstattet werden.

– Bei Inanspruchnahme eines Einzelzimmers entfällt die steuerfreie Erstattung derjenigen Kosten, die zusätzlich durch Einrichtung einer Übernachtungsmöglichkeit für die weitere Person in diesem Zimmer anfallen.

– Soweit zwischen Einzel- und Doppelzimmer nicht unterschieden wird und – unabhängig von der Zahl der in einem Zimmer übernachtenden Personen – ein einheitlicher Zimmerpreis zu entrichten ist, kann dieser Übernachtungspreis vom Arbeitgeber steuerfrei erstattet werden.

– In den Fällen, in denen auch die weitere Person eine Dienstreise durchführt und in demselben Zimmer (Doppelzimmer) übernachtet, sind die entstehenden Übernachtungskosten zu halbieren.

(Sächs. Staatsministerium der Finanzen v. 18.2.1991, Aktenzeichen – 32 – S 2353 – 11/2 – 3850 –)

159 Bei einer **mehrtägigen Reise** können die **Kosten der Übernachtung** für sämtliche Reisetage **entweder nur mit** den **Pauschbeträgen oder** bis zur Höhe der im **einzelnen nachgewiesenen Übernachtungskosten** steuerfrei ersetzt werden. Ein Wechsel des Verfahrens ist innerhalb der einzelnen Reise nicht zulässig.

160 Wird **in** der **Hotelrechnung** ein **Gesamtpreis für Übernachtung und Frühstück** ausgewiesen und läßt sich der Preis für das Frühstück nicht feststellen, so sind die **Kosten des Frühstücks mit 9 DM** anzusetzen und vom ausgewiesenen Gesamtpreis abzuziehen. Der sodann verbleibende Betrag der Hotelrechnung stellt die Kosten der Unterbringung dar.

B. Arbeitnehmer

Wird geltend gemacht, daß in der nicht spezifizierten Hotelrechnung Kosten für ein Frühstück nicht enthalten sind, so ist dies durch eine entsprechende Erklärung des Arbeitnehmers glaubhaft zu machen. In diesem Fall ist der Gesamtbetrag der Hotelrechnung als Kosten der Unterbringung anzusehen.

4. PAUSCHALIERTE GESAMT-REISEKOSTEN

Bei Gewährung von Pauschsätzen für Verpflegung und Unterbringung können also 161
insgesamt angesetzt werden:

Pauschbetrag

für Verpflegungskosten*) DM	für Übernachtung DM	insgesamt DM
46,—	39,—	85,—

*) An den An- bzw. Abreisetagen können ggf. nur 10 bzw. 20 DM steuerfrei ersetzt werden.

5. NACHWEIS

Der Nachweis, daß eine Dienstreise und eine Übernachtung stattgefunden haben, 162
muß dem Finanzamt gegenüber sichergestellt sein. Der Nachweis kann grundsätzlich durch Vorlage einer Rechnung über die Unterbringungskosten (Hotelrechnung u.ä.) erbracht werden. Hierdurch wird auch dargetan, daß eine Dienstreise an dem betreffenden Tag überhaupt stattgefunden hat. Der Arbeitnehmer hat daher seinem Arbeitgeber Unterlagen über die Dienstreise vorzulegen, aus denen die Dauer der Reise, der Reiseweg und, soweit die Reisekosten nicht pauschal ersetzt werden, auch die entstandenen Reisekosten ersichtlich sein müssen. Diese Unterlagen sind vom Arbeitgeber als Beleg zum Lohnkonto zu nehmen.

Auch wenn die **Übernachtungskosten pauschal ersetzt** werden, muß der **Nachweis** 163
sichergestellt sein, daß eine Dienstreise und eine Übernachtung stattgefunden haben. Dieser Nachweis kann auch anhand von Arbeitsnachweisen (Wochenarbeitsnachweisen) geführt werden. Die Arbeitsnachweise müssen die erforderlichen Angaben über Einsatzort, Dauer der Abwesenheit usw. enthalten und vom Arbeitnehmer und seinem Vorgesetzten bestätigt werden. Die Vorlage von Übernachtungsbelegen (Hotelrechnungen usw.) ist im Regelfall nicht zu verlangen.

Ein beruflicher Anlaß für eine Übernachtung kann nicht grundsätzlich deshalb ausgeschlossen werden, weil sich die Auswärtstätigkeit in der Nähe von der regelmäßigen Arbeitsstätte bzw. der Wohnung abspielt. Der berufliche Anlaß aber muß begründet werden können, die Übernachtungskosten müssen nachgewiesen werden.

IX. DER ARBEITGEBER ZAHLT AUSLÖSUNGEN

1. ALLGEMEINES

Auslösungen sind Zahlungen des Arbeitgebers an private Arbeitnehmer zur Ab- 164
geltung deren beruflicher Mehraufwendungen für Auswärtstätigkeiten. Beträge, die privaten Arbeitnehmern zur Abgeltung des Mehraufwandes bei auswärtigen Arbeiten gezahlt werden (z.B. Auslösungen), sind **Reisekostenvergütungen,** wenn eine Dienstreise vorliegt.

Arbeitgeber können ihren Arbeitnehmern die Reisekosten steuerfrei erstatten bzw. einen Pkw/ein Motorrad zur Verfügung stellen, soweit der Arbeitnehmer die Reisekosten als **Werbungskosten** abziehen könnte (§ 3 Nr. 16 EStG). Zu den Reisekosten gehören die Aufwendungen für:

Dritter Teil: Inlandsreisen

– Dienstreisen (→ Tz. 117),

– beruflich veranlaßte doppelte Haushaltsführung (→ Tz. 234 ff.),

– Fahrtätigkeiten (→ Tz. 118),

– Einsatzwechseltätigkeiten (→ Tz. 119).

Daneben können auch die **beruflich bedingten Umzugskosten** steuerfrei erstattet werden. Für Fahrten zwischen Wohnung und Arbeitsstätte kann der Arbeitgeber den Arbeitnehmern lohnsteuerfreie Zuwendungen lediglich bei Fahrten mit öffentlichen Verkehrsmitteln im Linienverkehr und durch **Sammelbeförderungen** zukommen lassen. Letzteres kann allerdings schon durch Gestellung eines Pkw für zwei oder mehr Arbeitnehmer geschehen.

165 Der **steuerfreie** Werbungskostenersatz ist auf **Reisekosten, Umzugskosten** und Mehraufwendungen bei **doppelter Haushaltsführung** beschränkt, und zwar auf die Höhe, in der beim Arbeitnehmer Werbungskosten vorlägen, wenn er die Mehraufwendungen selbst tragen müßte. Ersetzt der Arbeitgeber Arbeitnehmern mit **umfangreicher Reisetätigkeit** die Kosten der **Bahncard,** um auf diese Weise die erstattungspflichtigen Fahrtkosten für Dienstreisen zu mindern, so ist diese Ersatzleistung **nach § 3 Nr. 13 und 16 EStG steuerfrei,** wenn die Aufwendungen des Arbeitgebers für die Bahncard und die ermäßigt abgerechneten dienstlichen Bahnfahrten unter den Fahrtkosten liegen, die ohne Einsatz der Bahncard entstanden wären. Mit Wirkung zum 1.1.1994 hat der Gesetzgeber Arbeitgeberleistungen für die **Fahrt zwischen Wohnung und Arbeitsstätte mit öffentlichen Verkehrsmitteln im Linienverkehr steuerfrei** gestellt (sog. Job-Ticket).

Andere Arbeitgeberersatzleistungen, insbesondere der Fahrtkostenersatz für Fahrten zwischen Wohnung und Arbeitsstätte mit dem eigenen Kraftfahrzeug bzw. die Pkw-Gestellung, gehören generell zum steuerpflichtigen Arbeitslohn. Der Gesetzgeber hat zugunsten der Arbeitgeber und der Arbeitnehmer die steuerlichen und sozialversicherungsrechtlichen Auswirkungen der Einbeziehung dieser Ersatzleistungen in den lohnsteuerpflichtigen Arbeitslohn abgemildert. Der Arbeitgeber kann die

– **Zuschüsse** zu den Aufwendungen des Arbeitnehmers für **Fahrten zwischen Wohnung und Arbeitsstätte** mit Pkw usw. und

– Sachbezüge in Form der **unentgeltlichen** oder verbilligten **Beförderung** eines Arbeitnehmers **zwischen Wohnung und Arbeitsstätte** (dazu gehört auch die Pkw-Gestellung)

166 mit einem **Pauschsteuersatz von 15 %** der **Lohnsteuer** unterwerfen, soweit diese Zuschüsse/Bezüge den Betrag nicht übersteigen, den der Arbeitnehmer als Werbungskosten geltend machen könnte, wenn die Bezüge nicht pauschal besteuert würden. Als Fahrten zwischen Wohnung und Arbeitsstätte zählen bei einer **Einsatzwechseltätigkeit** auch die Fahrten zwischen Wohnung und Einsatzstelle, wenn die Einsatzstelle nicht mehr als 30 km von der Wohnung entfernt ist (→ Tz. 119). Im übrigen gibt es der Höhe nach keine weiteren Beschränkungen. Unter **„Zuschüsse"** sind hier alle Fahrtkostenersatzleistungen gemeint, z.B. pauschale Abgeltung, Abgeltung nach gefahrenen Kilometern, Ersatz der Benzinkosten, Überlassung von Treibstoff usw., die zusätzlich zu dem ohnehin geschuldeten Lohn erbracht werden. Die pauschal besteuerten Zuschüsse/Sachbezüge **mindern** die abziehbaren **Werbungskosten** für Fahrtkosten beim Arbeitnehmer. Bei **Teilzeitbeschäftigten** bleiben die Zuschüsse und Bezüge bei der Pauschalierung der Lohnsteuer insofern außer Betracht, als die Pauschalbesteuerung der Fahrtkostenersatzleistungen nicht auf die Pauschalierungsgrenze des § 40a EStG angerechnet wird, d.h., daß die Fahrtkostenersatzleistungen separat einer Pauschalierung unterworfen werden. Hinsichtlich der Pauschallohnversteuerung gelten die **üblichen**

Regelungen, z.B. §§ 40 Abs. 3, 41 ff. EStG, § 4 LStDV. Ggf. ist auch die entsprechende **Kirchensteuer** einzubehalten; ausführlicher dazu LStR 127 Abs. 5 bis 8.

Für die **drei häufigsten Fallgruppen** gilt insoweit folgendes: 167

- Ersetzt der Arbeitgeber Fahrtkosten für Pkw usw. **bis zur Höhe** des Betrages, den der Arbeitnehmer als **Werbungskosten** (Kilometer-Pauschbetrag von 0,70 DM je Entfernungskilometer) geltend machen könnte, so kann der Arbeitgeber diese Zahlungen außerhalb des Arbeitslohns **pauschal** mit **15 %** lohnversteuern. Beim Arbeitnehmer mindern sich insoweit die abziehbaren Werbungskosten für Fahrtkosten für Pkw usw.

- Ersetzt der Arbeitgeber **weniger,** als der Arbeitnehmer als Werbungskosten abziehen könnte, so kann dieser Ersatz selbstverständlich mit **15 %** lohnversteuert werden; der Arbeitnehmer kann jedoch als **Fahrtkosten für Pkw usw. die Differenz bis zur Höhe** des Kilometer-Pauschbetrages als **Werbungskosten** geltend machen.

- Ersetzt der Arbeitgeber **mehr,** als der Arbeitnehmer als Werbungskosten geltend machen könnte, so ist der den pauschal versteuerten Betrag übersteigende Betrag dem regulären **Arbeitslohn hinzuzurechnen** und mit diesem der Lohnsteuer zu unterwerfen.

Im Fall der Lohnsteuer-Pauschalierung des Arbeitgeberersatzes für Fahrten zwischen Wohnung und Arbeitsstätte wird unterstellt, daß das Kraftfahrzeug an 15 Arbeitstagen im Monat genutzt wird. Für den Werbungskostenabzug durch den Arbeitnehmer ist in den vorgenannten 3 Fällen von den tatsächlichen Arbeitstagen im Monat, der tatsächlichen Entfernung und dem Kilometer-Pauschbetrag auszugehen. Der so ermittelte Betrag muß um den vom Arbeitgeber pauschal versteuerten Betrag vermindert werden.

2. UNENTGELTLICHE ÜBERLASSUNG EINES PKW DURCH DEN ARBEITGEBER

a) GESTELLUNG VON KRAFTFAHRZEUGEN

Überläßt der Arbeitgeber seinem Arbeitnehmer ein Kraftfahrzeug **unentgeltlich** 168 **zur privaten Nutzung,** so liegt hierin ein **geldwerter Vorteil (Sachbezug),** der steuerlich zu erfassen ist. Der Wert der Überlassung ist in der Höhe anzusetzen, in der dem Arbeitnehmer durch die Haltung eines eigenen Pkw Kosten erwachsen wären. Als private Nutzung gelten hierbei **auch** die **Fahrten zwischen Wohnung und Arbeitsstätte,** soweit nicht entsprechende Aufwendungen des Arbeitnehmers als Reisekosten bei einer Einsatzwechseltätigkeit (→ Tz. 180) zu berücksichtigen wären. Die Gestellung eines Dienstfahrzeugs durch den Arbeitgeber für Fahrten zwischen der Wohnung und der regelmäßigen Arbeitsstätte führt auch dann zu einer als Lohn zu bewertenden geldwerten Zuwendung an den Arbeitnehmer, wenn dieser das Dienstfahrzeug wegen Sondereinsätzen außerhalb der Dienstzeit ständig zur Verfügung haben muß (BFH v. 20.12.1991, BStBl II 1992, 308).

Der Vorteil, der in der kostenlosen Zurverfügungstellung eines Kraftfahrzeugs zur privaten Nutzung liegt, kann über 2 Methoden errechnet werden:

- **Einzelnachweis** (Fahrtenbuch) oder
- **Pauschalierung.**

b) EINZELNACHWEIS

Der private Nutzungswert des Fahrzeugs   169

- **für privat veranlaßte Fahrten,**

– **für Fahrten zwischen Wohnung und Arbeitsstätte** und

– **zu Heimfahrten im Rahmen einer doppelten Haushaltsführung**

kann durch die Erfassung aller für das Kraftfahrzeug benötigten Aufwendungen nachgewiesen werden. Zu den Aufwendungen für das Kraftfahrzeug → Tz. 194. Hinsichtlich der Absetzung für Abnutzung ist bei der Überlassung von Kraftfahrzeugen von Automobilherstellern an deren Arbeitnehmer von den **Herstellungskosten** und nicht vom Listenpreis auszugehen. Neben der **Belegsammlung** ist ein **Fahrtenbuch** zu führen, aus dem sich das Verhältnis der privaten zu den übrigen Fahrten ergibt. Die dienstlich und privat zurückgelegten **Fahrtstrecken** sind **gesondert und laufend** im **Fahrtenbuch** nachzuweisen.

Für dienstliche Fahrten sind mindestens **folgende Angaben** erforderlich:

– Datum und Kilometerstand zu Beginn und am Ende jeder **einzelnen** Auswärtstätigkeit (Dienstreise, Einsatzwechseltätigkeit, Fahrtätigkeit),

– Reiseziel und Reiseroute,

– Reisezweck und aufgesuchte Geschäftspartner.

Für Privatfahrten genügen jeweils Kilometerangaben, ggf. mit dem Vermerk „P".

Für Fahrten zwischen Wohnung und Arbeitsstätte genügt jeweils ebenfalls ein kurzer Vermerk im Fahrtenbuch, z.B. durch die Symbole „W/A".

Das Fahrtenbuch ist ständig und lückenlos zu führen; die Führung des Fahrtenbuchs kann **nicht** auf einen **repräsentativen Zeitraum beschränkt** werden, auch dann nicht, wenn die Nutzungsverhältnisse keinen größeren Schwankungen unterliegen. So wird z.B. bei einem Arbeitnehmer das Fahrtenbuch als nicht ordnungsgemäß abgelehnt, wenn nur die Privatfahrten und nicht die beruflichen Fahrten aufgezeichnet werden.

Anstelle des Fahrtenbuchs kann auch ein **Fahrtenschreiber** (elektronisches Fahrtenbuch) eingesetzt werden, wenn sich daraus dieselben Erkenntnisse gewinnen lassen. Beim Ausdruck der elektronischen Aufzeichnungen müssen nachträgliche Veränderungen ausgeschlossen sein, zumindest aber dokumentiert werden.

c) AUFZEICHNUNGSERLEICHTERUNGEN BEIM FAHRTENBUCH

170 Ein Fahrtenbuch soll die Zuordnung von Fahrten zur betrieblichen und beruflichen Sphäre darstellen und ermöglichen. Es muß laufend geführt werden. Bei einer Dienstreise, Einsatzwechseltätigkeit und Fahrtätigkeit müssen die über die Fahrtstrecken hinausgehenden Angaben hinsichtlich Reiseziel, Reiseroute, Reisezweck und aufgesuchter Geschäftspartner die berufliche Veranlassung plausibel erscheinen lassen und ggf. eine stichprobenartige Nachprüfung ermöglichen. Auf einzelne dieser zusätzlichen Angaben kann verzichtet werden, soweit wegen der besonderen Umstände im Einzelfall die erforderliche Aussagekraft und Überprüfungsmöglichkeit nicht beeinträchtigt wird. Bei Kundendienstmonteuren und Handelsvertretern mit täglich wechselnden Auswärtstätigkeiten reicht es z.B. aus, wenn sie angeben, welche Kunden sie an welchem Ort aufsuchen. Angaben über die Reiseroute und zu den Entfernungen zwischen den Stationen einer Auswärtstätigkeit sind nur bei größerer Differenz zwischen direkter Entfernung und tatsächlicher Fahrtstrecke erforderlich. Bei sicherheitsgefährdeten Personen, deren Fahrtroute häufig von sicherheitsmäßigen Gesichtspunkten bestimmt wird, kann auf die Angabe der Reiseroute auch bei größeren Differenzen zwischen der direkten Entfernung und der tatsächlichen Fahrtstrecke verzichtet werden.

Der **private Nutzungswert** ergibt sich aus dem **Anteil** an den **Gesamtkosten** des Kraftwagens, die dem **Verhältnis** der **Privatfahrten zur Gesamtfahrtstrecke** entsprechen. Die Gesamtkosten beinhalten als Summe die Nettoaufwendungen zuzüglich Umsatzsteuer und Absetzungen für Abnutzung.

d) PAUSCHALIERUNG

Die dem Arbeitnehmer unentgeltlich gewährte private Kraftfahrzeugnutzung kann auch pauschal ermittelt werden. Allerdings sind die Pauschalen **auch für die Monate voll anzusetzen,** in denen das Kraftfahrzeug dem Arbeitnehmer **nur zeitweise** zur Verfügung steht.

171

Die Monatsbeträge brauchen nicht angesetzt zu werden:

– für volle Kalendermonate, in denen dem Arbeitnehmer kein betriebliches Kraftfahrzeug zur Verfügung steht, oder

– wenn dem Arbeitnehmer das Kraftfahrzeug aus besonderem Anlaß oder zu einem besonderen Zweck nur gelegentlich (von Fall zu Fall) für nicht mehr als fünf Kalendertage im Kalendermonat überlassen wird. In diesem Fall ist die Nutzung zu Privatfahrten und zu Fahrten zwischen Wohnung und Arbeitsstätte je Fahrtkilometer mit 0,001 % des inländischen Listenpreises des Kraftfahrzeugs zu bewerten (Einzelbewertung). Zum Nachweis der Fahrtstrecke müssen die Kilometerstände festgehalten werden.

Die private Nutzung ist für **jeden Monat mit 1 % des inländischen Listenpreises** des Kraftfahrzeugs anzusetzen. Stellt der Arbeitgeber mehrere Fahrzeuge mit unterschiedlichen Werten aus seinem Wagenpark zur Verfügung, die auch unterschiedlich von einem Arbeitnehmer genutzt werden, ist der Listenpreis des überwiegend genutzten Fahrzeugs anzusetzen.

Kann das Kraftfahrzeug auch **für Fahrten zwischen Wohnung und Arbeitsstätte** genutzt werden, erhöht sich dieser Wert monatlich für jeden Kilometer der Entfernung zwischen Wohnung und Arbeitsstätte um 0,03 % des inländischen Listenpreises. Hat der Arbeitnehmer das Kraftfahrzeug zu Fahrten zwischen Wohnung und Arbeitsstätte genutzt, so kann er die tatsächlich durchgeführten Fahrten mit 0,70 DM pro Entfernungskilometer als Werbungskosten geltend machen.

BEISPIEL:

Der Listenpreis eines dem Arbeitnehmer überlassenen Kfz soll 45 000 DM betragen. Neben den Privatfahrten wird das Kfz an 230 Arbeitstagen für Fahrten zwischen Wohnung und Arbeitsstätte genutzt. Die Entfernung beträgt 15 km.

Der Nutzungswert für die Privatfahrten beträgt monatlich 1 % des Listenpreises von 45 000 DM = 450 DM. Für die Fahrten zwischen Wohnung und Arbeitsstätte ist zusätzlich ein Betrag von monatlich 0,03 % von 45 000 DM × 15 km = 202,50 DM anzusetzen, so daß monatlich dem Arbeitslohn 652,50 DM und jährlich 652,50 DM × 12 = 7 830 DM zuzurechnen sind. Der Arbeitnehmer kann allerdings 2 415 DM (230 Tage × 15 km × 0,70 DM) steuermindernd als Werbungskosten geltend machen.

Die **Anzahl der Tage bzw. Fahrten zwischen Wohnung und Arbeitsstätte** ist bei dieser Berechnungsmethode **unbeachtlich.** Lediglich bei Ermittlung der abzugsfähigen Werbungskosten beim Arbeitnehmer ist die tatsächliche Zahl der Arbeitstage zu beachten.

Fährt der Arbeitnehmer abwechselnd zu verschiedenen Wohnungen oder zu verschiedenen Arbeitsstätten, ist ein pauschaler Monatswert unter Zugrundelegung der Entfernung zur näher gelegenen Wohnung oder näher gelegenen Arbeitsstätte anzusetzen. Für jede Fahrt von und zu der weiter entfernt liegenden Wohnung oder von und zu der weiter entfernt liegenden Arbeitsstätte ist zusätzlich ein pauschaler Nutzungswert von 0,002 % des inländischen Listenpreises des Kraftfahrzeugs für jeden Kilometer der Entfernung zwischen Wohnung und Arbeitsstätte dem Arbeitslohn zuzurechnen, soweit sie die Entfernung zur nähergelegenen Wohnung übersteigt.

BEISPIEL:

Ein Arbeitnehmer hat zwei Wohnungen in A und B. Die Entfernung zur Arbeitsstätte in C beträgt von der Wohnung in A 20 km und von der Wohnung in B, die er am Wochenende nutzt und jeweils am Montag zur Arbeitsstätte in C fährt, 100 km. Der Listenpreis des Kfz beträgt 50 000 DM. Der monatliche geldwerte Vorteil für die Fahrten zwischen Wohnung und Arbeitsstätte ist wie folgt anzusetzen:

a) für die Fahrten von A nach C

    $20 \text{ km} \times 0,03 \% \times 50\,000 \text{ DM} =$ 300 DM

b) für die Fahrten von B nach C
(es werden 4 Montage im Monat unterstellt)
$100 \text{ km} ./. 20 \text{ km} = 80 \text{ km} \times 0,002 \% \times$
$50\,000 \text{ DM} \times 4 =$ <u>320 DM</u>
monatlicher geldwerter Vorteil   <u>620 DM</u>

Die ermittelten **pauschalen Werte** können **nicht gekürzt** werden, z.B. wegen einer Beschriftung des Kraftwagens, wegen eines privaten Zweitwagens oder wegen Übernahme der Treibstoff- oder Garagenkosten durch den Arbeitnehmer. Zuzahlungen des Arbeitnehmers, die unabhängig vom Umfang der tatsächlichen Nutzung des Kraftfahrzeugs geleistet werden, sind auf den privaten Nutzungswert anzurechnen, und zwar auf den für Privatfahrten und für Fahrten zwischen Wohnung und Arbeitsstätte. Kilometerbezogene Zuzahlungen des Arbeitnehmers sind bei der Fahrtenbuchmethode auf alle Privatfahrten (einschließlich der Fahrten zwischen Wohnung und Arbeitsstätte und Heimfahrten bei doppelter Haushaltsführung) anzurechnen. Im Fall der Pauschalierungsmethode sind die kilometerbezogenen Zuzahlungen mit auf die Fahrten zwischen Wohnung und Arbeitsstätte anzurechnen. Ab 1999 (vgl. LStR 31 Abs. 9 Nr. 4) ist es für die Anrechnung eines vom Arbeitnehmer gezahlten Nutzungsentgelts unerheblich, ob das Nutzungsentgelt pauschal oder nach der tatsächlichen Nutzung des Kraftfahrzeugs ermittelt und auf welche Fahrten mit dem Kraftfahrzeug es angerechnet wird. Ein Zuschuß des Arbeitnehmers zu den Anschaffungskosten des Kraftfahrzeugs mindert **im Zahlungsjahr** den privaten Nutzungswert.

Bis zur Höhe des Kilometer-Pauschbetrags von 0,70 DM × km kann der Arbeitgeber den Nutzungswert für die Fahrten zwischen Wohnung und Arbeitsstätte mit 15 % pauschal versteuern. Dabei kann unterstellt werden, daß der Pkw an 15 Tagen im Monat (180 Tagen im Jahr) zu diesen Fahrten genutzt wird. Bei Körperbehinderten (→ Tz. 181, 204) kann der Nutzungswert in vollem Umfang pauschal versteuert werden.

Für **Familienheimfahrten** anläßlich einer **doppelten Haushaltsführung** wird gem. § 8 Abs. 2 Satz 4 EStG für die ersten 2 Jahre **grundsätzlich kein geldwerter Vorteil** angesetzt, wenn der Arbeitnehmer vom Arbeitgeber einen Pkw zur Durchführung der Heimfahrten **unentgeltlich** überlassen bekommen hat. Dies gilt, soweit für diese Familienheimfahrt **dem Grunde nach** ein Werbungskostenabzug in Betracht käme. Ein Werbungskostenabzug bzw. eine Erstattung von Fahrtkosten durch den Arbeitgeber kommt nicht in Betracht.

Ist für die Familienheimfahrt jedoch ein Werbungskostenabzug ausgeschlossen, z.B. weil es sich um eine steuerlich nicht zu berücksichtigende Zwischenheimfahrt handelt, ist den Nutzungswerten für die Privatfahrten und den Fahrten zwischen Wohnung und Arbeitsstätte für die nichtabziehbare Zwischenheimfahrt ein Nutzungswert von 0,002 % des inländischen Listenpreises für jeden Entfernungskilometer zwischen dem Beschäftigungsort und dem Ort des eigenen Hausstands hinzuzurechnen.

Dies gilt auch für Familienheimfahrten nach Ablauf der Zweijahresfrist. Diese werden wie Fahrten zwischen Wohnung und Arbeitsstätte oder wie Fahrten von mehreren Wohnungen oder wie Fahrten zu mehreren regelmäßigen Arbeitsstätten behandelt. Dabei ist der Nutzungswert mit 0,03 % des Listenpreises je Entfernungskilometer für die Fahrten von der näher gelegenen Wohnung oder näher gelegenen Arbeitsstätte anzusetzen. Für die Fahrten zur weiter entfernten Wohnung oder weiter entfernten Arbeitsstätte beträgt der Nutzungswert 0,002 % des Listenpreises je Entfernungskilometer. Hier ist jedoch zu beachten, daß nicht die Entfernung zwischen dem auswärtigen Beschäftigungsort und dem Ort des eigenen Hausstands maßgebend ist, sondern die Differenz der Entfernung von der Hauptwohnung/Arbeitsstätte zur Zweitwohnung/Arbeitsstätte.

Als **Listenpreis** für die **Bemessungsgrundlage** gilt, **auch bei gebraucht erworbenen oder geleasten Fahrzeugen,** die auf volle 100 DM abgerundete inländische unverbindliche Preisempfehlung des Herstellers für das Fahrzeug im Zeitpunkt seiner Erstzulassung. **Zuschläge** für Sonderausstattungen und Umsatzsteuer sind zu **berücksichtigen.** Der Wert eines **Autotelefons** bleibt **außer Betracht.** Der inländische Listenpreis ist auch bei einem **reimportierten Fahrzeug** maßgebend. Ist das Fahrzeug mit einer Sonderausstattung versehen, die sich im inländischen Listenpreis nicht niedergeschlagen hat, ist der Wert der Sonderausstattung mit den inländischen Sonderausstattungspreisen zusätzlich zu berücksichtigen. Ist dagegen das reimportierte Fahrzeug geringwertiger ausgestattet, ist der Wert der Minderausstattung durch einen Vergleich mit einem entsprechenden inländischen Fahrzeug zu berücksichtigen.

Bei einem aus Sicherheitsgründen **gepanzerten Pkw** kann der Listenpreis des leistungsschwächeren Fahrzeugs zugrunde gelegt werden, und zwar des Fahrzeugs, das dem Arbeitnehmer zur Verfügung gestellt werden würde, wenn seine Sicherheit nicht gefährdet wäre. Werden hier die Kosten durch Einzelnachweis ermittelt, so bestehen im Hinblick auf die durch die Panzerung verursachten höheren laufenden Betriebskosten keine Bedenken, wenn der **Nutzungswertermittlung** 70 % der tatsächlich festgestellten laufenden Kosten – allerdings ohne die Abschreibung – zugrunde gelegt werden.

e) ABSTIMMUNGSVERFAHREN

Der Arbeitgeber muß sich **für jedes Kalenderjahr** mit dem **Arbeitnehmer** auf eines der beiden vorgenannten Verfahren **abstimmen.** Dieses Verfahren darf bei demselben Kraftfahrzeug **während** des Kalenderjahres nicht gewechselt werden.

Ist die genauere Erfassung des privaten Nutzungswerts bei Führung eines Fahrtenbuchs monatlich nicht möglich, kann **aus Vereinfachungsgründen** monatlich $^1/_{12}$ **des Vorjahresbetrags** zugrunde gelegt werden. Liegt ein derartiger Wert nicht vor, weil z.B. das Kraftfahrzeug neu angeschafft wurde, kann der Nutzungswert auch vorläufig für jeden Fahrtkilometer mit 0,001 % des inländischen Listenpreises angesetzt werden. **Nach Ablauf des Kalenderjahres** oder Beendigung des Dienstverhältnisses ist der **tatsächlich zu versteuernde Nutzungswert** zu ermitteln. Eine sich daraus ergebende Lohnsteuerdifferenz ist auszugleichen. **Bei der Einkommensteuer-Veranlagung** ist der Arbeitnehmer allerdings nicht an das im Lohnsteuer-Abzugsverfahren gewählte Verfahren **gebunden.**

Zahlt der Arbeitnehmer unabhängig vom Umfang der tatsächlichen Nutzung des Kraftfahrzeugs **pauschale Nutzungsvergütungen** an den Arbeitgeber, sind diese auf den privaten Nutzungswert (→ Tz. 171 f.) anzurechnen. Das gilt auch für kilometerbezogene Vergütungen in den Fällen, in denen ein Fahrtenbuch geführt wird, sowie hinsichtlich der Fahrten zwischen Wohnung und Arbeitsstätte bei der Pauschalierung des Nutzungswerts. **Zuschüsse** des Arbeitnehmers zu den Anschaf-

Dritter Teil: Inlandsreisen

fungskosten können im **Zahlungsjahr** ebenfalls auf den **privaten Nutzungswert angerechnet** werden (BFH v. 23.10.1992, BStBl II 1993, 195). Rückzahlungen von Zuschüssen sind Arbeitslohn, soweit die Zuschüsse zuvor den privaten Nutzungswert gemindert haben.

173 Benutzen **behinderte Arbeitnehmer** das Fahrzeug zu **Fahrten zwischen Wohnung und Arbeitsstätte,** können sie ihre tatsächlichen Aufwendungen einschließlich des Nutzungswerts für diese Fahrten, alle anderen Arbeitnehmer den Kilometer-Pauschbetrag für die tatsächlich durchgeführten Fahrten, als Werbungskosten geltend machen (→ Tz. 204). Der Werbungskostenabzug beim Arbeitnehmer entfällt, soweit vom Arbeitgeber eine Pauschalversteuerung durchgeführt wird.

f) SONDERREGELUNGEN BEI DER PKW-GESTELLUNG

aa) DIENSTLICHE NUTZUNG IM ZUSAMMENHANG MIT FAHRTEN ZWISCHEN WOHNUNG UND ARBEITSSTÄTTE

174 Ein geldwerter Vorteil ist für Fahrten zwischen Wohnung und Arbeitsstätte nicht zu erfassen, wenn ein Arbeitnehmer ein Firmenfahrzeug ausschließlich an den Tagen für seine Fahrten zwischen Wohnung und Arbeitsstätte erhält, an denen es erforderlich werden kann, daß er dienstliche Fahrten von der Wohnung aus antritt, z.B. beim Bereitschaftsdienst in Versorgungsunternehmen.

bb) NUTZUNGSVERBOT

175 Wird dem Arbeitnehmer ein Kraftfahrzeug mit der Maßgabe zur Verfügung gestellt, es für Privatfahrten und/oder Fahrten zwischen Wohnung und Arbeitsstätte nicht zu nutzen, so kann von dem Ansatz des jeweils in Betracht kommenden pauschalen Wertes nur abgesehen werden, wenn der Arbeitgeber die Einhaltung seines Verbots überwacht oder wenn wegen der besonderen Umstände des Falles die verbotene Nutzung so gut wie ausgeschlossen ist, z.B. wenn der Arbeitnehmer das Fahrzeug nach seiner Arbeitszeit und am Wochenende auf dem Betriebsgelände abstellt und den Schlüssel abgibt.

Das Nutzungsverbot ist durch entsprechende Unterlagen nachzuweisen, die zum Lohnkonto zu nehmen sind.

cc) PARK AND RIDE

176 Setzt der Arbeitnehmer ein ihm überlassenes Kraftfahrzeug bei den Fahrten zwischen Wohnung und Arbeitsstätte oder bei Familienheimfahrten nur für eine Teilstrecke ein, weil er regelmäßig die andere Teilstrecke mit öffentlichen Verkehrsmitteln zurücklegt, so ist der Ermittlung des pauschalen Nutzungswerts die gesamte Entfernung zugrunde zu legen. Ein Nutzungswert auf der Grundlage der Entfernung, die mit dem Kraftfahrzeug zurückgelegt worden ist, kommt nur in Betracht, wenn das Kraftfahrzeug vom Arbeitgeber nur für diese Teilstrecke zur Verfügung gestellt worden ist. Zur Überwachung des teilweisen Nutzungsverbots → Tz. 175.

dd) BEGRENZUNG DES PAUSCHALEN NUTZUNGSWERTS (SOG. DECKELUNG)

177 Der pauschale Nutzungswert nach § 8 Abs. 2 Satz 2, 3 und 5 EStG kann die dem Arbeitgeber für das Fahrzeug insgesamt entstandenen Kosten übersteigen. Wird dies im Einzelfall nachgewiesen, so ist der Nutzungswert höchstens mit dem Betrag der Gesamtkosten des Kraftfahrzeugs anzusetzen, wenn nicht aufgrund des Nachweises der Fahrten durch ein Fahrtenbuch nach § 8 Abs. 2 Satz 4 EStG ein geringerer Wertansatz in Betracht kommt. Der mit dem Betrag der Gesamtkosten an-

zusetzende Nutzungswert ist um 50 % zu erhöhen, wenn das Kraftfahrzeug mit Fahrer zur Verfügung gestellt worden ist (→ Tz. 186).

g) PKW-GESTELLUNG FÜR MEHRERE ARBEITNEHMER

Stellt der Arbeitgeber mehreren Arbeitnehmern einen Pkw für gemeinsame Fahrten zwischen Wohnung und Arbeitsstätte unentgeltlich zur Verfügung, so ist von der Hinzurechnung eines geldwerten Vorteils zum Arbeitslohn abzusehen, soweit die **Sammelbeförderung** für den betrieblichen Einsatz notwendig ist. **178**

Eine Berücksichtigung von Aufwendungen des Arbeitnehmers für Fahrten zwischen Wohnung und Arbeitsstätte als **Werbungskosten** kommt insoweit nicht in Betracht.

h) GESTELLUNG VON OMNIBUSSEN DURCH DEN ARBEITGEBER

Stellt der Arbeitgeber einen Omnibus, Kleinbus usw. zu Sammelfahrten zur Verfügung, so ist von der Hinzurechnung eines geldwerten Vorteils zum Arbeitslohn abzusehen, soweit die **Sammelbeförderung** für den betrieblichen Einsatz notwendig ist. **179**

i) PKW-GESTELLUNG BEI EINSATZWECHSELTÄTIGKEIT

Ein Nutzungswert für die Kfz-Gestellung ist bei Arbeitnehmern mit Einsatzwechseltätigkeit nicht anzusetzen für Fahrten zu Einsatzstellen, die mehr als 30 km von der Wohnung des Arbeitnehmers entfernt sind, sofern der Einsatz an einer mehr als 30 km entfernten Einsatzstelle nicht länger als 3 Monate dauert. Fährt der Arbeitnehmer an einem Tag mehrere Einsatzstellen an und ist mindestens eine der Einsatzstellen mehr als 30 km von der Wohnung entfernt, ist gleichfalls kein Nutzungswert zu versteuern. Werden an einem Tag jedoch mehrere Einsatzstellen angefahren, von denen keine mehr als 30 km von der Wohnung entfernt ist, liegen hinsichtlich der Fahrt zur ersten Einsatzstelle und der Rückfahrt von der letzten Einsatzstelle Fahrten zwischen Wohnung und Arbeitsstätte vor, für die ein Nutzungswert zu versteuern ist. Die Fahrten zwischen den einzelnen Einsatzstellen sind nicht zu erfassen. **180**

BEISPIEL:

Ein Arbeitnehmer sucht an einem Arbeitstag mit dem vom Arbeitgeber zur Verfügung gestellten Kfz (Listenpreis 35 000 DM) mehrere Einsatzstellen auf, von denen die erste 15 km und die letzte 20 km von der Wohnung entfernt liegen. Die Fahrtstrecke zu den dazwischen liegenden Einsatzstellen soll 40 km betragen. Keine der Einsatzstellen ist mehr als 30 km von der Wohnung entfernt. Der Nutzungswert für diesen Tag ist wie folgt zu ermitteln:

Fahrt zur ersten Einsatzstelle	0,001 % × 35 000 DM × 15 km	5,25 DM
Fahrt von der letzten Einsatzstelle	0,001 % × 35 000 DM × 20 km	7,— DM
= Nutzungswert		12,25 DM

Wie zu verfahren ist, wenn in einem Monat Einsatzstellen in unterschiedlicher Entfernung zur Wohnung aufgesucht werden, soll das nachfolgende Beispiel verdeutlichen.

BEISPIEL:

Ein Arbeitnehmer mit Einsatzwechseltätigkeit sucht im März 1998 mit dem vom Arbeitgeber zur Verfügung gestellten Kfz (Listenpreis 35 000 DM) nacheinander die folgenden Baustellen auf:

– 2.3. – 6.3. Baustelle A, Entfernung von der Wohnung 18 km,

– 9.3.–20.3. Baustelle B, Entfernung von der Wohnung 35 km,

– 23.3.–31.3. Baustelle C, Entfernung von der Wohnung 25 km.

Der Nutzungswert für den Monat März 1998 ist wie folgt zu ermitteln:

– 5 × 0,002 % × 35 000 DM × 18 km	63,— DM
– für die Fahrten vom 9.3.–20.3. ist kein Nutzungswert anzusetzen, weil die Entfernung zwischen Wohnung und Einsatzstelle mehr als 30 km beträgt.	—,— DM
– 7 × 0,002 % × 35 000 DM × 25 km	122,50 DM
Nutzungswert	185,50 DM

Offen ist noch die Frage, wie bei einem Arbeitnehmer mit Einsatzwechseltätigkeit zu verfahren ist, der mit dem Privatkraftfahrzeug in den Betrieb des Arbeitgebers fährt, dort für die Fahrten zu den Einsatzstellen einen Firmenwagen übernimmt, die Einsatzstelle aber nicht mehr als 30 km entfernt ist. Für diese Fahrt dürfte kein Nutzungswert anzusetzen sein, weil es sich hier um eine rein betriebliche Fahrt handelt, die wie Fahrten zwischen einzelnen Einsatzstellen unberücksichtigt bleibt.

j) PKW-GESTELLUNG BEI BEHINDERTEN ARBEITNEHMERN

181 Soweit behinderten Arbeitnehmern, deren Grad der Behinderung mindestens 70 % beträgt oder weniger als 70 %, aber mindestens 50 % beträgt und die in ihrer Bewegungsfähigkeit im Straßenverkehr erheblich beeinträchtigt sind, ein Kraftfahrzeug zu Fahrten zwischen Wohnung und Arbeitsstätte zur Verfügung gestellt wird, haben auch behinderte Arbeitnehmer den geldwerten Vorteil zu versteuern. Andererseits können sie den Kilometer-Pauschbetrag von 0,70 DM als Werbungskosten oder, falls der versteuerte Nutzungswert höher ist, diesen als Werbungskosten (vgl. LStR 31 Abs. 9 Nr. 5) geltend machen.

BEISPIEL:

Ein behinderter Arbeitnehmer nutzt einen zur Verfügung gestellten Pkw für Fahrten zur 30 km entfernten Arbeitsstätte. Der Listenpreis des Pkw soll 48 000 DM und die Zahl der Arbeitstage 225 betragen.

– monatlicher Nutzungswert	30 km × 0,03 % × 48 000 DM	=	432,— DM
– jährlicher Nutzungswert	432 DM × 12 Monate	=	5 184,— DM
– Werbungskostenabzug	225 Tage × 30 km × 0,70 DM	=	4 725,— DM

Da der versteuerte Nutzungswert höher ist als der Werbungskostenabzug mit dem Kilometer-Pauschbetrag, kann der behinderte Arbeitnehmer den Nutzungswert von 5 184 DM als Werbungskosten geltend machen.

Führt dagegen der behinderte Arbeitnehmer ein Fahrtenbuch, kann er die tatsächlich ermittelten Aufwendungen als Werbungskosten geltend machen.

Im Schrifttum wird vielfach die Auffassung vertreten, daß im vorstehenden Beispielsfall die Werbungskosten des behinderten Arbeitnehmers wie folgt zu berechnen sind:

– monatlicher Nutzungswert	30 km × 0,03 % × 48 000 DM	=	432,— DM
– jährlicher Nutzungswert	432 DM × 12 Monate	=	5 184,— DM
– Werbungskostenabzug	225 Tage × 30 km × 1,04 DM	=	7 020,— DM

Diese Berechnungsmethode widerspricht dem Wortlaut der LStR 31 Abs. 9 Nr. 5 Satz 5, der die Anwendung des Kilometersatzes von 0,52 DM je gefahrenen Kilometer nicht zuläßt, auch wenn der Hinweis in Satz 5 auf die „tatsächlichen Aufwendungen" durchaus die Schlußfolgerung zulassen könnte, daß hiermit der Kilometersatz von 0,52 DM gemeint sei. Unter den tatsächlichen Aufwendungen sind jedoch nur **echte** Leistungen des Arbeitnehmers an den Arbeitgeber zu verstehen.

k) PKW-GESTELLUNG UND AUFWENDUNGEN FÜR EINE GARAGE

Ist der Arbeitnehmer verpflichtet, das ihm vom Arbeitgeber überlassene Kraftfahrzeug in einer Garage unterzustellen, und mietet der Arbeitgeber in der Nähe der Wohnung des Arbeitnehmers eine Garage an, sind die Aufwendungen für die Garage durch die pauschalen Nutzungswerte mit abgegolten. Dies gilt nicht, wenn der Arbeitnehmer die Garage anmietet und der Arbeitgeber ihm die Aufwendungen erstattet. In diesem Fall liegt ein steuerpflichtiger Arbeitslohn vor. Gleiches gilt, wenn der Arbeitnehmer die eigene Garage zur Verfügung stellt und der Arbeitgeber dem Arbeitnehmer hierfür einen Betrag zahlt. Es können jedoch auch beim Arbeitnehmer Einkünfte aus Vermietung und Verpachtung vorliegen, wenn zwischen Arbeitnehmer und Arbeitgeber ein ordnungsgemäßer Mietvertrag abgeschlossen wird. Hierzu hat das Niedersächsische FG (Urteil v. 29.10.1998, EFG 1999, 884) entschieden, daß die Zahlung von Garagengeldern durch den Arbeitgeber an den Arbeitnehmer mit von der Besteuerung des privaten Nutzungswerts des überlassenen Kraftfahrzeugs nach der 1 %-Methode erfaßt wird. Das Finanzamt hat allerdings gegen diese Entscheidung Nichtzulassungsbeschwerde beim BFH (Aktenzeichen: VI B 28 / 99) eingelegt.

182

l) PKW-GESTELLUNG UND UNFALLKOSTEN

Verursacht der Arbeitnehmer mit dem ihm überlassenen Kraftfahrzeug auf einer Privatfahrt einen Unfall, muß festgestellt werden, ob er gegenüber dem Arbeitgeber schadensersatzpflichtig ist. Ist dies der Fall, verzichtet der Arbeitgeber aber auf den Ersatz des Schadens, liegt in der Höhe des Schadens beim Arbeitnehmer ein geldwerter Vorteil vor, der als Arbeitslohn zu versteuern ist. Bei der Ermittlung des privaten Nutzungswerts nach der Fahrtenbuchmethode ist der Unfallschaden mit in die Gesamtkosten einzubeziehen (vgl. LStR 31 Abs. 9 Nr. 2 Satz 8). Bei der Pauschalmethode ist der geldwerte Vorteil zusätzlich im Zeitpunkt des Verzichts des Arbeitgebers auf Schadensersatz zu erfassen.

183

m) PKW-GESTELLUNG UND ZUZAHLUNG DES ARBEITNEHMERS ZU DEN ANSCHAFFUNGSKOSTEN

Wie bereits unter Tz. 171 geschildert, mindert ein Zuschuß des Arbeitnehmers zu den Anschaffungskosten im Zahlungsjahr den privaten Nutzungswert. Der Arbeitgeber hat hinsichtlich der steuerlichen Behandlung des Zuschusses 2 Möglichkeiten (R 34 Abs. 2 EStR). Verbucht er den Zuschuß als Betriebseinnahme, hat er keinen Einfluß auf die Anschaffungskosten des Kraftfahrzeugs; behandelt er dagegen den Zuschuß erfolgsneutral, mindert der Zuschuß die Anschaffungskosten des Kraftfahrzeugs. Wird bei der Pkw-Gestellung beim Arbeitnehmer der private Nutzungswert nach der Fahrtenbuchmethode ermittelt, mindert sich im zweiten Fall bei Ermittlung der Gesamtkosten die Bemessungsgrundlage für die Abschreibung für Abnutzung des Kfz um den Zuschuß des Arbeitnehmers.

184

n) BARLOHNUMWANDLUNG BEI PKW-GESTELLUNG

Nachdem der BFH durch Beschluß v. 20.8.1997 (BStBl II, 667) die Nichtzulassungsbeschwerde des Finanzamts gegen die Entscheidung des Niedersächsischen FG (EFG 1997, 610) abgewiesen hat und somit bei der 1 %-Methode auch eine Barlohnumwandlung möglich ist, kann das Ersetzen von Barlohn durch

185

Sachlohn für den Arbeitnehmer von Interesse sein, wenn das von ihm zu entrichtende Nutzungsentgelt höher ist, als der zu versteuernde Sachbezug.

BEISPIEL:

Einem Arbeitnehmer wird ein Firmenwagen zum Listenpreis von 100 000 DM zur privaten
Nutzung überlassen. Da er für die private Nutzung 1 200 DM monatlich bezahlen soll, verzichtet er auf 1 200 DM Gehalt.

	ohne Barlohn-umwandlung	mit Barlohn-umwandlung
Gehalt	10 000 DM	10 000 DM
Gehaltsverzicht	–	1 200 DM
	10 000 DM	8 800 DM
zu versteuernder geldwerter Vorteil (1 % von 100 000 DM)	1 000 DM	1 000 DM
	11 000 DM	9 800 DM
Entgelt für Privatnutzung des Kfz 1 200 DM (höchstens 1 000 DM)	1 000 DM	–
= zu versteuerndes Gehalt	10 000 DM	9 800 DM

In beiden Fällen hat der Arbeitnehmer letztendlich 8 800 DM zur Verfügung. Ohne
Barlohnumwandlung sind jedoch 10 000 DM und mit steuerlich anerkannter Barlohnumwandlung nur 9 800 DM als Arbeitslohn zu versteuern.

o) GESTELLUNG EINES KRAFTFAHRZEUGS MIT FAHRER

186 Auch in der **Gestellung eines Fahrers für die private Nutzung** des betriebseigenen Pkws liegt ein steuerpflichtiger geldwerter Vorteil, der zusätzlich zu erfassen ist. Wird für Fahrten zwischen Wohnung und Arbeitsstätte ein Fahrer zur
Verfügung gestellt, ist der steuerlich abzurechnende Nutzungswert um 50 % zu
erhöhen.

Bei **Fahrergestellung** zu den übrigen Privatfahrten ist der entsprechende private
Nutzungswert wie folgt zu erhöhen:

– um 50%, wenn der Fahrer Überwiegend in Anspruch genommen wird,

– um 40%, wenn der Arbeitnehmer den Kraftwagen häufig selbst steuert und

– um 25%, wenn der Arbeitnehmer den Kraftwagen weit überwiegend selbst
steuert.

Bei **Familienheimfahrten** im Rahmen einer doppelten Haushaltsführung erhöht
sich der auf die **einzelne Familienheimfahrt** ermittelte Nutzungsvorteil nur
dann um 50 %, wenn für diese Fahrt ein Fahrer in Anspruch genommen worden
ist.

Wenn einem Arbeitnehmer aus Sicherheitsgründen ein sondergeschützter (ge-
panzerter) Kraftwagen, der zum Selbststeuern nicht geeignet ist, einschließlich
eines Kraftfahrers vom Arbeitgeber unentgeltlich zur Verfügung gestellt wird, ist
von der steuerlichen Erfassung der Fahrergestellung abzusehen. Es ist dabei unerheblich, in welcher Gefährdungsstufe der Arbeitnehmer eingeordnet ist.

Wird der betriebseigene Pkw **auch für Fahrten zwischen Wohnung und Arbeitsstätte** benutzt, so kann bis zur Höhe von **0,70 DM** pro Entfernungskilometer der
geldwerte Vorteil mit **15 % pauschal** lohnversteuert werden. Der evtl. den Kilometer-Pauschbetrag übersteigende Nutzungswert ist beim Arbeitnehmer individuell zu versteuern.

B. Arbeitnehmer

Der geldwerte Vorteil bei Zwischenheimfahrten und bei mehr als einer Familien-heimfahrt wöchentlich (→ Tz. 171) ist zusätzlich dem privaten Nutzungswert hin-zuzurechnen.

Der Arbeitgeber kann **gegen den Ansatz** eines geldwerten Vorteils **nicht** anführen, er habe seinen Arbeitnehmern die private Nutzung des Firmenwagens **untersagt,** außer daß er ernstlich auf die Beachtung des Verbots gedrungen und auch die Ein-haltung überwacht hat (z.B. Führung eines Fahrtenbuchs, Überprüfung des Fahr-tenbuchs durch den Arbeitgeber, Abstellen des Fahrzeugs bei Urlaub, Krankheit und ggf. nach Dienstschluß auf dem Garagenhof) (→ Tz. 175).

p) PKW-GESTELLUNG UND ANDERE EINKÜNFTE

Benutzt ein Arbeitnehmer ein vom Arbeitgeber zur Privatnutzung zur Verfügung gestelltes Kraftfahrzeug zu Fahrten zwischen Wohnung und Arbeitsstätte in einem zweiten Arbeitsverhältnis mit einem anderen Arbeitgeber, fallen diese Fahrten als Privatfahrten unter die 1 %-Regel. Dem Arbeitnehmer entsteht somit für die Fahr-ten zwischen Wohnung und Arbeitsstätte bei dem zweiten Dienstverhältnis ein Aufwand in Höhe eines Anteils des mit 1 % vom inländischen Listenpreis ver-steuerten geldwerten Vorteils für die Privatfahrten. Diesen Anteil kann der Arbeit-nehmer als Werbungskosten – oder bei anderen Einkünften u.U. als Betriebsaus-gaben – geltend machen, ohne daß er hierfür zur Führung eines Fahrtenbuchs verpflichtet ist, d.h. dieser Anteil ist im Schätzwege zu ermitteln, z.B. im Verhältnis der gesamten Privatfahrten zu den Fahrten zur Erzielung der anderen Einkünfte. Der Ansatz des Kilometer-Pauschbetrags von 0,70 DM je Entfernungskilometer für Fahrten zwischen Wohnung und Arbeitsstätte in dem zweiten Arbeitsverhältnis ist in diesem Fall **nicht** zulässig; ebenso darf bei einer anderen Einkunftsart der Kilo-metersatz von 0,52 DM **nicht** angesetzt werden.

Ein Werbungskosten- bzw. Betriebsausgabenabzug ist jedoch gänzlich aus-geschlossen, wenn nicht der Arbeitnehmer, sondern z.B. dessen Ehegatte das dem Arbeitnehmer überlassene Kraftfahrzeug zur Erzielung eigener Einkünfte nutzt. Hier handelt es sich um nichtabziehbaren Drittaufwand (→ Tz. 203), weil nicht der Ehegatte, sondern der Arbeitnehmer den geldwerten Vorteil aus der Privatnutzung des Firmenwagens versteuert.

3. STEUERFREIE ODER PAUSCHALBESTEUERTE AUSLÖSUNGEN

Es kommen unter den angegebenen Voraussetzungen die folgenden Beträge als steuerfrei in Betracht: **187**

a) DER ARBEITNEHMER KEHRT TÄGLICH NACH HAUSE ZURÜCK

Die **Verpflegungszuschüsse** des Arbeitgebers sind gem. § 3 Nr. 16 EStG **steuerfrei,** soweit keine höheren Beträge als die seit 1996 geltenden Verpflegungspauschalen erstattet werden. Werden **höhere Beträge** als die geltenden Pauschalen gezahlt, z.B. bei Abrechnung aufgrund von Einzelnachweisen, so ist der die Verpflegungs-pauschalen übersteigende Betrag dem **steuerpflichtigen Arbeitslohn** zuzurech-nen. Zur Lohnsteuer-Pauschalierung → Tz. 153. Die vorgenannten Ausführungen gelten sowohl für **Dienstreisen** als auch für **Fahrtätigkeiten** oder **Einsatz-wechseltätigkeiten.**

Es ist jedoch zu beachten, daß bei Arbeitnehmern, die eine **regelmäßige Arbeits-stätte** haben, der Abzug von Verpflegungsmehraufwendungen auf die ersten **drei Monate** der längerfristigen vorübergehenden Tätigkeit **beschränkt** ist. Insoweit kann der Arbeitgeber auch nur zeitlich befristet die Verpflegungspauschale anläß-lich von Dienstreisen **steuerfrei** erstatten. Arbeitnehmer, die eine **Fahrtätigkeit** **188** oder eine **Einsatzwechseltätigkeit** ausüben, sind von der Beschränkung auf 3 Monate **nicht** betroffen.

Soweit für denselben Kalendertag Verpflegungsmehraufwendungen wegen einer Dienstreise, Fahrtätigkeit oder Einsatzwechseltätigkeit oder wegen doppelter Haushaltsführung anzuerkennen sind, kann nur der jeweils höchste Betrag steuerfrei ersetzt werden.

189 Ersetzt der Arbeitgeber einem Arbeitnehmer die Aufwendungen für **Fahrten zwischen Wohnung und Arbeitsstätte** (z.B. Kilometergeld) neben dem ohnehin geschuldeten Lohn, ist der Fahrtkostenersatz für die Benutzung eines Pkw usw. grundsätzlich steuerpflichtig, er kann aber bis zur Höhe von **0,70 DM** pro Entfernungskilometer separat vom regulären Lohn pauschal mit 15 % versteuert werden. Der **Ersatz** der **Fahrtkosten** im öffentlichen **Personennahverkehr** ist **seit 1994** nach § 3 Nr. 34 EStG **steuerfrei.**

190 Die Pauschalierungsmöglichkeit der Fahrtkostenersatzleistungen betrifft nur die Fahrten von der Wohnung zur Arbeitsstätte mit Pkw usw. Zu den normalen Fahrten zwischen Wohnung und Arbeitsstätte gehören auch eine Vielzahl **ähnlicher Fahrten,** für deren Fahrtkostenersatz eine entsprechende Pauschalierung möglich ist. Zu erwähnen sind insbesondere die **Mehrfachfahrten** zwischen Wohnung und Arbeitsstätte bei einer **um mehr als 4 Stunden** unterbrochenen Arbeitszeit, die Fahrten **außerhalb** der **normalen** Arbeitszeit (abends, freies Wochenende), die Fahrten zu einer auswärtigen Tätigkeit an derselben Einsatzstelle bei Einsatzwechseltätigkeit nach dem **Ablauf von 3 Monaten**, die Fahrten zwischen Wohnung und einem ständig gleichbleibenden **Treffpunkt** (Tz. 121), von dem der Arbeitnehmer zu der jeweiligen Arbeitsstelle weiterbefördert wird, die Fahrten zwischen Wohnung und **wechselnden Einsatzstellen,** die **30 km oder weniger** von der Wohnung entfernt sind, die Fahrten zwischen der **Zweitwohnung** bei doppelter Haushaltsführung und der Arbeitsstätte sowie die Fahrten zwischen Wohnung und **auswärtiger Tätigkeitsstätte** bei doppelter Haushaltsführung, sofern der Arbeitnehmer innerhalb der zweijährigen Befristung der steuerlich anzuerkennenden doppelten Haushaltsführung anstelle der Berücksichtigung der Mehraufwendungen anläßlich des doppelten Haushalts die Fahrtkosten als **Werbungskosten ansetzt** und nach Ablauf der Zweijahresfrist die Fahrten zwischen Haupt- und Zweitwohnung, die nunmehr zu Fahrten zwischen Wohnung und Arbeitsstätte geworden sind.

b) DER ARBEITNEHMER KEHRT NICHT TÄGLICH NACH HAUSE ZURÜCK

191 Führt der Arbeitnehmer einen **doppelten Haushalt,** so sind folgende vom Arbeitgeber gezahlte Beträge steuerfrei:

– die tatsächlichen **Fahrtkosten für die erste Fahrt zum Beschäftigungsort und** für die **letzte Fahrt vom Beschäftigungsort** zum Ort des eigenen Hausstandes.
Bei Benutzung eines eigenen Kraftfahrzeugs können **0,52 DM je gefahrener Kilometer** angesetzt werden;

– die Fahrtkosten für jeweils eine tatsächlich durchgeführte **Familienheimfahrt wöchentlich** (innerhalb der Zweijahresfrist). Bei Benutzung eines eigenen Kraftfahrzeugs können **0,70 DM je Entfernungskilometer** angesetzt werden; Aufwendungen für Fahrten mit einem im Rahmen des Dienstverhältnisses zur Nutzung überlassenen Kraftfahrzeug können nicht angesetzt werden;

– die notwendigen **Mehraufwendungen für Verpflegung** für die ersten 3 Monate nach Aufnahme der Beschäftigung am neuen Beschäftigungsort, und zwar für jeden Kalendertag, an dem der Arbeitnehmer von seinem Mittelpunktwohnort abwesend ist. Dabei werden die bei den Reisekosten zu berücksichtigenden Verpflegungspauschalen auch als notwendige Verpflegungsmehraufwendungen anläßlich der doppelten Haushaltsführung herangezogen. Der Pauschbetrag für jeden vollen Tag mit einer Abwesenheitsdauer von 24 Stunden beträgt 46 DM. Für Tage der Familienheimfahrten werden für den Tag der Heimfahrt und der Rückreise zum Beschäftigungsort 20 DM berücksichtigt, wenn die Abwesenheitsdauer mindestens 14 Stunden, und 10 DM, wenn die Abwesenheitsdauer mindestens 8 Stunden beträgt. Insoweit kann der Arbeitgeber steuerfrei erstatten. Geht der doppelten Haushaltsführung am Beschäftigungsort eine **Dienstreise** zu diesem **Beschäftigungsort unmittelbar voraus,** so wird bei den Verpflegungsmehraufwendungen die **Dauer der Dienstreise** auf die genannten 3 Monate **angerechnet;**

– die notwendigen Kosten der Unterkunft am inländischen Beschäftigungsort, und zwar nur in tatsächlicher Höhe, wenn der Arbeitnehmer die Aufwendungen als Werbungskosten geltend macht und beim steuerfreien Arbeitgeberersatz:

- für die ersten **3 Monate** seit Beginn der Tätigkeit am Beschäftigungsort ohne Einzelnachweis mit der für Dienstreisen geltenden Übernachtungspauschale von **39 DM;**

- für die Folgezeit ohne Einzelnachweis **bis zu 8 DM je Übernachtung,** sofern die Übernachtung nicht in einer vom Arbeitgeber gestellten Unterkunft erfolgt. Der Arbeitgeber kann einem Arbeitnehmer die entstandenen Übernachtungskosten jedoch auch in tatsächlicher Höhe ersetzen.

Allerdings ist der steuerfreie Ersatz auf die ersten 2 Jahre einer Beschäftigung am selben Ort begrenzt. Die notwendigen Aufwendungen für die Zweitwohnung an einem Beschäftigungsort im Inland dürfen ohne Einzelnachweis für einen Zeitraum von 3 Monaten mit einem Pauschbetrag bis zu 39 DM und für die Folgezeit von bis zu 21 Monaten mit einem Pauschbetrag bis zu 8 DM je Übernachtung steuerfrei erstattet werden, wenn dem Arbeitnehmer die Zweitwohnung nicht unentgeltlich oder teilentgeltlich zur Verfügung gestellt worden ist. Der Arbeitgeberersatz mit den Pauschbeträgen für Übernachtungskosten ist nur für die Tage zulässig, an denen der Arbeitnehmer in der auswärtigen Unterkunft **tatsächlich** übernachtet hat. So ist der Arbeitgeberersatz mit den Pauschbeträgen für Tage, an denen der Arbeitnehmer nach Hause gefahren ist, die auswärtige Unterkunft aber beibehält, **nicht zulässig.** Der Arbeitgeber kann einem Arbeitnehmer die entstandenen Übernachtungskosten jedoch auch in tatsächlicher Höhe ersetzen; hier spielt es keine Rolle, ob der Arbeitnehmer in der auswärtigen Unterkunft, z.B. bei Heimfahrten, tatsächlich übernachtet hat. Ist der doppelten Haushaltsführung eine Dienstreise vorausgegangen, so wird die Zeitdauer der Dienstreise nicht auf den Zweijahreszeitraum angerechnet. Im Endeffekt bedeutet dies, daß die Unterkunftskosten insgesamt für einen Zeitraum von **27 Monaten** steuerlich berücksichtigungsfähig sind.

Zahlt der Arbeitgeber **bei längerfristigen Dienstreisen oder bei doppelter Haushaltsführung** eines verheirateten Arbeitnehmers aufgrund tarifvertraglicher Vereinbarungen Verpflegungs- und Übernachtungsgelder (Auslösungen) an Tagen (z.B. an Wochenenden), an denen ein Arbeitnehmer ohne Anspruch auf Fahrtkostenersatz durch den Arbeitgeber eine **Zwischenheimfahrt** unternimmt, gilt folgendes: **192**

– Soweit dem Arbeitnehmer während der zu Hause verbrachten Zeit wegen Beibehaltung der Unterkunft Kosten entstehen, können bei Nachweis der Unterkunftskosten durch den Arbeitnehmer die Übernachtungskosten steuerfrei gezahlt werden.

– Im übrigen bestehen keine Bedenken, die Auslösungen in Höhe der sonst beim Arbeitnehmer berücksichtigungsfähigen Werbungskosten für Familienheimfahrten steuerfrei zu belassen.

Dritter Teil: Inlandsreisen

193 Ersetzt der **Arbeitgeber** dem Arbeitnehmer anläßlich dessen doppelter Haushaltsführung innerhalb der Zweijahresfrist die Aufwendungen für die Benutzung eines eigenen Pkws zu **Familienheimfahrten,** so können folgende vom Arbeitgeber gezahlte Beträge steuerfrei bleiben:

bei Benutzung

– eines Kraftwagens	0,70 DM je Entfernungskilometer,
– eines Motorrads oder Motorrollers	0,33 DM je Entfernungskilometer.

194 Stellt der Arbeitgeber einem Arbeitnehmer einen **Pkw für eine Familienheimfahrt wöchentlich unentgeltlich** zur Verfügung, so ist kein geldwerter Vorteil gegeben; vgl. § 8 Abs. 2 Satz 4 EStG. Dies gilt sogar dann, wenn für die Familienheimfahrt ein Fahrer zur Verfügung stand. Der Arbeitnehmer kann in diesem Fall für die Familienheimfahrten aber auch keine Werbungskosten geltend machen. Bei **Körperbehinderten** wird von der Hinzurechnung des geldwerten Vorteils zum Arbeitslohn abgesehen. In dem vorstehenden Fall kommt eine Berücksichtigung von Aufwendungen des Arbeitnehmers für Familienheimfahrten als Werbungskosten nicht in Betracht.

195 Wird der zur Verfügung gestellte Pkw **zu mehr als einer Familienheimfahrt wöchentlich** benutzt, so ist der geldwerte Vorteil dem übrigen Arbeitslohn hinzuzurechnen. Dabei ist der Nutzungswert der steuerlich nicht als Werbungskosten berücksichtigungsfähigen **Zwischenheimfahrten** mit 0,002 % des inländischen Listenpreises für jeden Entfernungskilometer zwischen dem Beschäftigungsort und dem Ort des eigenen Hausstands hinzuzurechnen. Hier handelt es sich um eine Regelung, die in der Praxis auf völliges Unverständnis stoßen dürfte. Denn fährt der Arbeitnehmer zum Heimatort, um Bekannte und nicht die Familie zu besuchen, gilt die Fahrt als Privatfahrt, die durch den Ansatz des 1 %igen Nutzungswerts für übrige Privatfahrten abgegolten ist.

Stellt der Arbeitgeber einen Omnibus, Kleinbus oder für mehrere Personen einen Pkw zu Sammelfahrten zur Verfügung, so ist aus Vereinfachungsgründen von der Hinzurechnung eines geldwerten Vorteils zum Arbeitslohn abzusehen.

c) VORAUSSETZUNG FÜR DIE STEUERFREIE ARBEITGEBERERSTATTUNG

196 Die Erstattung der Mehraufwendungen bei doppelter Haushaltsführung durch den Arbeitgeber ist nach § 3 Nr. 16 EStG steuerfrei, soweit keine höheren Beträge erstattet werden, als nach den vorgenannten Grundsätzen **als Werbungskosten abgezogen** werden können. Dabei kann der Arbeitgeber bei Arbeitnehmern in den Steuerklassen III, IV oder V ohne weiteres unterstellen, daß sie einen **eigenen Hausstand** haben. Bei anderen Arbeitnehmern darf der Arbeitgeber einen eigenen Hausstand nur dann anerkennen, wenn sie schriftlich erklären, daß sie neben einer Zweitwohnung am Beschäftigungsort außerhalb des Beschäftigungsortes einen eigenen Hausstand unterhalten, und die Richtigkeit dieser Erklärung durch Unterschrift bestätigen.

4. SÄTZE BEI FREIER UNTERKUNFT ODER VERPFLEGUNG

197 Wird dem Arbeitnehmer bei Dienstreisen oder doppelter Haushaltsführung **freie Unterkunft oder Verpflegung** gewährt, so ermäßigten sich **bis 1995** die steuerlich anzuerkennenden Höchst- bzw. Pauschsätze für Verpflegungsmehraufwendungen bei Gewährung eines unentgeltlichen Frühstücks um 15 %, eines Mittagessens um 30 % und eines Abendessens um 30 % der vollen Pauschsätze.

Diese Regelung **entfällt seit 1996. Bei Ansatz der Verpflegungsmehraufwendungen** bei Dienstreisen im Inland von 46 DM/20 DM/10 DM sind keine Kürzungen

B. Arbeitnehmer

vorzunehmen, wenn der Arbeitnehmer Mahlzeiten vom Arbeitgeber oder auf dessen Veranlassung von einem Dritten unentgeltlich oder teilentgeltlich erhalten hat.

Keine Veranlassung durch den Arbeitgeber ist gegeben, wenn der Arbeitnehmer anläßlich einer Dienstreise von dem besuchten Unternehmen bewirtet wird. Erhält der Arbeitnehmer während einer Dienstreise vom Arbeitgeber bzw. auf dessen Veranlassung von einem Dritten **unentgeltlich oder verbilligt überlassene Mahlzeiten,** so sind diese mit den amtlichen Sachbezugswerten dem steuerpflichtigen Arbeitslohn hinzuzurechnen. Für 1999 betragen die Sachbezugswerte

– **für das Frühstück**	**2,67 DM (1999: 2,63 DM),**
– **für das Mittag-/Abendessen jeweils**	**4,77 DM (1999: 4,70 DM).**

Die Sachbezugswerte gelten auch bei Auslandsreisen.

Die Sachbezugswerte sind nicht zu versteuern, wenn der Arbeitgeber mindestens einen dem Sachbezugswert entsprechenden Betrag als Entgelt für die Mahlzeit vereinbart hat und von der steuerfreien Reisekostenvergütung, auf die der Arbeitnehmer Anspruch hat, oder von seinem Lohn (z.B. wenn wegen Nichterreichens von 8 Stunden keine steuerfreie Reisekostenvergütung gezahlt werden darf) einbehält. Wird vom Arbeitgeber oder auf dessen Veranlassung von einem Dritten nur ein Essen, aber **kein Getränk** gestellt, ist das Entgelt, das der Arbeitnehmer für das Getränk bei der Mahlzeit bezahlt, **nicht** auf den Sachbezugswert für die Mahlzeit anzurechnen. Die Höhe der Reisekostenvergütung und die des auf der Lohnsteuerkarte zu bescheinigenden Arbeitslohns wird durch die Entgeltverrechnung nicht verändert.

BEISPIELE:

Ein Arbeitnehmer ist durch eine Dienstreise an einem Kalendertag 15 Stunden abwesend. Nach der betrieblichen Reisekostenregelung beträgt die Reisekostenvergütung bei einer 15stündigen Abwesenheit 28 DM, die laut betrieblicher Vereinbarung bei Gewährung einer Mahlzeit um 30 % zu kürzen war. Der Arbeitnehmer hat deshalb nur Anspruch auf eine Reisekostenvergütung von 19,60 DM in bar.

1. Der Arbeitnehmer erhält auf der Dienstreise vom Arbeitgeber eine Mittagsmahlzeit unentgeltlich. Der geldwerte Vorteil der Mahlzeit ist mit 4,77 DM dem steuerpflichtigen Arbeitslohn hinzuzurechnen. Die Reisekostenvergütung von 19,60 DM ist steuerfrei, weil sie den Pauschbetrag nicht überschreitet. Der Arbeitnehmer könnte noch den Differenzbetrag von 0,40 DM (20 DM ./. 19,60 DM) als Werbungskosten geltend machen.

2. Der Arbeitnehmer erhält vom Arbeitgeber eine Mittagsmahlzeit, für die ein Entgelt von 4,77 DM vereinbart ist. Dieses Entgelt wird von der Reisekostenvergütung einbehalten. Statt 19,60 DM erhält der Arbeitnehmer nur 14,83 DM ausgezahlt. Als Reisekostenvergütung sind nach § 4 Abs. 2 LStDV 19,60 DM einzutragen. Die Zurechnung eines geldwerten Vorteils zum Arbeitslohn entfällt. Auf die Höhe des auf der Lohnsteuerkarte zu bescheinigenden Arbeitslohns hat die Mahlzeit ebenfalls keinen Einfluß. Der Arbeitnehmer könnte noch den Differenzbetrag von 0,40 DM (20 DM ./. 19,60 DM) als Werbungskosten geltend machen.

Soweit die nach arbeitsrechtlichen oder anderen Vorschriften zu zahlenden Vergütungen für Verpflegungsmehraufwendungen die Summe der für die maßgebende Abwesenheitsdauer steuerfreien Pauschbeträge überschreiten, sind sie dem steuerpflichtigen Arbeitslohn zuzurechnen. Es ist auch zulässig, die Vergütungen für Verpflegungsmehraufwendungen mit Fahrtkostenvergütungen und Übernachtungsvergütungen zusammenzurechnen; in diesem Fall ist die Summe der Vergütungen steuerfrei, soweit sie die Summe der steuerfreien Einzelvergütungen nicht übersteigt. Es bestehen keine Bedenken, die nicht steuerfreien Reisekostenvergütungen als sonstige Bezüge zu behandeln. Deshalb entfällt die individuelle Besteuerung, wenn das Betriebstättenfinanzamt auf Antrag des Arbeitgebers die

Dritter Teil: Inlandsreisen

Pauschalbesteuerung nach § 40 Abs. 1 Satz 1 Nr. 1 EStG zuläßt. Dies setzt u.a. voraus, daß die pauschal zu versteuernden Beträge ggf. zusammen mit anderen pauschal besteuerten Bezügen des Arbeitnehmers 2 000 DM jährlich nicht übersteigen. Zur Lohnsteuer-Pauschalierung → Tz. 153.

5. VERANLASSUNG DER UNENTGELTLICHEN MAHLZEITENGESTELLUNG DURCH DEN ARBEITGEBER

198 Eine Veranlassung durch den Arbeitgeber setzt grundsätzlich einen Entscheidungsspielraum des Arbeitgebers voraus. Die Abgabe einer Mahlzeit ist deshalb nicht vom Arbeitgeber veranlaßt, wenn dieser – wie z.B. bei der Verpflegung an Bord eines Flugzeugs – darauf keinen Einfluß nehmen kann.

Die Abgabe einer Mahlzeit ist nur dann vom Arbeitgeber veranlaßt, wenn der Arbeitgeber seinen Entscheidungsspielraum entsprechend ausgeschöpft hat. Dies bedeutet, daß er Tag und Ort der Mahlzeit bestimmt hat. Diese Entscheidung muß der Arbeitgeber für den Arbeitnehmer vor Beginn der jeweiligen Auswärtstätigkeit, die den Arbeitgeber zu der Leistung veranlaßt, getroffen haben. Der Arbeitgeber muß z.B. vor einer Dienstreise für eine bestimmte Mahlzeit den Ort der Abgabe ausgewählt haben. Hierzu ist es erforderlich, daß sich der Arbeitgeber vor Beginn der Auswärtstätigkeit seines Arbeitnehmers direkt mit dem Unternehmen in Verbindung setzt, das dem Arbeitnehmer die Mahlzeiten zur Verfügung stellen soll. Dies ist durch eine entsprechende schriftliche Vereinbarung mit dem auswärtigen Hotel oder der Gaststätte nachzuweisen. Es reicht nicht aus, daß der Arbeitgeber den Arbeitnehmer allgemein ermächtigt, sich auf seine Rechnung in einer oder – etwa unter Einschaltung einer Essenbonorganisation – mehreren Vertragsgaststätten zu beköstigen.

Die dem Arbeitgeber obliegende Auswahlentscheidung muß zudem von der Organisationseinheit des Unternehmens getroffen sein, die für die Anordnung der Genehmigung oder Abrechnung von Dienstreisen, Fahrtätigkeiten, Einsatzwechseltätigkeiten oder einer doppelten Haushaltsführung zuständig ist. Bei einer Delegation der Auswahlentscheidung an andere Stellen oder an den betroffenen Arbeitnehmer ist eine Veranlassung durch den Arbeitgeber nicht anzuerkennen.

Sind die Voraussetzungen für die unentgeltliche Mahlzeitengestellung durch den Arbeitgeber erfüllt, ist es unerheblich, wie die Hotel- oder Gaststättenrechnung beglichen wird. Es ist dann gleichgültig, ob dies durch den Arbeitnehmer unmittelbar, aufgrund einer Firmenkreditkarte oder durch Banküberweisung des Arbeitgebers geschieht.

Ist die Veranlassung durch den Arbeitgeber nicht gegeben, ist dem Arbeitnehmer die Entgeltzahlung durch den Arbeitgeber als Reisekostenerstattung i.S.d. LStH 39 zuzurechnen.

Bei den strengen Voraussetzungen für die Arbeitgeberveranlassung der Mahlzeitengestellung wird beklagt, daß es bei kurzfristigen Reisen nicht möglich ist, daß der Arbeitgeber vor Beginn der Reise sein Auswahlermessen ausübt. Hierzu ist zu bemerken, daß die Sachbezugswerte für Verpflegung für die Fälle der Gemeinschaftsverpflegung und nicht für Einzelmahlzeiten anläßlich von Dienstreisen geschaffen worden sind. Hier hätte sich ansonsten ein neues weites Betätigungsfeld für Essenbonorganisationen ergeben. Deshalb sind vom BMF und den obersten Finanzbehörden der Länder an die unentgeltliche Mahlzeitengestellung restriktive Anforderungen gestellt worden.

Am leichtesten dürfte der Nachweis über die unentgeltliche Mahlzeitengestellung durch den Arbeitgeber bei durch den Arbeitgeber gebuchten Fortbildungsveranstaltungen und Hotelzimmern incl. Frühstück sein. Hier können für die Dauer der Fortbildungsveranstaltung und der Dienstreise die Pauschbeträge für Verpflegung

B. Arbeitnehmer

steuerfrei erstattet werden, und für die Mahlzeitengestellung sind nur die Sachbezugswerte als Arbeitslohn zu erfassen. Im Fall des Hotelzimmers bedeutet dies: steuerfreie Erstattung der Unterkunft und des Frühstücks, Versteuerung des Sachbezugswerts Frühstück mit 2,67 DM als Arbeitslohn.

Beispielsweise dürfte es bei GmbH-Geschäftsführern für die Arbeitgeberveranlassung ausreichend sein, wenn dieser die entsprechende Stelle oder einen Mitarbeiter mit der Buchung beauftragt.

X. FAHRTEN ZWISCHEN WOHNUNG UND ARBEITSSTÄTTE

Die Aufwendungen für Fahrten zwischen Wohnung und Arbeitsstätte sind Werbungskosten. Die **Wahl des Verkehrsmittels** und ggf. der Wagenklasse steht dem Arbeitnehmer frei. Bei der Benutzung öffentlicher Verkehrsmittel können die entsprechenden Fahrtkosten als Werbungskosten angesetzt werden. **199**

Der Werbungskostenabzug ist nicht davon abhängig, daß die Fahrtkosten notwendig waren. Die für das tatsächlich benutzte Verkehrsmittel anzusetzenden Fahrtkosten sind auch dann abziehbar, wenn bei der Wahl eines anderen Verkehrsmittels oder Beförderungstarifs geringere Werbungskosten entstanden wären.

1. MEHRERE FAHRTEN AN EINEM ARBEITSTAG

Aufwendungen für **mehr als eine arbeitstägliche Hin- und Rückfahrt** zwischen Wohnung und Arbeitsstätte werden als Werbungskosten nur anerkannt, soweit der Arbeitnehmer seine Arbeitsstätte **200**

– wegen eines **zusätzlichen Arbeitseinsatzes** außerhalb seiner regelmäßigen Arbeitszeit, z.B. abends, am arbeitsfreien Wochenende oder als Krankenhausarzt während des Bereitschaftsdienstes oder der Rufbereitschaft (BFH v. 20.3.1992, BStBl II, 835), oder

– wegen einer um **mindestens 4 Stunden unterbrochenen** regelmäßigen Arbeitszeit zweimal täglich

aufsuchen muß.

2. PAUSCHBETRÄGE FÜR FAHRTEN MIT DEM EIGENEN KRAFTFAHRZEUG

Seit 1994 sind die folgenden **Pauschbeträge** als Werbungskosten anzusetzen: **201**
– bei Benutzung eines **Kraftwagens 0,70 DM,**
– bei Benutzung eines **Motorrads** oder **Motorrollers 0,33 DM**

für jeden km je Arbeitstag, den die Wohnung von der Arbeitsstätte entfernt liegt (= Entfernungskilometer). Bei Benutzung eines **Mopeds / Mofas** können **0,28 DM,** bei Benutzung eines **Fahrrads 0,14 DM** je Entfernungskilometer angesetzt werden.

Der gesetzliche Kilometer-Pauschbetrag ist auch dann anzusetzen, wenn der Arbeitnehmer seine regelmäßige Arbeitsstätte nur deshalb aufsucht, um von dort eine **Dienstreise anzutreten** oder **Aufträge entgegenzunehmen, Bericht zu erstatten** oder ähnliche Reisefolgetätigkeiten auszuüben (BFH v. 2.2.1994, BStBl II, 422). Wird jedoch nur zu Beginn einer Dienstreise der Betrieb aufgesucht und die Dienstreise an der Wohnung des Arbeitnehmers beendet, ist für die Fahrt von der Wohnung zur Arbeitsstätte nur der halbe Kilometer-Pauschbetrag von 0,35 DM anzusetzen, weil der Kilometer-Pauschbetrag von 0,70 DM für die Hin- und Rückfahrt gilt.

Die Pauschbeträge gelten **nicht** für Fahrten **zwischen mehreren** regelmäßigen **Arbeitsstätten** bei **einem** Dienstverhältnis (BFH v. 9.12.1988, BStBl II 1989, 296) sowie für Fahrten, die durch **täglichen mehrfachen Ortswechsel** geprägt sind und eine

Dritter Teil: Inlandsreisen

Art Reisetätigkeit darstellen (BFH v. 2.2.1994, BStBl II, 422). Für die Fahrten von der Wohnung zu der jeweiligen Arbeitsstelle bzw. umgekehrt können demnach Werbungskosten jeweils nur mit dem halben Pauschsatz angesetzt werden. Werden auf der Fahrt zwischen Wohnung und Arbeitsstätte **Umwege** gemacht, um Geschäfte des Dienstherrn zu erledigen, bleibt es bei einer Fahrt zwischen Wohnung und Arbeitsstätte, weil nach Ziel und Zweck das **Erreichen der Arbeitsstätte / Wohnung** im **Vordergrund steht**. Die Umwegstrecke ist allerdings nach **Dienstreisegrundsätzen** (→ Tz. 120 ff.) anzusetzen (BFH v. 12.10.1990, BStBl II 1991, 134).

202 Als **Entfernung** gilt grundsätzlich die **kürzeste Verbindung zwischen Wohnung und Arbeitsstätte**. Die Entfernung einer anderen Straßenverbindung kann zugrunde gelegt werden, wenn sie offensichtlich verkehrsgünstiger ist und vom Arbeitnehmer regelmäßig für die Fahrten zwischen Wohnung und Arbeitsstätte benutzt wird. Bei den steuerlich zu berücksichtigenden Kosten für Fahrten zwischen Wohnung und Arbeitsstätte ist nach dem Urteil des BFH v. 10.10.1975 (BStBl II, 852) grundsätzlich von der kilometermäßig kürzesten Fahrtstrecke, bei stärkeren Verkehrsbehinderungen jedoch von der offensichtlich verkehrsgünstigeren und vom Arbeitnehmer regelmäßig benutzten Fahrtstrecke auszugehen.

Wird das Kraftfahrzeug **lediglich für eine Hin- oder Rückfahrt** benutzt, z.B. wenn sich an die Hinfahrt eine Dienstreise anschließt, die an der Wohnung des Arbeitnehmers endet, so ist der **Pauschbetrag nur zur Hälfte** anzusetzen (BFH v. 26.7.1978, BStBl II, 661). Dasselbe gilt, wenn Hin- und Rückfahrt sich auf unterschiedliche Wohnungen oder Arbeitsstätten beziehen (BFH v. 9.12.1988, BStBl II 1989, 296).

Wird ein Arbeitnehmer im eigenen Kraftfahrzeug **von einem Dritten** (z.B. Ehegatten) zu seiner Arbeitsstätte **gefahren oder** wieder **abgeholt**, so sind die sog. Leerfahrten selbst dann nicht zu berücksichtigen, wenn die Fahrten wegen schlechter öffentlicher Verkehrsverhältnisse erforderlich sind (BFH v. 7.4.1989, BStBl II, 925).

203 Wird einem Arbeitnehmer ein Kraftfahrzeug von einem Dritten, sei es der Arbeitgeber oder ein Angehöriger, unentgeltlich für Fahrten zwischen Wohnung und Arbeitsstätte zur Verfügung gestellt und trägt der Dritte sämtliche Kfz-Aufwendungen, so stellt sich die Frage, ob der Arbeitnehmer noch Aufwendungen für Fahrten zwischen Wohnung und Arbeitsstätte als Werbungskosten geltend machen kann, da § 9 Abs. 1 Nr. 4 EStG hierfür Aufwendungen des Arbeitnehmers fordert. Unstreitig dürfte dies bei der Kfz-Gestellung durch den Arbeitgeber der Fall sein, weil hier dem Arbeitnehmer Aufwendungen durch die Versteuerung des geldwerten Vorteils als Arbeitslohn in Höhe der Steuerbelastung entstehen. Im Fall der Kostentragung durch Angehörige dürfte zumindest eine teilweise Kostentragung – gleichgültig in welcher Höhe – durch den Arbeitnehmer für die Anerkennung eines eigenen Aufwands für die Gewährung des Kilometer-Pauschbetrags ausreichend sein. Es sollte deshalb vermieden werden, daß der Aufwand für die Kfz-Nutzung durch den Arbeitnehmer für Fahrten zwischen Wohnung und Arbeitsstätte **in voller Höhe** durch Dritte (z.B. Angehörige) getragen wird.

3. BEHINDERTE

204 Die **Sonderregelung für Körperbehinderte** sieht vor, daß bei einer Körperbehinderung von mindestens 70 % oder von mindestens 50 % und erheblicher Beeinträchtigung der Bewegungsfähigkeit im Straßenverkehr auf Antrag bei Benutzung eines eigenen oder ihm zur Nutzung überlassenen Kraftfahrzeugs für Fahrten zwischen Wohnung und Arbeitsstätte die **tatsächlichen** Aufwendungen abgezogen werden können, allerdings auch nur eine Hin- und Rückfahrt je Arbeitstag. Die Voraussetzungen für die Körperbehinderung sind durch amtliche Unterlagen

nachzuweisen. Auf einen Einzelnachweis der tatsächlichen Kosten kann jedoch verzichtet werden, wenn für jeden Entfernungskilometer bei Benutzung eines Kraftwagens nicht mehr als **1,04 DM**, eines Motorrads oder Motorrollers nicht mehr als **0,46 DM** geltend gemacht werden. Es darf aber auch bei diesen Personen grundsätzlich nur eine **Hin- und Rückfahrt** arbeitstägig, ggf. eine Rück- und Hinfahrt als Leerfahrt, berücksichtigt werden (BFH v. 2.4.1976, BStBl II, 452).

Ein Körperbehinderter, der im eigenen Pkw arbeitstäglich einmal von einem Dritten zur Arbeitsstätte gefahren und nach Beendigung der Arbeitszeit von dort abgeholt wird, kann auch die Aufwendungen als Werbungskosten geltend machen, die ihm durch die Ab- und Anfahrten des Fahrers, die sog. Leerfahrten, entstehen, wenn er keine gültige Fahrerlaubnis besitzt oder von einer Fahrerlaubnis wegen der Körperbehinderung keinen Gebrauch macht (BFH v. 2.12.1977, BStBl II 1978, 260), also **insgesamt** 2 × 1,04 DM = **2,08 DM** je Entfernungskilometer.

Kfz-Kosten, die nicht als Werbungskosten abgezogen werden können, sind ggf. in angemessener Höhe als außergewöhnliche Belastung abzuziehen.

4. MASSGEBLICHE WOHNUNG

Als **Ausgangspunkt** für die Fahrten kommt jede Wohnung des Arbeitnehmers in Betracht, die er regelmäßig zur **Übernachtung nutzt** und von der aus er seine Arbeitsstätte aufsucht. Als Wohnung ist z.B. auch ein möbliertes Zimmer, eine Schiffskajüte, ein Gartenhaus, ein auf gewisse Dauer abgestellter Wohnwagen oder ein Schlafplatz in einer Massenunterkunft anzusehen, nicht dagegen ein Hotelzimmer oder eine fremde Wohnung, in denen der Arbeitnehmer nur kurzfristig aus privaten Gründen übernachtet (BFH v. 25.3.1988, BStBl II, 706). **205**

Der Mittelpunkt der Lebensinteressen befindet sich bei einem **verheirateten Arbeitnehmer** regelmäßig am tatsächlichen **Wohnort seiner Familie** (BFH v. 10.11.1978, BStBl II 1979, 219 und BFH v. 3.10.1985, BStBl II 1986, 95).

Hat ein Arbeitnehmer **mehrere Wohnungen**, von denen aus er sich abwechselnd zu seiner Arbeitsstätte begibt, so kann er die Fahrtaufwendungen von und zu der weiter vom Beschäftigungsort entfernt liegenden Wohnung dann als Werbungskosten abziehen, wenn diese Wohnung der örtliche Mittelpunkt seiner Lebensinteressen ist (BFH v. 20.12.1982, BStBl II 1983, 306) und sie nicht nur gelegentlich aufgesucht wird. Der örtliche Lebensmittelpunkt wird bei anderen Arbeitnehmern bestimmt durch die persönlichen Beziehungen zu diesem Ort (Eltern, Verlobte, Freundes- und Bekanntenkreis, Vereinszugehörigkeit) und der Art und Weise, wie diese Beziehungen aufrechterhalten werden. Unerheblich ist, wie weit die Wohnung von der Arbeitsstätte entfernt ist und ob dem Arbeitnehmer noch hinreichend Zeit zur Erledigung des üblichen täglichen Arbeitspensums verbleibt (BFH v. 3.10.1985, BStBl II 1986, 95; BFH v. 13.12.1985, BStBl II 1986, 221). Allerdings kann eine Wohnung an dem Ort, an dem sich der Mittelpunkt der Lebensinteressen befindet, nur dann berücksichtigt werden, wenn sie ein verheirateter Arbeitnehmer oder ein Arbeitnehmer mit Familienhausstand **mindestens sechsmal jährlich** aufsucht. Bei anderen Arbeitnehmern, die eine Wohnung im Durchschnitt **mindestens zweimal monatlich** aufsuchen, ist davon auszugehen, daß sich dort der Mittelpunkt ihrer Lebensinteressen befindet. Bei einem Arbeitnehmer mit eigener Wohnung, der sich z.B. überwiegend in der von seiner Arbeitsstätte weiter entfernt liegenden Wohnung der Freundin aufhält, können die Fahrten von deren Wohnung nicht als Fahrten zwischen Wohnung und Arbeitsstätte anerkannt werden; es sind jedoch die Entfernungskilometer zur Wohnung des Arbeitnehmers zu berücksichtigen. **206**

Bei einem ausländischen Arbeitnehmer, bei dem die Voraussetzungen für eine doppelte Haushaltsführung nicht vorliegen, erfüllt **eine** Heimfahrt im Jahr zur im Ausland gelegenen Familienwohnung – auch wenn sich hier der Lebensmittel-

Dritter Teil: Inlandsreisen

punkt befindet – nicht die Voraussetzungen für eine Fahrt zwischen Wohnung und Arbeitsstätte. § 9 Abs. 1 Satz 3 Nr. 4 EStG verlangt, daß die weiter entfernt liegende Wohnung **nicht nur gelegentlich** aufgesucht wird. Hier fordert LStR 42 Abs. 1 nunmehr, daß verheiratete Arbeitnehmer, deren Familien im Ausland leben, die Familienwohnung im Ausland mindestens sechsmal im Kalenderjahr und der ledige Arbeitnehmer die Wohnung im Ausland mindestens zweimal monatlich aufsucht, damit die Wohnungen im Ausland als Lebensmittelpunkt anerkannt werden können.

Aufwendungen für Fahrten zwischen der Arbeitsstätte und der Wohnung, die den örtlichen Mittelpunkt der Lebensinteressen des Arbeitnehmers darstellt, sind auch dann Werbungskosten i.S.d. § 9 Abs. 1 Nr. 4 EStG, wenn die Fahrt an einer näher zum Arbeitsplatz gelegenen Wohnung des Arbeitnehmers unterbrochen wird. Die Höhe der Werbungskosten bemißt sich in diesem Fall ausschließlich danach, wie weit die Arbeitsstätte von der Lebensmittelpunktwohnung des Arbeitnehmers entfernt liegt (BFH v. 20.12.1991, BStBl II 1992, 306).

Auch bei Eheleuten, die zwei gemeinsame Wohnungen haben und die am selben Ort beschäftigt sind, kann die weiter vom Beschäftigungsort entfernt liegende Wohnung der örtliche Mittelpunkt der Lebensinteressen sein. Bleibt die Ehefrau aus privaten Gründen am örtlichen Mittelpunkt der Lebensinteressen der Eheleute zurück und führt nunmehr nur der Ehemann am entfernten Beschäftigungsort einen weiteren Haushalt, so liegt selbst dann eine beruflich veranlaßte doppelte Haushaltsführung des Ehemannes vor, wenn die Ehefrau zuvor während der Arbeitswoche mit ihm am Beschäftigungsort wohnte (BFH v. 2.2.1979, BStBl II, 338).

207 Lebt ein Steuerpflichtiger **während der Sommermonate nicht in seiner Stadtwohnung**, sondern in einem massiven, mit dem notwendigen Komfort ausgestatteten Holzhaus auf einem Laubengrundstück und fährt er während dieser Zeit von dort aus täglich zu seinem Arbeitsplatz, so kann in der Regel davon ausgegangen werden, daß das Haus auf dem Laubengrundstück in dieser Zeit den örtlichen Mittelpunkt seiner Lebensinteressen bildet. Die Aufwendungen für die Fahrten zwischen dem weiter als die Stadtwohnung entfernt liegenden Laubengrundstück und der Arbeitsstätte sind dann Fahrten zwischen Wohnung und Arbeitsstätte (BFH v. 10.11.1978, BStBl II 1979, 335).

5. FAHRGEMEINSCHAFTEN/FAHRTEN BEI MEHREREN DIENSTVERHÄLTNISSEN ODER ARBEITSSTÄTTEN

208 Bei **Fahrgemeinschaften** können die Fahrtkosten nur mit dem gesetzlichen Kilometer-Pauschbetrag angesetzt werden; ein etwaiger durch die Mitnahme der Mitfahrer veranlaßter Mehraufwand ist bei den Einkünften aus nichtselbständiger Arbeit nicht zu berücksichtigen (BFH v. 15.3.1994, BStBl II, 516).

Bei Fahrgemeinschaften, bei denen **wechselweise mehrere Kraftfahrzeuge** zu Fahrten zwischen Wohnung und Arbeitsstätte eingesetzt werden, können die Fahrtkosten bei dem einzelnen Mitglied der Fahrgemeinschaft nur insoweit berücksichtigt werden, als es für die Fahrten sein Kraftfahrzeug eingesetzt hat (BFH v. 24.1.1975, BStBl I, 561), dabei sind auch Umwegstrecken zur Abholung der Mitfahrer in die Entfernungsberechnung einzubeziehen.

Bei einer Fahrgemeinschaft, bei der ständig **nur ein Mitglied** sein Kraftfahrzeug einsetzt, **sind die Fahrtkosten** ohne Berücksichtigung von Umwegstrecken nur bei ihm anzusetzen; **die Einbeziehung einer Umwegstrecke ist nur bei einer Fahrgemeinschaft mit dem Ehegatten möglich**. Etwaige Mehraufwendungen für das Abholen und Zurückbringen der Mitfahrer sind als Werbungskosten bei der Ermittlung der sonstigen Einkünfte (Vergütung durch die Mitfahrer) mit 0,03 DM je Mitfahrer und Kilometer zu berücksichtigen. Die verbleibende Mitfahrervergütung ist nur dann zu versteuern, wenn sie 500 DM beträgt oder übersteigt (§ 22 Nr. 3 EStG).

Bei einer **Ehegatten-Fahrgemeinschaft** können die Fahrtkosten insgesamt nur bei einem Ehegatten für die tatsächlich von ihm durchgeführten Fahrten oder nach gemeinsamer Wahl der Ehegatten bei jedem Ehegatten gesondert berücksichtigt werden. Ist an einem oder mehreren Tagen nur ein Ehegatte zur Arbeitsstätte gefahren, können bei Ausübung des Wahlrechts diese Fahrten **nicht** auf den anderen Ehegatten übertragen werden. Für die gesonderte Berücksichtigung gilt folgendes: Ist die Hälfte der mit dem Kraftfahrzeug arbeitstäglich für die Fahrten zwischen der Wohnung und den Arbeitsstätten tatsächlich zurückgelegten Fahrtkilometer niedriger als die Summe der für jeden Ehegatten gesondert anzusetzenden Entfernungen, so ist die niedrigere Zahl der Kilometer im Verhältnis der für die Ehegatten maßgebenden Entfernungen aufzuteilen und insoweit bei den einzelnen Ehegatten anzusetzen.

BEISPIEL:

Ein Arbeitnehmer fährt vormittags mit seiner Ehefrau von der gemeinsamen Wohnung A im eigenen Kraftfahrzeug zur Arbeitsstätte der Ehefrau B und weiter zu seiner Arbeitsstätte C. Abends fährt er dieselbe Strecke zurück. Die Entfernungen betragen zwischen A und B 20 km, zwischen B und C 15 km und zwischen A und C 30 km.

Es sind zunächst für die Anwendung der Kilometer-Pauschbeträge die Fahrten nach B und C mit 20 bzw. 30 km anzusetzen. Es ergibt sich jedoch, daß die Hälfte der insgesamt zurückgelegten Fahrtkilometer (20 + 15 + 15 + 20) mit 35 km niedriger ist als die Summe der für die Einzelfahrten nach B und C in Betracht kommenden Entfernungen (50 km). Somit ist der Wert von 35 km im Verhältnis der für jeden Ehegatten maßgebenden Entfernung – d.h. im Verhältnis 2:3 – aufzuteilen, so daß beim Ehemann 21 km und bei der Ehefrau 14 km anzusetzen sind.

Bei Arbeitnehmern, die **in mehreren Dienstverhältnissen** stehen und denen deshalb Aufwendungen für berufliche Fahrten zu mehreren räumlich auseinanderliegenden Arbeitsstätten entstehen, können Fahrten zwischen Wohnung und Arbeitsstätte mit eigenem Kraftfahrzeug im Rahmen des § 9 Abs. 1 Satz 3 Nr. 4 und Abs. 2 EStG wie folgt berücksichtigt werden. Kehrt der Arbeitnehmer zwischenzeitlich in die Wohnung zurück, ist jede Fahrt für sich zu berücksichtigen.

BEISPIEL:

Ein Arbeitnehmer fährt vormittags von seiner Wohnung A zur Arbeitsstätte B und zurück. Nachmittags fährt er von seiner Wohnung A zur Arbeitsstätte C und zurück. Die Entfernung zwischen Wohnung A und Arbeitsstätte B beträgt 30 km und zwischen Wohnung A und Arbeitsstätte C 50 km.

Bei Benutzung eines eigenen Kraftfahrzeugs sind die Aufwendungen für die Fahrten zu der Arbeitsstätte B mit dem Kilometer-Pauschbetrag für 30 km und zur Arbeitsstätte C für 50 km anzusetzen.

Werden **zwei Arbeitsstätten** unmittelbar **nacheinander** – ohne zwischenzeitliche Rückkehr in die Wohnung – aufgesucht, so ist die Fahrt zur ersten Arbeitsstätte als Umweg bei der Fahrt zur zweiten Arbeitsstätte zu berücksichtigen; in diesem Fall kann jedoch bei der Anwendung der Kilometer-Pauschbeträge höchstens die Hälfte der Gesamtstrecke berücksichtigt werden.

BEISPIEL:

Ein Arbeitnehmer fährt vormittags von seiner Wohnung A zur Arbeitsstätte B, nachmittags zur Arbeitsstätte C und abends zur Wohnung A zurück. Die Entfernungen betragen zwischen A und B 30 km, zwischen B und C 40 km und zwischen A und C 50 km.

6. ARBEITSSTÄTTE

209 Arbeitnehmer, die durch ihre Berufsarbeit nicht an einen festen Arbeitsplatz gebunden sind, sondern den **Ort ihrer Berufsausübung ständig wechseln** (z.B. Reisende, Revisoren, Gerichtsvollzieher, Revierförster usw.), haben ihre Arbeitsstätte nicht am jeweiligen Ort der Berufsausübung, sondern im Büro ihres Arbeitgebers. Dieses Büro ist Mittelpunkt der Tätigkeit dieser Arbeitnehmer, hierhin müssen sie täglich zurückkehren, um Weisungen zu empfangen und Bericht zu erstatten. Durch den ständigen Ortswechsel werden somit nicht Fahrten zwischen Wohnung und Arbeitsstätte, sondern **Dienstreisen** ausgeführt. Sie kommen nicht als Werbungskosten, sondern als (ggf. vom Arbeitgeber zu erstattende) Reisekosten in Betracht.

Eine regelmäßige Arbeitsstätte kann auch einen **überschaubaren räumlichen Bereich** umfassen. Daher liegen Fahrten zwischen **Wohnung und Arbeitsstätte** vor, wenn die verschiedenen Arbeitsplätze in einem nicht weit auseinandergezogenen und überschaubaren Gebiet liegen, z.B. auf ausgedehntem Werksgelände, in Waldrevieren u.ä. (vgl. BFH v. 19.2.1982, BStBl II 1983, 466), und wenn es sich um **ein zusammenhängendes Gelände des Arbeitgebers** handelt. Ein weiträumiges Hafengebiet gilt nicht mehr als regelmäßige Arbeitsstätte (BFH v. 7.2.1997, BStBl II, 333). Werden die Arbeitnehmer an verschiedenen Stellen des weiträumigen Hafengebietes tätig, üben sie eine **Einsatzwechseltätigkeit** (→ Rz. 119, 121, 126 ff.) aus. Sucht der Arbeitnehmer von dem Arbeitsgelände aus betrieblichen Gründen eine andere Betrieb- oder Arbeitsstätte auf, liegt unabhängig von der Entfernung **eine Dienstreise** vor.

210 Fährt ein Arbeitnehmer, der auf ständig **wechselnden** Einsatzstellen tätig ist, stets zu ein und demselben Ort **(Sammelstelle)**, von wo aus er vom Arbeitgeber zu jeweiligen Einsatzstelle **weiterbefördert** wird (z.B. Reinigungskolonne), gilt der **Abholort** als **Arbeitsstätte**.

Arbeitnehmer, die typischerweise **an ständig wechselnden Einsatzstellen beschäftigt** sind, können für die ersten drei Monate bei einer länger andauernden Beschäftigung an derselben Einsatzstelle die Aufwendungen für die Benutzung eines eigenen Kraftfahrzeugs für Fahrten zwischen der Wohnung und der jeweiligen Einsatzstelle **in der nachgewiesenen Höhe** als Werbungskosten geltend machen. Bei Verzicht auf einen Nachweis der tatsächlichen Aufwendungen können für die **Dienstreisen** maßgebenden Kilometersätze (→ Tz. 120) angesetzt werden, wenn die entsprechenden Voraussetzungen vorliegen. Die Aufwendungen für Fahrten zwischen Wohnung und Einsatzstelle sind als Reisekosten zu behandeln, wenn die Entfernung die übliche Fahrtstrecke zwischen Wohnung und regelmäßiger Arbeitsstätte überschreitet. Diese Voraussetzung ist gegeben, wenn die Entfernung zwischen Wohnung und Einsatzstelle **mehr als 30 km** beträgt. Eine Berücksichtigung dieser Aufwendungen im Rahmen der Reisekosten kann jedoch nur innerhalb der ersten drei Monate ab Aufnahme der Tätigkeit an einer Einsatzstelle erfolgen.

Bei der Benutzung eines eigenen Kraftfahrzeugs sind die Aufwendungen zunächst für die Fahrt nach B mit dem Kilometer-Pauschbetrag für 30 km und für die Fahrt nach C mit dem Kilometer-Pauschbetrag für 50 km anzusetzen. Es ergibt sich jedoch, daß die Aufwendungen unter Berücksichtigung der halben tatsächlichen Gesamtfahrstrecke (30 + 40 + 50 =) 120 km (Kilometer-Pauschbetrag × 60 Kilometer) niedriger sind, so daß der niedrigere Betrag zu berücksichtigen ist.

7. EIGENES FAHRZEUG/LEASING-FAHRZEUG

Werbungskosten für die Benutzung eines Kraftfahrzeugs kann grundsätzlich **der** 211
Eigentümer des Kraftfahrzeugs geltend machen. Eigentümer ist derjenige, auf
dessen Namen das Kraftfahrzeug zugelassen ist. Aber auch derjenige Arbeitnehmer, dem ein Kraftfahrzeug, Motorrad oder Motorroller zur **Nutzung** überlassen
wurde, z.B. vom Arbeitgeber, von Angehörigen oder Dritten, kann Fahrtkosten als
Werbungskosten geltend machen. Bei Ehegatten kommt es auf die wirtschaftlichen
Verhältnisse an. Benutzt ein Ehemann für seine Fahrten zwischen Wohnung und
Arbeitsstätte das der Ehefrau gehörende Kraftfahrzeug (oder umgekehrt), so ist
dies für die Gewährung von Werbungskosten unbeachtlich. Auch bei einem Arbeitnehmer, der den seinem **Vater gehörenden und** auf seinen Vater **zugelassenen
Pkw** für Fahrten zwischen Wohnung und Arbeitsstätte benutzt, der aber alle Kosten
einschließlich Kfz-Steuer und Kfz-Versicherung selbst getragen hat, kann nur der
Kilometer-Pauschbetrag als Werbungskosten berücksichtigt werden (BFH v.
3.12.1974, BStBl II 1975, 354).

In der Regel hat der **Leasing-Nehmer** sämtliche sich aus der Haltung des Pkws 212
ergebenden Verpflichtungen zu übernehmen. So hat er für die Betriebs- und Verkehrssicherheit sowie für die Versteuerung des Kraftfahrzeugs zu sorgen. Die
Versicherung wird vom Leasing-Geber im Namen und für Rechnung des Leasing-
Nehmers abgeschlossen. Etwaige Ersatzansprüche gegen Dritte wegen Beschädigung oder Vernichtung des Kraftfahrzeugs hat der Leasing-Nehmer ebenso im
eigenen Namen und auf eigene Kosten geltend zu machen, wie er auch das Risiko
des zufälligen Untergangs, des Verlustes oder der Beschädigung des Kraftfahrzeugs zu tragen hat. Daher sind die Aufwendungen für **Fahrten zwischen Wohnung und Arbeitsstätte** sowie für **Familienheimfahrten** mit einem im Leasing
gemieteten Kraftfahrzeug **Werbungskosten** des Arbeitnehmers, und zwar unabhängig davon, ob das wirtschaftliche Eigentum an dem Kraftfahrzeug dem Leasing-
Geber oder dem Leasing-Nehmer zuzurechnen ist (BFH v. 11.9.1987, BStBl II 1988,
12). Eine bei Leasing-Beginn zu erbringende **Sonderzahlung in Höhe der anteiligen beruflichen Nutzung** des Pkws, kann zu den sofort abzugsfähigen Werbungskosten gehören (BFH v. 5.5.1994, BStBl II, 643). Dies gilt jedoch nur für berufliche Fahrten, die mit Einzelnachweis je gefahrenen Kilometer abgerechnet
werden.

Durch den gesetzlichen Kilometer-Pauschbetrag (→ Tz. 201) sind die gewöhn- 213
lichen Kosten des Kraftfahrzeugs – also auch die Leasing-Sonderzahlung – abgegolten. Dazu gehören auch die Parkgebühren für das Abstellen während der
Arbeitszeit. Auch die anteiligen Zinsen sowie sonstige Kosten für ein Darlehen, das
zur Anschaffung des Kraftfahrzeugs aufgenommen worden ist, sind mit dem
Kilometer-Pauschbetrag abgegolten, und zwar auch dann, wenn die Kreditfinan-
zierung des Fahrzeugs wegen Verlusts eines anderen Kraftfahrzeugs auf einer
Fahrt von der Wohnung zur Arbeitsstätte erforderlich geworden ist.

Außergewöhnliche Kosten eines Kraftfahrzeugs können neben dem gesetzlichen
Kilometer-Pauschbetrag berücksichtigt werden. Zu den außergewöhnlichen Auf-
wendungen/Unfallkosten → Tz. 221 ff.

Benutzt ein Arbeitnehmer sein eigenes Kraftfahrzeug außer für Fahrten zwischen 214
Wohnung und Arbeitsstätte auch noch regelmäßig für Dienstfahrten, so stehen ihm
für die Fahrten zwischen Wohnung und Arbeitsstätte die Pauschbeträge zu. Die
Dienstfahrten sind mit den angeführten Kilometersätzen abzugelten, soweit kein
Einzelnachweis erfolgt. Nach LStH 42 liegt auch dann eine Fahrt zwischen Wohnung und Arbeitsstätte vor, wenn diese gleichzeitig zu dienstlichen Verrichtungen
für den Arbeitgeber genutzt wird, z.B. Abholen der Post, sich dabei aber der Charakter der Fahrt nicht wesentlich ändert und allenfalls ein geringer Umweg erforderlich wird. Die erforderliche Umwegstrecke ist als Dienstreise zu werten.

Dritter Teil: Inlandsreisen

215 Bei **Fahrten zwischen Wohnung oder Arbeitsstätte und Ausbildungs- oder Wei-terbildungsstätte** mit eigenem Kraftfahrzeug, Kraftrad oder Fahrrad werden in der Regel ohne besonderen Nachweis der tatsächlichen Kosten Kilometersätze aner-kannt, soweit sie beim Kraftwagen 0,52 DM, beim Motorrad oder Motorroller 0,23 DM, beim Moped/Mofa 0,14 DM und beim Fahrrad 0,07 DM für den Kilometer nicht übersteigen. Es kann auch vorkommen, daß die Ausbildungsstätte als regel-mäßige Arbeitsstätte anzusehen ist, dann können allerdings nur die Kilometersätze für Fahrten zwischen Wohnung und Arbeitsstätte angesetzt werden (näheres dazu s. LStR 34).

8. ANZAHL DER FAHRTEN

216 Die Kilometerpauschbeträge für Fahrten zwischen Wohnung und Arbeitsstätte können grundsätzlich ohne Rücksicht auf die Zahl der Fahrten nur einmal für jeden Arbeitstag angesetzt werden, an dem der Arbeitnehmer mit seinem eigenen Kraft-fahrzeug zur Arbeitsstätte fährt. Bei der Berechnung der Arbeitstage ist von 300 Arbeitstagen auszugehen; hiervon sind arbeitsfreie Tage, z.B. Sonn- und Feiertage und Urlaubstage – bei Arbeitnehmern, die regelmäßige Dienstreisen durchführen, auch die Dienstreisetage –, abzuziehen. Bei einer 5-Tage-Woche sind außerdem die arbeitsfreien Samstage zu berücksichtigen. Tage mit Sonntagsarbeit sind zuzu-rechnen, wenn nicht zum Ausgleich ein freier Werktag gewährt wird.

217 Wird die **Arbeitszeit** jedoch **um mehr als 4 Stunden unterbrochen**, kann der Arbeitnehmer die Kilometer-Pauschale zweimal geltend machen, wenn er zweimal täglich zu seiner Arbeitsstätte fahren muß (BFH v. 17.9.1971, BStBl II 1972, 260). Muß der Arbeitnehmer aus betrieblichen Gründen die **Arbeitsstätte außerhalb der normalen Zeit**, z.B. abends oder am arbeitsfreien Wochenende oder als Kranken-hausarzt während des Bereitschaftsdienstes oder der Rufbereitschaft, aufsuchen, kann er ebenfalls die Kilometer-Pauschale zweimal geltend machen (BFH v. 20.3.1992, BStBl II, 835). Aber auch in diesen Ausnahmefällen dürfen die Auf-wendungen nur mit den Pauschbeträgen berücksichtigt werden.

9. TEILFAHRTEN/TEILSTRECKEN

218 Wird das Kraftfahrzeug **lediglich für eine Hin- und Rückfahrt** benutzt, z.B. wenn sich an die Hinfahrt eine Dienstreise anschließt, die in der Wohnung des Arbeit-nehmers beendet wird, so sind die Pauschbeträge nur zur Hälfte anzusetzen (BFH v. 26.7.1978, BStBl II, 660 und LStH 42, Stichwort „einfache Fahrt").

Wird ein Arbeitnehmer im eigenen Kraftfahrzeug von einem Dritten zu seiner Ar-beitsstätte gefahren und wieder abgeholt, so sind die sog. Leerfahrten auch dann nicht zu berücksichtigen, wenn die Fahrten wegen schlechter öffentlicher Ver-kehrsverhältnisse erforderlich sind (BFH v. 7.4.1989, BStBl II, 925).

219 Benutzt ein Arbeitnehmer für Fahrten zwischen Einsatzstelle und Arbeitsstätte für die Fahrt von der Wohnung **bis zur Haltestelle eines öffentlichen Verkehrsmittels** am Stadtrand ein eigenes Kraftfahrzeug und steigt dann am Stadtrand in ein öf-fentliches Verkehrsmittel um, so sind die auf die Entfernung bis zur Haltestelle entfallenden Werbungskosten nach den Pauschsätzen, die auf die Benutzung des öffentlichen Verkehrsmittels entfallenden Werbungskosten nach ihrer tatsäch-lichen Höhe zu bemessen. Die Aufwendungen für eine Fähre, auf der das Kraft-fahrzeug transportiert wird, können ebenfalls neben dem Kilometer-Pauschbetrag geltend gemacht werden.

220 Parkplatzgebühren sind durch die Pauschsätze abgegolten.

10. AUSSERGEWÖHNLICHE AUFWENDUNGEN/UNFALLKOSTEN

Mit den **Pauschbeträgen** (→ Tz. 201) sind **nur** die **normalen** mit der Benutzung des Kraftfahrzeugs verbundenen **Aufwendungen abgegolten**, z.B. Kraftstoff, Kfz-Steuer, Versicherung, AfA, normale Reparaturen, Kreditzinsen anläßlich der Anschaffung des Kfz (BFH v. 30.11.1979, BStBl II 1980, 138), Garagenkosten, Parkplatzgebühren u.ä., auch die Leasing-Kosten (BFH v. 11.9.1987, BStBl II 1988, 12). Dies gilt auch, wenn sich die Beiträge zur Haftpflicht- und Kaskoversicherung anläßlich eines Unfalls erhöhen, bezüglich der Erhöhungsbeträge (BFH v. 11.7.1986, BStBl II, 866). 221

Außergewöhnliche Aufwendungen sind dagegen **neben** den **Pauschbeträgen** als Werbungskosten **abzugsfähig**. Hierzu zählen insbesondere die **Kfz-Unfallkosten** (BFH v. 24.2.1978, BStBl II, 380). Der BFH hat im Urteil v. 4.7.1978 (BStBl II, 595) bestätigt, daß die Kosten eines Unfalls, den ein Arbeitnehmer auf einer Fahrt mit dem eigenen Kraftfahrzeug zwischen Wohnung und Arbeitsstätte erleidet, in jedem Fall und unabhängig von ihrer Höhe als Werbungskosten abgezogen werden können, und zwar neben den Pauschbeträgen für Fahrten zwischen Wohnung und Arbeitsstätte. Durch die Kilometer-Pauschale sind auch geringe Unfallkosten nicht abgegolten. Im Zeitalter des Handy stellt sich die Frage, wie z.B. bei einem Unfall bei einer Fahrt zur Arbeitsstätte im Rahmen der Rufbereitschaft zu verfahren ist, wenn diese Fahrt nicht von der Wohnung des Arbeitnehmers aus angetreten wird. Dem Grunde nach wären die Unfallkosten steuerlich nicht abzugsfähig, weil sich der Unfall nicht auf einer Fahrt zwischen Wohnung und Arbeitsstätte ereignet hat. Sollte jedoch stichhaltig der Nachweis erbracht werden, daß der Arbeitnehmer außerhalb der normalen Arbeitszeit in den Betrieb gerufen wurde, müßten auch die Unfallkosten, wie bei der Umwegfahrt bei einer Fahrgemeinschaft (→ Tz. 228) als Werbungskosten anerkannt werden. 222

Wird der eigene Kraftwagen des Arbeitnehmers bei einer **Fahrt zwischen Wohnung und Arbeitsstätte zerstört** oder **beschädigt**, so können sowohl die dadurch eingetretene **Wertminderung** (BFH v. 9.11.1979, BStBl II 1980, 71) als auch die vom Arbeitnehmer getragenen **Reparaturkosten** Werbungskosten sein, die ihrer Art nach als außergewöhnlich zu beurteilen und deshalb zusätzlich zu den Pauschsätzen als solche anzuerkennen sind. Soll mangels Reparatur des Kraftfahrzeugs die Wertminderung durch eine Absetzung für außergewöhnliche Abnutzung geltend gemacht werden, ist darauf zu achten, daß dies mit der Einkommensteuererklärung für das Jahr des Schadenseintritts erfolgt und nicht erst in dem Jahr, in dem z.B. aufgrund eines Schadensprozesses eine Schadensersatzleistung durch die gegnerische Unfallversicherung abgelehnt wurde (BFH v. 13.3.1998, DStR 1998, 967). Aufgrund der geänderten Rechtsprechung des BFH wird die Finanzverwaltung Absetzung für außergewöhnliche Abnutzungen für Schadensfälle in den Vorjahren bei Gerichtsentscheiden bis 1998 anerkennen. Als Unfallaufwendungen gelten nicht nur die unmittelbaren Krankheits- oder Reparaturkosten, sondern **alle** Aufwendungen, die wirtschaftlich mit dem Unfall zusammenhängen, z.B. Gerichts- und Anwaltskosten im Zusammenhang mit einem Schadensersatzprozeß, Zinsen für ein zur Deckung der Kosten aufgenommenes Darlehen usw. (so auch das Urteil des BFH v. 7.3.1962, BStBl III, 192). Soweit die unfallbedingte Wertminderung durch eine Reparatur behoben worden ist, sind nur die tatsächlichen Reparaturkosten zu berücksichtigen (BFH v. 27.8.1993, BStBl II 1994, 235). Zu den Unfallkosten gehören auch die vom Arbeitnehmer getragenen Aufwendungen am Pkw des Unfallgegners, wenn er auf die Erstattung durch die Versicherung verzichtet hat, um so den Schadensfreiheitsrabatt zu erhalten. 223

Wird der Pkw eines Arbeitnehmers auf einer Fahrt zwischen Wohnung und Arbeitsstätte **total beschädigt**, so ist bei der Ermittlung der als Werbungskosten abzugsfähigen Aufwendungen vom **Unterschiedsbetrag** zwischen dem Zeitwert des Pkws vor dem Unfall und dem Verkaufserlös für das Unfallwrack auszugehen. 224

Dritter Teil: Inlandsreisen

Liegen für die Höhe des Zeitwerts des Pkws vor dem Unfall keine Anhaltspunkte vor, kann der Zeitwert mit den Anschaffungskosten des Pkws abzüglich einer angemessenen AfA angenommen werden. Ist jedoch die gewöhnliche Nutzungsdauer für das Kraftfahrzeug bereits abgelaufen **und** sind die Anschaffungskosten ganz oder teilweise als Absetzung für Abnutzung bei berufsbedingten Fahrten als Werbungskosten geltend gemacht worden, kann der Zeitwert nicht mehr als Werbungskosten berücksichtigt werden. Nach dem Urteil des FG München v. 18.3.1998 (DStRE 1998, 508) gilt dies auch, wenn für das Kraftfahrzeug steuerlich keine Abschreibungen geltend gemacht worden sind. Der Umfang der privaten Nutzung eines bei der beruflichen Fahrt infolge Unfalls beschädigten Pkws ist hierbei ohne Auswirkung auf die Höhe der als Werbungskosten berücksichtigungsfähigen Aufwendungen (BFH v. 19.3.1982, BStBl II, 442).

Der sog. **merkantile Minderwert** des privaten Pkws des Arbeitnehmers kann nicht als Werbungskosten berücksichtigt werden, wenn der Arbeitnehmer den Pkw **reparieren läßt** und nach technisch einwandfreier Reparatur weiterhin benutzt (BFH v. 31.1.1991, BStBl II 1992, 401) **oder** den Pkw **selbst repariert**. In letzterem Fall sind nur die tatsächlichen Reparaturkosten Werbungskosten, nicht der Wert der eigenen Arbeitskraft.

Kosten zur Beseitigung eines Unfallschadens an einem privaten Kraftfahrzeug sind nur dann als Werbungskosten abziehbar, wenn sich der Unfall in ursächlichem Zusammenhang mit einer beruflich veranlaßten Fahrt ereignet. Nach dem Beschluß des GrS des BFH v. 28.11.1977 (BStBl II 1978, 105) sind **Unfallkosten nicht** deshalb von der Berücksichtigung als Werbungskosten ausgeschlossen, weil der Unfall darauf beruht, daß der Steuerpflichtige **bewußt** oder **leichtfertig** gegen die Verkehrsvorschriften verstoßen hat. Beschädigt ein Arbeitnehmer auf einer beruflichen Fahrt im Zustand der absoluten Fahruntüchtigkeit ein firmeneigenes Kfz, so begründet der Verzicht des Arbeitgebers auf die ihm zustehende Schadensersatzforderung einen geldwerten Vorteil des Arbeitnehmers (BFH v. 27.3.1992, BStBl II, 837), der als Arbeitslohn zu versteuern ist.

225 Ist der Unfall durch **Alkoholeinfluß** herbeigeführt worden, sind die Kosten zur Beseitigung der Schäden eines Kfz-Unfalls **nicht** als Werbungskosten **abziehbar** (BFH v. 6.4.1984, BStBl II, 434).

226 Wird der **private Pkw** eines Arbeitnehmers für eine Dienstreise verwendet und dabei **gestohlen**, so kann der Arbeitnehmer die Aufwendungen infolge des dadurch verursachten Schadens als Werbungskosten bei seinen Einkünften aus nichtselbständiger Arbeit abziehen (BFH v. 25.5.1992, BStBl II 1993, 44).

227 Wird eine **Ehefrau** von ihrem Ehemann, der nicht selbst Arbeitnehmer ist, täglich mit dem eigenen Pkw **zur Arbeitsstätte gebracht und wieder abgeholt**, so sind nur die erste Hinfahrt und die letzte Rückfahrt des Ehemannes durch den Beruf seiner Ehefrau veranlaßt. Sowohl die Fahrten, die der Ehemann durchführt, nachdem er seine Ehefrau zur Arbeitsstätte gebracht hat, als auch die erneuten Anfahrten zur Dienststelle nach Arbeitsschluß gehören dem privaten Bereich an, so daß eine Berücksichtigung der Unfallkosten als Werbungskosten bei diesen Fahrten ausgeschlossen ist (BFH v. 17.10.1973, BStBl II 1974, 319). Fahren **Ehegatten**, die bei demselben Arbeitgeber in derselben Schicht tätig sind, gemeinsam mit ihrem Pkw zur Arbeitsstätte und zurück, und muß die Ehefrau **ausnahmsweise** allein nach Hause fahren, weil der Ehemann länger arbeiten muß, so ist die **Abholfahrt** beruflich veranlaßt. Es kann allerdings insoweit nur der halbe Kilometerpauschsatz (0,35 DM) geltend gemacht werden (BFH v. 7.4.1989, BStBl II, 925).

Geschieht auf einer solchen **Abholfahrt** ein **Unfall**, sind die Kosten dafür in der Regel keine Werbungskosten (BFH v. 11.2.1992, BStBl II 1993, 518). Nur in besonders gelagerten Fällen kann die Leerfahrt noch als beruflich veranlaßt angesehen werden (BFH v. 3.8.1984, BStBl II, 800). Wird ein Ehegatte von dem anderen

Ehegatten im Rahmen einer wöchentlichen Familienheimfahrt mit dem Pkw zum Bahnhof gefahren und ereignet sich auf der Rückfahrt vom Bahnhof **(Leerfahrt)** ein Unfall, so sind die Unfallkosten Werbungskosten, wenn auf der Rückfahrt **keine privaten** Dinge erledigt werden (BFH v. 26.6.1987, BStBl II, 818).

Erleidet ein Arbeitnehmer **auf der Fahrt** mit dem eigenen Pkw von einer Baustelle, **228** auf der er beschäftigt ist und bei der die Möglichkeit zur Einnahme warmer Mahlzeiten fehlt, **zu einer nahegelegenen** und **zumutbaren Gaststätte** einen **Unfall**, so sind die **Unfallkosten** als Werbungskosten bei seinen Einkünften aus nichtselbständiger Arbeit abziehbar (BFH v. 18.12.1981, BStBl II 1982, 261); die **Fahrtkosten** selbst sollen dagegen **keine Werbungskosten** sein (BFH v. 18.12.1992, BStBl II 1993, 505). Dasselbe gilt bei **Umwegfahrten zum Tanken** (BFH v. 9.11.1979, BStBl II 1980, 71), **nicht** dagegen bei Umwegfahrten zur **Mitnahme eines Arbeitskollegen aus Gefälligkeit** (BFH v. 14.11.1986, BStBl II 1987, 275). Handelt es sich dagegen um eine **echte** Fahrgemeinschaft, können die Unfallkosten anläßlich eines Unfalls auf der Umwegstrecke, unabhängig von der Gestaltung der Fahrgemeinschaft, steuerlich berücksichtigt werden.

Keine beruflich veranlaßte Fahrt liegt vor, wenn der Arbeitnehmer nicht von seiner, **229** sondern von der **Wohnung eines Freundes**, einer Freundin, von einem **Hotel** usw. zur Arbeitsstätte fährt (BFH v. 25.3.1988, BStBl II, 706 und BFH v. 26.8.1988, BStBl II 1989, 144), oder wenn ein Arbeitnehmer vor Antritt einer Dienstreise sein Fahrzeug auf seine allgemeine Verkehrssicherheit überprüfen läßt und dabei ein Unfall herbeigeführt wird (BFH v. 23.6.1978, BStBl II, 457).

Kosten eines **Austauschmotors** sind unter gewissen Voraussetzungen (z.B. nach **230** kurzer Kilometerleistung) Werbungskosten (BFH v. 29.1.1982, BStBl II, 325).

Die **Versicherungsprämien** für die Kfz-Haftpflichtversicherung sind in voller Höhe **231** als Sonderausgaben anzusetzen, wenn Pauschbeträge für Fahrten zwischen Wohnung und Arbeitsstätte beantragt werden.

Diese steuerliche Behandlung der Aufwendungen für Fahrten zwischen Wohnung **232** und Arbeitsstätte gilt grundsätzlich **auch für die Betriebsausgaben des selbständigen Unternehmers** ($\to$ Tz. 51 ff.).

11. FAHRTEN MIT ANDEREN VERKEHRSMITTELN

Bei Fahrten **zwischen Wohnung und Arbeitsstätte** mit anderen als den unter **233** Tz. 201 genannten Verkehrsmitteln (Kfz, Motorrad, Motorroller, Moped, Mofa, Fahrrad) können die **tatsächlich entstandenen Aufwendungen** als Werbungskosten angesetzt werden; sie sind **um** steuerfreie **Ersatzleistungen** des Arbeitgebers **zu kürzen.** Auch Aufwendungen für Monats- oder Jahresfahrkarten – einschließlich sog. **Job-Tickets** – sind zu berücksichtigen. Eine mögliche private Mitbenutzung ist regelmäßig von untergeordneter Bedeutung.

Für den Werbungskostenabzug ist es auch unschädlich, daß eine Monats- oder Jahresfahrkarte zusätzlich auch für andere Strecken oder für Nebennutzungen gilt, wenn dadurch die Aufwendungen der Fahrkarte nicht höher werden.

Wenn ein Arbeitnehmer, der ein Job-Ticket vom Arbeitgeber erhalten oder erworben hat, nachweist oder glaubhaft macht, daß er mit dem eigenen Kraftfahrzeug zur Arbeit gefahren ist, kann er insoweit außerdem die Kilometer-Pauschbeträge ($\to$ Tz. 201) als Werbungskosten geltend machen.

Werden die Fahrten zwischen Wohnung und Arbeitsstätte mit einem Taxi durchgeführt, so können die nachgewiesenen Aufwendungen in vollem Umfang als Werbungskosten geltend gemacht werden, selbst dann, wenn öffentliche Verkehrsmittel kostengünstiger sind. Die Aufwendungen für das Taxi können nur dann vom Werbungskostenabzug ausgeschlossen werden, wenn sie nach der Verkehrsauffassung unangemessen sind, d.h. die Taxiaufwendungen stehen in keinem

Dritter Teil: Inlandsreisen

Verhältnis zum Arbeitslohn. Der steuerfreie Arbeitgeberersatz der Taxifahrten zwischen Wohnung und Arbeitsstätte ist nicht möglich, weil Taxis keine öffentlichen Verkehrsmittel **im Linienverkehr** sind.

XI. MEHRAUFWENDUNGEN WEGEN DOPPELTER HAUSHALTSFÜHRUNG

1. ALLGEMEINES

234   Vergütungen, die der Arbeitgeber seinem Arbeitnehmer wegen einer **beruflich veranlaßten doppelten Haushaltsführung** gewährt, sind steuerfrei (§ 3 Nr. 16 EStG), soweit sie die beruflich veranlaßten Mehraufwendungen nicht übersteigen.

Die steuerfreie Erstattung von Verpflegungsmehraufwendungen wird der Höhe nach durch die Pauschbeträge für Verpflegungsmehraufwendungen und der Zeit nach durch die Dreimonatsbegrenzung beschränkt.

In beiden Fällen ist für jeden Kalendertag die **Dauer der Abwesenheit von der Wohnung** maßgebend, in der der Arbeitnehmer **einen eigenen Hausstand** unterhält (→ Tz. 239) bzw. den **Mittelpunkt seiner Lebensinteressen** hat (→ Tz. 240 ff.). Seit 1996 wird eine beruflich veranlaßte doppelte Haushaltsführung bei einer Beschäftigung am selben Ort auf 2 Jahre begrenzt.

235   Eine doppelte Haushaltsführung haben Arbeitnehmer, die **beruflich außerhalb des Ortes**, an dem sie einen eigenen Hausstand (→ Tz. 239) unterhalten, **beschäftigt** sind und am Beschäftigungsort eine Zweitwohnung (→ Tz. 247) haben. Eine doppelte Haushaltsführung setzt grundsätzlich voraus, daß eine **Haushaltsführung aus beruflichem Anlaß auf 2 Wohnungen aufgeteilt** worden ist. Ein beruflicher Anlaß liegt regelmäßig bei einem **Wechsel des Beschäftigungsortes** aufgrund einer Versetzung vor; dasselbe gilt bei der **Begründung eines Dienstverhältnisses außerhalb des bisherigen Wohnortes** und seiner Umgebung. Es ist gleichgültig, ob die Zweitwohnung in zeitlichem Zusammenhang mit dem Wechsel des Beschäftigungsortes, nachträglich oder im Rahmen eines Umzugs aus einer privat begründeten Zweitwohnung bezogen worden ist. Eine beruflich veranlaßte Aufteilung einer Haushaltsführung liegt auch in den Fällen vor, in denen der **eigene Hausstand nach der Eheschließung** am Beschäftigungsort des ebenfalls berufstätigen Ehegatten begründet oder wegen der Aufnahme einer Berufstätigkeit des Ehegatten an dessen Beschäftigungsort verlegt und am Beschäftigungsort eine Zweitwohnung des Arbeitnehmers begründet worden ist.

236   Dagegen ist die Aufteilung nicht durch die berufliche Beschäftigung veranlaßt, wenn der Arbeitnehmer seinen Hausstand nach der Eheschließung in der außerhalb des Beschäftigungsortes liegenden Wohnung des nicht berufstätigen Ehegatten begründet oder aus anderen privaten Gründen vom Beschäftigungsort verlegt und im Zusammenhang damit am Beschäftigungsort die Zweitwohnung begründet hat.

237   **Bei verheirateten Arbeitnehmern** kann **für jeden Ehegatten** eine doppelte Haushaltsführung beruflich veranlaßt sein, wenn die Ehegatten außerhalb des Ortes ihres gemeinsamen Hausstands an verschiedenen Orten beschäftigt sind und am jeweiligen Beschäftigungsort eine Zweitwohnung beziehen (BFH v. 6.10.1994, BStBl II 1995, 184). Entsprechendes gilt, wenn beiderseits berufstätige Ehegatten am gemeinsamen Beschäftigungsort eine gemeinsame Zweitwohnung beziehen. Einer doppelten Haushaltsführung steht andererseits die Mitnahme des nicht berufstätigen Ehegatten an den Beschäftigungsort der beruflichen Veranlassung nicht entgegen.

Bezieht ein Arbeitnehmer, der seinen Hausstand vom Beschäftigungsort wegverlegt hat, **nach mehreren Jahren oder aus gesundheitlichen Gründen**, die in der Zwischenzeit eingetreten sind, am Beschäftigungsort eine **Zweitwohnung**, so kann dies durch die berufliche Beschäftigung veranlaßt sein. Bei Zuzug aus dem Ausland kann das Beziehen einer Zweitwohnung auch dann beruflich veranlaßt sein, wenn der Arbeitnehmer politisches Asyl beantragt oder erhält.

Wenn die vorgenannten Voraussetzungen erfüllt sind, kann der Arbeitgeber bei Arbeitnehmern in den **Steuerklassen III, IV oder V** ohne weiteres unterstellen, daß sie einen **eigenen Hausstand** haben.

Bei anderen Arbeitnehmern darf der Arbeitgeber einen eigenen Hausstand nur dann anerkennen, wenn diese **schriftlich erklären**, daß sie neben einer Zweitwohnung am Beschäftigungsort einen eigenen Hausstand außerhalb des Beschäftigungsortes unterhalten. Die Richtigkeit dieser Erklärung ist durch ihre Unterschrift zu bestätigen; die Erklärung ist als Beleg zum Lohnkonto aufzubewahren. **238**

2. EIGENER HAUSSTAND

Ein eigener Hausstand setzt eine **eingerichtete**, den Lebensverhältnissen des Arbeitnehmers entsprechende **Wohnung** voraus, die er aus eigenem Recht, z.B. als Eigentümer oder als Mieter nutzt; dabei kann auch ein gemeinsames oder abgeleitetes Nutzungsrecht ausreichen (BFH v. 5.10.1994, BStBl II 1995, 180). **239**

In dieser Wohnung muß der Arbeitnehmer einen Haushalt unterhalten, d.h., er muß die **Haushaltsführung bestimmen oder wesentlich mitbestimmen.**

Die Wohnung muß außerdem der **Mittelpunkt der Lebensinteressen** des Arbeitnehmers sein. Der Mittelpunkt der Lebensinteressen befindet sich bei einem verheirateten Arbeitnehmer regelmäßig am tatsächlichen Wohnort seiner Familie. Die Wohnung kann aber nur dann berücksichtigt werden, wenn sie der Arbeitnehmer **mindestens sechsmal im Jahr** aufsucht. Der sechsmalige Aufenthalt im eigenen Hausstand im Kalenderjahr dürfte für die Anerkennung des Lebensmittelpunkts jedoch dann nicht ausreichen, wenn der Arbeitnehmer seinen Ehegatten mit in die Zweitwohnung mitgenommen hat. In diesem Fall müßten für die steuerliche Anerkennung des Lebensmittelpunkts am Heimatort annähernd die gleiche Anzahl von Heimfahrten wie bei einem ledigen Arbeitnehmer durchgeführt werden (→ Tz. 206 und Thüringer FG v. 28.1.1998, EFG 1998, 1254).

Die bisher geltende Voraussetzung, daß in dem eigenen Hausstand vom Arbeitnehmer finanziell abhängige Angehörige leben müssen, ist nach dem BFH-Urteil v. 5.10.1994, BStBl II 1995, 180 nicht mehr erforderlich. Daher ist in Abschn. 43 Abs. 3 LStR 1996 der Begriff **„Familienhausstand"** durch den Begriff **„eigener Hausstand"** ersetzt worden. Konsequenterweise ist nun nicht mehr erforderlich, daß in der Wohnung im Ort des eigenen Hausstands hauswirtschaftliches Leben herrscht. Somit kann eine doppelte Haushaltsführung auch dann berücksichtigt werden, wenn der Arbeitnehmer seinen nichtberufstätigen Ehegatten in die Zweitwohnung mitnimmt. Ein eigener Hausstand liegt dagegen nicht vor bei Arbeitnehmern, die im Haushalt der Eltern leben und dort ein Zimmer – wenn auch gegen Kostenbeteiligung – bewohnen.

Bei Arbeitnehmern ohne eigenen Hausstand befindet sich der Mittelpunkt der Lebensinteressen an dem Wohnort, zu dem die engeren persönlichen Beziehungen bestehen. Die persönlichen Beziehungen können ihren Ausdruck besonders in Bindungen an Personen, z.B. **Eltern, Verlobte, Freundes- und Bekanntenkreis**, finden, aber auch in **Vereinszugehörigkeiten** und anderen Aktivitäten. Sucht der Arbeitnehmer diese Wohnung durchschnittlich **mindestens zweimal im Monat** auf, ist davon auszugehen, daß sich dort der Mittelpunkt seiner Lebensinteressen befindet. **240**

Bei einem Arbeitnehmer ohne eigenen Hausstand gilt ein **Wohnungswechsel** an den Beschäftigungsort oder in dessen Nähe allgemein für eine **Übergangszeit von 3 Monaten** nach Aufnahme der Beschäftigung am neuen Beschäftigungsort als doppelte Haushaltsführung, wenn der Arbeitnehmer den Mittelpunkt seiner Lebensinteressen mit der Wohnung am bisherigen Wohnort beibehält.

Dritter Teil: Inlandsreisen

Die Anerkennung einer doppelten Haushaltsführung bei Arbeitnehmern ohne eigenen Hausstand setzt für die **Folgezeit** voraus, daß der Arbeitnehmer von **vornherein für** eine **verhältnismäßig kurze Dauer, längstens** für **3 Jahre** (BFH v. 6.10.1994, BStBl II 1995, 186), am selben Ort beschäftigt wird, z.B. infolge einer befristeten Abordnung, Ableistung einer Probezeit, Teilnahme an einem Lehrgang.

3. ZWEIJAHRESFRIST

241   Durch das Jahressteuergesetz 1996 wurde die Abzugsfähigkeit von Aufwendungen anläßlich einer doppelten Haushaltsführung **auf** insgesamt **2 Jahre begrenzt**. Insoweit hat der Gesetzgeber der Rechtsprechung durch den BFH Rechnung getragen, wonach private Erwägungen zu unterstellen waren, wenn der doppelte Haushalt zwar aus beruflichem Anlaß begründet wurde, der Arbeitnehmer aber nach längerem Fortbestehen nichts unternommen hatte, die Trennung von der Familie zu beenden.

Diese Einschränkung gilt **auch** auch für eine doppelte Haushaltsführung, **die vor dem 1.1.1996 begonnen** hat (§ 52 Abs. 11a EStG).

> **BEISPIEL:**
> Aufwendungen wegen einer am 1.7.1998 begründeten doppelten Haushaltsführung können nur noch für die Zeit bis zum 30.6.2000 berücksichtigt werden.

Die Zweijahresfrist, die zwischenzeitlich auch hinsichtlich der Übergangsregelung zum Jahreswechsel 1995/96 vom BFH für verfassungsgemäß erklärt worden ist (BFH-Urteil v. 5.12.1997, BStBl II 1998, 211), beginnt, wenn der Arbeitnehmer seinen Beschäftigungsort gewechselt oder erstmals eine Beschäftigung aufgenommen hat und in der Umgebung des neuen Beschäftigungsortes eine Zweitwohnung bezogen hat. Ist der Arbeitnehmer vor Bezug der Zweitwohnung am auswärtigen Beschäftigungsort arbeitstäglich dorthin gefahren, so ist diese Zeit **nicht** auf die Zweijahresfrist anzurechnen.

> **HINWEIS:**
> Gegen die vorgenannte Entscheidung des BFH wurde Verfassungsbeschwerde beim BVerfG eingelegt (Aktenzeichen: 2 BvR 400/98).

Ist der Tätigkeit am Beschäftigungsort eine **Dienstreise** an diesen Ort unmittelbar **vorausgegangen**, so ist die Dauer dieser Dienstreise auf die Zweijahresfrist nicht anzurechnen.

Ein **Wechsel des Beschäftigungsortes** liegt vor, wenn der Arbeitnehmer außerhalb der Gemeinde, in der er seine Arbeitsstätte hatte, und deren Umgebung eine neue Arbeitsstätte erhält.

Bei Arbeitnehmern, die eine **Einsatzwechseltätigkeit** ausüben, ist der Mittelpunkt ihrer Einsatzstellen als Arbeitsstätte anzusehen.

Ein Wechsel des auswärtigen Beschäftigungsortes führt nur dann zu einer neuen doppelten Haushaltsführung, wenn er mit dem erstmaligen Bezug oder dem Wechsel der Zweitwohnung an den neuen Beschäftigungsort oder in dessen Einzugsbereich verbunden ist. Diese Aussage enthält die Tz. 15 des Arbeitgeber-Merkblatts (BStBl I 1995, 719). Das Erfordernis „Wechsel der Zweitwohnung" läßt sich nicht aus dem Gesetzestext herleiten. Dieser spricht in § 9 Abs. 1 Satz 1 Nr. 5 EStG nur von einer „Beschäftigung am selben Ort", so daß auch bei einem **Wechsel des Beschäftigungsortes ohne Wechsel der Zweitwohnung eine neue Zweijahresfrist beginnen müßte**. Verlegen dagegen beiderseits berufstätige Ehegatten den Familienwohnsitz an den Wohnort des bisher auswärts tätigen Ehegatten mit doppelter Haushaltsführung und behält der andere Ehegatte aus beruflichen Gründen die bisherige Familienwohnung als Zweitwohnung bei (sozusagen wechselseitiger Tausch der Familienwohnung), so beginnt für die neue Zweitwohnung (bisherige Familienwohnung) **keine** neue Zweijahresfrist. Für diese neue Zweitwohnung kann allenfalls ein verbleibender Restzeitraum der Zweijahresfrist als doppelte Haushaltsführung steuerlich anerkannt werden, der bei der ersten doppelten Haushaltsführung nicht ausgeschöpft wurde.

Eine urlaubs- oder krankheitsbedingte Unterbrechung der Beschäftigung am selben Ort hat auf den Ablauf der Zweijahresfrist keinen Einfluß.

Andere Unterbrechungen, z.B. durch eine vorübergehende Tätigkeit an einem anderen Beschäftigungsort, können nur dann zu einem Neubeginn der Zweijahresfrist für die Beschäftigung am bisherigen Beschäftigungsort führen, wenn die Unterbrechung mindestens **8** Monate (bis 1998: 12 Monate) gedauert hat. Wird eine doppelte Haushaltsführung aufgegeben und z.B. am gleichen auswärtigen Ort nach einem halben Jahr wieder aufgenommen, gilt dies als Fortführung der ursprünglichen doppelten Haushaltsführung, weil die Unterbrechung nicht mindestens **8** Monate (bis 1998: 12 Monate) gedauert hat. Trotzdem sind hier die ersten **3 Monate** als **Dienstreise** anzuerkennen, weil die Unterbrechung mindestens 4 Wochen gedauert hat. Die Voraussetzung, daß die Unterbrechung bei einer Beschäftigung am selben Ort mindestens **8** Monate (bis 1998: 12 Monate) gedauert haben muß, gilt nicht, wenn die doppelte Haushaltsführung vor dem 1.1.1996 unterbrochen wurde, denn die Zwölfmonatsfrist wurde erst durch Abschn. 43 Abs. 10 LStR 1996 eingeführt und ist deshalb erst ab 1996 anzuwenden.

> **BEISPIEL 1:**
>
> Eine doppelte Haushaltsführung wurde am 15.12.1995 unterbrochen und am 20.1.1996 wieder aufgenommen. In diesem Fall beginnt die Zweijahresfrist am 20.1.1996.

Auch bei Arbeitnehmern, die häufig Dienstreisen zu einem auswärtigen Ort durchführen, könnte z.B. bei einer viermonatigen Dienstreise die Zwölfmonatsfrist zu einem unbilligen Ergebnis führen.

> **BEISPIEL 2:**
>
> Ein Arbeitnehmer, der in einer Filiale seines Arbeitgebers in Frankfurt tätig ist, fährt mehrmals im Jahr zu mehrtägigen Besprechungen nach München. Vom 1.6. bis 30.9. wird er nach München gerufen, um dort an einem größeren Projekt mitzuarbeiten.
>
> Die mehrtägigen Fahrten nach München sind unstreitig Dienstreisen. Der viermonatige Aufenthalt in München vom 1.6. bis 30.9. ist für die ersten 3 Monate ebenfalls eine Dienstreise, ab dem 4. Monat liegt eine doppelte Haushaltsführung vor. Verpflegungsmehraufwendungen können daher **nur** für die ersten 3 Monate als Werbungskosten geltend gemacht oder vom Arbeitgeber steuerfrei erstattet werden; die Unterkunftskosten jedoch für den gesamten Zeitraum. Fährt der Arbeitnehmer z.B. nach Abschluß der Mitarbeit an dem viermonatigen Projekt erneut zu einer mehrtägigen Besprechung nach München, würde dies die Fortsetzung der doppelten Haushaltsführung bedeuten, weil die Unterbrechung nicht mindestens 8 Monate betragen hat. Zwar könnten hier noch die Unterkunftskosten steuerfrei vom Arbeitgeber erstattet werden, nicht jedoch die Mehraufwendungen für Verpflegung, da der Dreimonatszeitraum bereits anläßlich des viermonatigen Aufenthalts in München verbraucht ist.
>
> Hier hilft jedoch die bisher kaum beachtete Regelung in R 43 Abs. 8 Satz 3 i.V.m. Abs. 5 Satz 2 und R 37 Abs. 3 LStR weiter. Die Regelung in R 37 Abs. 3 LStR besagt zum Neubeginn der Dreimonatsfrist für die steuerliche Anerkennung von Verpflegungsmehraufwendungen bei einer Dienstreise an einen auswärtigen Tätigkeitsort, an dem der Arbeitnehmer bereits auswärts tätig war, daß die Dreimonatsfrist neu beginnt, wenn die Unterbrechung – ausgenommen sind Urlaubs- und Krankheitstage – mindestens 4 Wochen betragen hat. Weitere Voraussetzung nach R 43 Abs. 5 Satz 2 LStR ist, daß auch während der Unterbrechungszeit die

Dritter Teil: Inlandsreisen

Zweitwohnung gewechselt, also die Unterkunft bei Beendigung der ersten Auswärtstätigkeit aufgegeben wurde.

Sind diese Voraussetzungen erfüllt, können auch für den erneuten Aufenthalt in München erneut für die ersten 3 Monate Mehraufwendungen für Verpflegung steuerlich anerkannt werden. Hier wird demnach für diese 3 Monate die im Grunde nach fortgeführte doppelte Haushaltsführung durch die Dienstreise überlagert; hinsichtlich der Unterkunftskosten läuft die Zweijahresfrist jedoch seit Beginn der Auswärtstätigkeit in München weiter, weil hier die Unterbrechungsfrist nicht mindestens 8 Monate betragen hat.

Die neue ab 1999 geltende Unterbrechungsfrist von mindestens **8** Monaten bedeutet m.E. bei Arbeitnehmern, die 1997 und 1998 eine doppelte Haushaltsführung an einem auswärtigen Beschäftigungsort für weniger als 12 Monate, aber mindestens 8 Monate unterbrochen oder beendet haben, daß bei erneuter Rückkehr an diesen Beschäftigungsort und einer neuen doppelten Haushaltsführung ein noch verbleibender Zeitraum der Zweijahresfrist berücksichtigt werden kann.

BEISPIEL:

Ein Arbeitnehmer mit Familienwohnung in A führt seit mehr als zwei Jahren wegen einer Auswärtstätigkeit einen doppelten Haushalt in B. In 1998 wird er von seinem Arbeitgeber vom 1.2. bis 31.10. nach A zurückgerufen und ab 1.11. wieder nach B versetzt, wo er eine neue Zweitwohnung bezieht.

LÖSUNG:

In 1998 können keine Mehraufwendungen für eine doppelte Haushaltsführung geltend gemacht werden, zum einen, weil die erste doppelte Haushaltsführung bereits mehr als zwei Jahre bestand und zum anderen, weil in 1998 die Unterbrechung nicht mindestens 12 Monate gedauert hat. Ab 1999 können jedoch bis zum 31.10.2000 (Ablauf der Zweijahresfrist, beginnend mit dem 1.11.1998) Mehraufwendungen wegen doppelter Haushaltsführung geltend gemacht werden, weil nunmehr die geforderte Unterbrechungsfrist von mindestens acht Monaten erfüllt ist. In LStR 43 Abs. 11 wird nicht gefordert, daß die achtmonatige Unterbrechungsfrist in 1999 vorgelegen haben muß, sondern es wurde lediglich geregelt, ab wann sie anzuwenden ist. Demnach können vom 1.1. bis 31.1.1999 noch Mehraufwendungen für Verpflegung (der Dreimonatszeitraum für die steuerliche Anerkennung von Verpflegungsmehraufwendungen begann am 1.11.1998 und endet am 31.1.1999) und Unterkunftskosten sowie Familienheimfahrten bis zum 31.10.2000 steuerlich anerkannt werden.

242 Weitere Voraussetzung für die steuerliche Anerkennung einer beruflich veranlaßten doppelten Haushaltsführung ist, daß der Arbeitnehmer an dem Ort, wo er tätig ist, eine **weitere Wohnung oder sonstige Unterkunft** bezieht. Dabei braucht die Wohnung am Beschäftigungsort der Hauptwohnung nicht gleichwertig zu sein. Selbst eine Unterkunft in einfachster Form, z.B. in einer Baustellenbaracke, gilt als doppelter Haushalt. Es wird auch nicht verlangt, daß sich die Unterkunft in unmittelbarer Nähe des Beschäftigungsortes befindet (BFH v. 9.11.1971, BStBl II 1972, 134). Sie kann auch in einer Nachbargemeinde liegen.

Als **Werbungskosten** zur Abgeltung der notwendigen Mehraufwendungen, soweit sie vom Arbeitgeber nicht ersetzt werden, kommen die nachfolgend beschriebenen Aufwendungen in Betracht.

4. FAHRTKOSTEN

243 Die **Fahrtkosten** aus Anlaß des Wohnungswechsels **zu Beginn und am Ende** der doppelten Haushaltsführung:

Wird für diese Fahrten ein eigenes Kraftfahrzeug benutzt, so können ohne Einzelnachweis beim Kraftwagen bis zu 0,52 DM, beim Motorrad oder Motorroller bis zu

0,23 DM, beim Moped/Mofa bis zu 0,14 DM und beim Fahrrad bis zu 0,07 DM für den Kilometer erstattet werden. Außerdem können etwaige **Nebenkosten** (→ Tz. 133) berücksichtigt werden. Nach Ablauf der Zweijahresfrist kann die Fahrt am Ende der doppelten Haushaltsführung lediglich als Fahrt zwischen Wohnung und Arbeitsstätte behandelt werden (→ Tz. 244).

Die Fahrtkosten für jeweils eine **tatsächlich durchgeführte Heimfahrt** wöchentlich an den Ort des **eigenen Hausstands oder** an den **bisherigen Wohnort** bzw. zum Ort, an dem sich der Lebensmittelpunkt befindet. **244**

Fahrten vom Beschäftigungsort zum Ort des eigenen Hausstands und zurück (Familienheimfahrten) sind nach Ablauf der Zweijahresfrist als Fahrten zwischen Wohnung und Arbeitsstätte zu behandeln (→ Tz.199), wenn die Wohnung am Ort des eigenen Hausstands weiterhin den Lebensmittelpunkt des Arbeitnehmers darstellt, d.h., sie bei einem verheirateten Arbeitnehmer von diesem mindestens sechsmal im Kalenderjahr aufgesucht wird (LStR 42 Abs. 1 Satz 5). Dies gilt auch dann, wenn die Fahrten an der Zweitwohnung (ggf. mit Übernachtung) unterbrochen werden. Der Ersatz der Fahrtkosten durch den Arbeitgeber ist steuerfrei, wenn die Fahrten mit öffentlichen Verkehrsmitteln im Linienverkehr durchgeführt werden.

Für die **Fahrtkosten** bei **Benutzung eines eigenen Kraftfahrzeugs** können **0,70 DM pro Entfernungskilometer** angesetzt werden. **Schwerbehinderte** können höhere Kilometersätze geltend machen (→ Tz. 204). Es gilt für alle das zu den Fahrten zwischen Wohnung und Arbeitsstätte Gesagte (→ Tz. 201 ff.). Wegen außergewöhnlicher Kosten → Tz. 221.

Führt der Arbeitnehmer mehr als eine Heimfahrt wöchentlich durch, so kann er bei der Veranlagung zur Einkommensteuer wählen, ob er die notwendigen Mehraufwendungen wegen einer doppelten Haushaltsführung – hierunter fallen u.a. Verpflegungsmehraufwendungen und Aufwendungen für die Zweitwohnung – oder aber Fahrtkosten nach Maßgabe der Pauschsätze für Fahrten zwischen Wohnung und Arbeitsstätte geltend macht. Nach Ablauf der Zweijahresfrist können die Fahrtkosten zum Heimatort als Fahrten zwischen Wohnung und Arbeitsstätte anerkannt werden, wenn der Heimatort weiterhin den Lebensmittelpunkt bildet.

Ein Arbeitnehmer mit Einsatzwechseltätigkeit kann zwischen den notwendigen Mehraufwendungen und den Fahrtkosten, die im Rahmen der Einsatzwechseltätigkeit typischerweise anerkannt werden (→ Tz. 119), wählen.

Nach Ablauf der Zweijahresfrist für die steuerliche Anerkennung einer doppelten Haushaltsführung können die bisherigen Familienheimfahrten steuerlich als Fahrten zwischen Wohnung und Arbeitsstätte anerkannt werden. **Voraussetzung** ist jedoch, daß die Wohnung am Heimatort weiterhin den Lebensmittelpunkt darstellt; wegen der weiteren Einzelheiten → Tz. 206.

Eine Besonderheit gilt für bestimmte Montagearbeiter mit Einsatzwechseltätigkeit und Übernachtung am auswärtigen Tätigkeitsort nach Ablauf der Zweijahresfrist. Sind sie an einer auswärtigen Tätigkeitsstelle beschäftigt, die sich infolge der Eigenart der Tätigkeit laufend verändert (z.B. Autobahn-, Eisenbahnstreckenbau), gilt für diese die zeitliche Begrenzung des Abzugs der Fahrtkosten mit dem Kilometersatz von 0,52 DM auf 3 Monate nicht (R 37 Abs. 3 Nr. 2 LStR 2000). Nach Ablauf der Zweijahresfrist bei der doppelten Haushaltsführung werden für diese Arbeitnehmer die Heimfahrten nicht zu Fahrten zwischen Wohnung und Arbeitsstätte, für die nur der Kilometer-Pauschbetrag von 0,70 DM je Entfernungskilometer in Betracht kommt, sondern bleiben Fahrten im Rahmen einer Einsatzwechseltätigkeit. Beträgt die Entfernung zwischen der Heimatwohnung und der auswärtigen Tätigkeitsstätte mehr als 30 km, kommt für diese Fahrten der Kilometersatz von 0,52 DM je gefahrenen Kilometer zur Anwendung. Entsprechendes gilt für die Fahrten unter der Woche von der auswärtigen Unterkunft zur Einsatzstelle.

Dritter Teil: Inlandsreisen

5. FAMILIENFERNGESPRÄCHE

245 Tritt an die Stelle einer Familienheimfahrt oder der Besuchsfahrt der Ehefrau (→ Tz. 263) ein **Ferngespräch mit Angehörigen**, so können Gebühren bis zu einer Dauer von 15 Minuten mit Angehörigen, die zum Familienhausstand des Arbeitnehmers gehören, als Werbungskosten berücksichtigt werden, **wenn sie nachgewiesen werden** (BFH v. 18.3.1988, BStBl II, 988; BFH v. 8.11.1996, HFR 1996, 567). Dabei ist es aufgrund des vielschichtigen Angebots im Telefonbereich nicht mehr erforderlich, daß das Telefongespräch zum günstigsten Tarif geführt werden muß, weil derartige Tarifermittlungen dem Arbeitnehmer kaum zugemutet werden können.

6. VERPFLEGUNGSMEHRAUFWENDUNGEN

246 Die notwendigen Mehraufwendungen für Verpflegung für einen **Zeitraum von 3 Monaten** nach Aufnahme der Beschäftigung am neuen Beschäftigungsort können **für jeden Kalendertag**, an dem der Arbeitnehmer von seinem Mittelpunktwohnort (→ Tz. 64, 205, 239) abwesend ist, mit dem für Dienstreisen einzusetzenden Pauschbetrag von 46 DM geltend gemacht werden. Dabei ist allein die Dauer der Abwesenheit von dem Mittelpunktwohnort maßgebend. Für Tage der Familienheimfahrten werden für den Tag der Heimfahrt und den Tag der Rückreise zum Beschäftigungsort 20 DM anerkannt, wenn die Abwesenheitsdauer mindestens 14 Stunden beträgt, und wenn die Abwesenheitsdauer mindestens 8 Stunden beträgt, werden 10 DM anerkannt. Die Lohnsteuer-Pauschalierung (→ Tz. 153) höherer vom Arbeitgeber erstatteter Verpflegungsaufwendungen ist bei einer doppelten Haushaltsführung ausgeschlossen.

Ist der Tätigkeit am Beschäftigungsort eine Dienstreise an diesen Beschäftigungsort unmittelbar **vorausgegangen**, so ist deren Dauer auf die Dreimonatsfrist anzurechnen. Für den Beginn der Dreimonatsfrist gelten die Regelungen wie zur Dienstreise (→ Tz. 69, 117).

Nach Ablauf der Dreimonatsfrist können Verpflegungsmehraufwendungen wegen der doppelten Haushaltsführung nicht mehr als Werbungskosten abgesetzt werden. Eine Besonderheit ist bei Arbeitnehmern mit Einsatzwechseltätigkeit zu beachten. Nach Ablauf der Dreimonatsfrist können weiter Verpflegungsmehraufwendungen i.H.v. 10/20 DM für die **Einsatzwechseltätigkeit** berücksichtigt werden, soweit die zeitlichen Abwesenheiten von der auswärtigen Unterkunft mindestens 8 bzw. 14 Stunden überschreiten. Die Begrenzung des pauschalen Abzugs von Verpflegungsmehraufwendungen auf drei Monate gilt mithin nur für Arbeitnehmer, die eine regelmäßige Arbeitsstätte haben; vgl. § 4 Abs. 5 Nr. 5 Satz 2 EStG. Soweit für denselben Zeitraum Verpflegungsmehraufwendungen wegen einer Dienstreise, Fahrtätigkeit oder Einsatzwechseltätigkeit oder wegen einer doppelten Haushaltsführung anzuerkennen sind, ist **nur der höchste Pauschbetrag** anzusetzen.

> **BEISPIEL:**
>
> Ein Arbeitnehmer führt seit 2 Monaten einen doppelten Haushalt. Vom Ort der auswärtigen Beschäftigung unternimmt er eine 10stündige Dienstreise. Einzeln betrachtet stünden dem Arbeitnehmer Mehraufwendungen für Verpflegung für die doppelte Haushaltsführung i.H.v. 46 DM am Tag der Dienstreise und für die Dienstreise als solches i.H.v. 10 DM, also insgesamt 56 DM zu. Es darf jedoch nur der höchste in Betracht kommende Einzelbetrag von 46 DM angesetzt werden.

Auch wenn bei einer doppelten Haushaltsführung Verpflegungsmehraufwendungen grundsätzlich nur für die ersten drei Monate steuerlich anerkannt werden, kann es vorkommen, daß innerhalb der Zweijahresfrist der gleichen doppelten Haushaltsführung mehrmals der Dreimonatszeitraum für die Anerkennung von Verpflegungsmehraufwendungen zum Zuge kommt, und zwar

– bei einem Arbeitnehmer mit **regelmäßiger Arbeitsstätte** dann, wenn die Unterbrechung der doppelten Haushaltsführung mindestens vier Wochen gedauert hat (LStR 43 Abs. 8 Satz 3 i.V.m. Abs. 5 Satz 2 und LStR 37 Abs. 3 Nr. 1; → Tz. 241, Beispiel 2);

– bei Arbeitnehmern mit Einsatzwechseltätigkeit, wenn die Unterbrechung der doppelten Haushaltsführung ebenfalls mindestens vier Wochen gedauert hat. Dies gilt allerdings nur, wenn der Arbeitnehmer während der Unterbrechungszeit die Zweitwohnung und den Beschäftigungsort wechselt. Sind die vorgenannten Voraussetzungen erfüllt, können hier wieder Verpflegungsmehraufwendungen bis zu 46 DM/täglich bei Rückkehr zum bisherigen Beschäftigungsort für die erneuten (ersten) 3 Monate steuerlich anerkannt werden, weil es für den Dreimonatszeitraum auf die Abwesenheitsdauer von der Familienwohnung ankommt.

Eine Ausnahme von der Dreimonatsfrist gilt jedoch für Montagearbeiter mit einer Einsatzwechseltätigkeit, wenn sich deren Einsatzstätte infolge der Eigenart ihrer Tätigkeit laufend verändert (z.B. Bau einer Autobahn) und sie an der auswärtigen Einsatzstelle übernachten. Für diese Montagearbeiter können auch bei einer doppelten Haushaltsführung die Pauschbeträge für Verpflegungsmehraufwendungen bis zu 46 DM täglich **ohne zeitliche Begrenzung** berücksichtigt werden, weil hier die Dreimonatsfrist nicht gilt (s. LStR 43 Abs. 5 Satz 2 i.V.m. Abs. 8 Satz 5 i.V.m. LStR 37 Abs. 3 Nr. 2).

7. AUFWENDUNGEN FÜR DIE ZWEITWOHNUNG

Die notwendigen **Kosten der Unterkunft** am Beschäftigungsort: **247**

– Abzugsfähig sind nur die **notwendigen Aufwendungen** für die Unterbringung am Beschäftigungsort (z.B. Miete für die Wohnung, das möblierte Zimmer, Hotelkosten, Mietnebenkosten) in der **nachgewiesenen Höhe**, soweit sie nicht überhöht sind. Dies gilt jedoch nur unter der Voraussetzung, daß die Übernachtung nicht in einer vom Arbeitgeber gestellten Unterkunft erfolgt. Steht die Zweitwohnung im **Eigentum des Arbeitnehmers**, so sind die Aufwendungen in der Höhe als notwendig anzusehen, in der sie der Arbeitnehmer als Mieter für eine nach Größe, Ausstattung und Lage angemessene Wohnung tragen müßte. Bei Übernachtung in einer Eigentumswohnung sind die fiktiven Mietkosten nach dem Mittelwert des finanzamtlichen Mietspiegels für eine 60 m²-Wohnung zu schätzen. Zu den Aufwendungen für die Zweitwohnung gehören auch die Absetzungen für Abnutzung (Abschreibung), Hypothekenzinsen sowie Reparaturkosten, die Aufwendungen für notwendiges Mobiliar und Haushaltsgegenstände. Der Begriff „notwendig" besagt, daß ein aufwendiger Lebensstil mit teuren Aufwendungen für die Einrichtung als unangemessen angesehen werden muß. Notwendige Kosten sind also Aufwendungen für einfache Einrichtungsgegenstände eines Junggesellenhaushalts. Hierzu gehören u.a. Geschirr, Lampen, Gardinen, Bett und Bettzeug, Tisch und Stühle, einfache Teppiche, Herd, Spüle (keine elektrische Spülmaschine), einfaches Fernsehgerät usw. Zu den notwendigen Aufwendungen für die Zweitwohnung gehört auch eine für diese Wohnung evtl. zu entrichtende Zweitwohnungsteuer.

– Ein **pauschaler Ansatz** von Kosten der Unterkunft ist im Gegensatz zum Kostenersatz durch den Arbeitgeber (→ Tz. 158) **nicht möglich**.

Dritter Teil: Inlandsreisen

248 Nachgewiesene Übernachtungskosten sind sogar dann zu berücksichtigen, wenn es sich bei der auswärtigen Unterkunft um ein **eigenes Haus oder** um die **eigene Eigentumswohnung** des Arbeitnehmers handelt (BFH v. 20.12.1982, BStBl II 1983, 269). Die Kosten sind jedoch nur insoweit berücksichtigungsfähig, als sie nicht zu den Werbungskosten bei den Einkünften aus Vermietung und Verpachtung gehören. Deshalb können allerdings die Abzugsbeträge und Vorkosten nach § 10e EStG nicht mehr geltend gemacht werden (BMF-Schreiben v. 10.5.1989, BStBl I, 165). In diesem Fall wird auch keine Eigenheimzulage gewährt (BMF-Schreiben v. 10.2.1998, BStBl I, 190, Rz. 18). **Kein Werbungskostenabzug** der Aufwendungen für die Zweitwohnung am auswärtigen Beschäftigungsort ist dann gegeben, wenn dem Arbeitnehmer die Zweitwohnung, z.B. von seinem Vater als Mieter und Kostenträger, unentgeltlich zur Verfügung gestellt wird (**Abzugsverbot bei Drittaufwand,** BFH v. 13.3.1996, BStBl II, 375). Ein Wohnmobil (Campingbus) erfüllt grundsätzlich nicht die Voraussetzung für eine „Unterkunft" bei einer doppelten Haushaltsführung, es sei denn, es ist auf Dauer auf einem Grundstück abgestellt (Wohnwagen).

Übernachtet der Arbeitnehmer im Hotel, so gehören nur die reinen Übernachtungskosten – also nicht das Frühstück – zu den Aufwendungen für die doppelte Haushaltsführung. Ist das Frühstück im Übernachtungspreis ohne gesonderten Ausweis enthalten, sind die Kosten für das Frühstück bei einer Übernachtung im Inland mit 9 DM vom Übernachtungspreis abzuziehen. Soweit Arbeitnehmer keine Dienstreisen durchführen, z.B. wegen Einsatzwechseltätigkeit, zählt bereits eine einmalige Hotelübernachtung als doppelte Haushaltsführung (→ Tz. 50).

8. AUSLÄNDISCHE ARBEITSSTÄTTE

249 Befindet sich die Arbeitsstätte im Ausland, so werden **für die ersten 3 Monate** seit Beginn der Tätigkeit am ausländischen Beschäftigungsort anerkannt:

– die notwendigen **Mehraufwendungen für Verpflegung** ohne Einzelnachweis mit dem für Auslandsreisen für das jeweilige Land **maßgebenden Auslandstagegeld** (→ Tabelle 2, Tz. 2),

– die notwendigen **Kosten der Unterkunft** ohne Einzelnachweis mit dem für das jeweilige Land **maßgebenden Auslandsübernachtungsgeld** (→ Tabelle 2, Tz. 2); **für die Folgezeit mit 40 %** des für das jeweilige Land **maßgebenden Auslandsübernachtungsgeldes.** Zur Kürzung der Übernachtungskosten im Hotel um das Frühstück (→ Tz. 43).

Zu den Fahrtkosten (→ Tz. 243 f.), zu den Familienferngesprächen (→ Tz. 245).

9. ARBEITNEHMER OHNE EIGENEN HAUSSTAND

250 Bei Arbeitnehmern ohne eigenen Hausstand gilt ein **Wohnungswechsel an** den **Beschäftigungsort** oder in dessen Nähe, wenn er den **Mittelpunkt seiner Lebensinteressen** (→ Tz. 205, 239) mit seiner Wohnung am bisherigen Wohnort **beibehält**, für folgende Zeiträume als doppelte Haushaltsführung:

– für eine **Übergangzeit von drei Monaten** nach Aufnahme der Beschäftigung am neuen Beschäftigungsort,

– für die Folgezeit nur, wenn

• der Arbeitnehmer für eine **verhältnismäßig kurze Dauer am selben Ort** beschäftigt wird, z.B. infolge einer befristeten Abordnung, Ableistung einer Probezeit, Teilnahme an einem Lehrgang. Eine Beschäftigung von verhältnismäßig kurzer Dauer liegt nur vor, wenn die Beschäftigung an demselben

Ort von vornherein auf längstens drei Jahre befristet ist (BFH vom 6.10.1994, BStBl II 1995, 186),

- der Arbeitnehmer **längerfristig** oder auf Dauer an einem Ort beschäftigt wird und deshalb **umzugsbereit** ist, solange er am Beschäftigungsort eine nach objektiven Maßstäben **angemessene Wohnung nicht erlangen** kann.

Für den Ablauf der Dreimonatsfrist gelten die Regelungen für Dienstreisen (→ Tz. 117) mit der Maßgabe, daß der Neubeginn der Dreimonatsfrist auch den Wechsel der Zweitwohnung an den neuen Beschäftigungsort voraussetzt.

Als notwendige Mehraufwendungen kommen in Betracht:

a) FAHRTKOSTEN

Die **Fahrtkosten** aus Anlaß der Wohnungswechsel **zu Beginn und am Ende der doppelten Haushaltsführung**:   251

Wird für diese Fahrten ein eigenes Kraftfahrzeug benutzt, so können ohne Einzelnachweis beim Kraftwagen bis zu 0,52 DM, beim Motorrad oder Motorroller bis zu 0,23 DM, beim Moped/Mofa bis zu 0,14 DM und beim Fahrrad bis zu 0,07 DM für den gefahrenen Kilometer erstattet werden. Zusätzlich können etwaige Nebenkosten berücksichtigt werden.

Die Fahrtkosten für jeweils eine Fahrt wöchentlich zum Ort, an dem sich der Lebensmittelpunkt befindet:

Für die Fahrtkosten bei Benutzung eines eigenen Kraftfahrzeugs können **0,70 DM pro Entfernungskilometer** angesetzt werden. Im einzelnen gilt das zu den Fahrten zwischen Wohnung und Arbeitsstätte Gesagte (→ Tz. 199). Nach Ablauf der Zweijahresfrist können die Fahrtkosten zum Heimatort als Fahrten zwischen Wohnung und Arbeitsstätte anerkannt werden, wenn der Heimatort weiterhin den Lebensmittelpunkt bildet. Bei Arbeitnehmern, die ihren Familienwohnsitz im Ausland haben, reicht es nach LStR 43 Abs. 3 Satz 4 und 5 1999 für die Annahme des Lebensmittelpunkts am Heimatort aus, wenn die Heimatwohnung wenigstens einmal im Kalenderjahr, bzw. bei im weit entfernten Ausland belegenem Familienwohnsitz mindestens einmal innerhalb der Zweijahresfrist der doppelten Haushaltsführung aufgesucht wird. Da jedoch nach Ablauf der Zweijahresfrist für die steuerliche Anerkennung einer beruflich veranlaßten doppelten Haushaltsführung die Familienheimfahrten zu Fahrten zwischen Wohnung und Arbeitsstätte werden, ist hier die Regelung der LStR 42 Abs. 1 Sätze 5 und 9 anzuwenden. Danach muß bei Verheirateten für die Anerkennung der Familienheimfahrten als Fahrten zwischen Wohnung und Arbeitsstätte der Familienwohnsitz mindestens sechsmal im Kalenderjahr aufgesucht werden (→ Tz. 206).

Anstelle der Fahrtkosten können Aufwendungen für wöchentliche **Familienferngespräche** geltend gemacht werden (→ Tz. 245).

b) AUFWENDUNGEN FÜR DIE ZWEITWOHNUNG

Die notwendigen Kosten der Unterkunft am inländischen Beschäftigungsort: 252

- Abzugsfähig sind nur die **notwendigen Aufwendungen** für die Unterbringung am Beschäftigungsort in der **nachgewiesenen Höhe**, sofern sie nicht überhöht sind.

- Ein **pauschaler Ansatz** der Kosten der Unterkunft ist **nicht möglich**.
  Im übrigen gilt das zu den Arbeitnehmern mit eigenem Hausstand Gesagte (→ Tz. 247).

c) VERPFLEGUNGSMEHRAUFWENDUNGEN

253   Die notwendigen Mehraufwendungen für Verpflegung, und zwar **für die ersten 3 Monate** seit Beginn der Tätigkeit am Beschäftigungsort in demselben Umfang wie bei Arbeitnehmern mit eigenem Hausstand (→ Tz. 69, 246).

d) EINZELNACHWEIS DER MEHRAUFWENDUNGEN

Ab 1996 ist ein **Einzelnachweis** bei den Verpflegungsmehraufwendungen **nicht mehr möglich.** Der Abzug tatsächlich entstandener höherer Verpflegungsmehraufwendungen als 46 DM ist nicht möglich. Auch die **ab 1997** eingeführte **Lohnsteuer-Pauschalierung** höherer Beträge durch den Arbeitgeber ist **hier nicht** zulässig.

10. BERUFLICHE VERANLASSUNG DER DOPPELTEN HAUSHALTSFÜHRUNG

254   Voraussetzung ist jedoch immer, daß die doppelte Haushaltsführung **beruflich bzw. geschäftlich veranlaßt** ist. **Typische Fälle** für einen beruflichen oder geschäftlichen Anlaß sind der erstmalige Antritt einer Stelle, ein Arbeitgeberwechsel, eine Versetzung, eine Eröffnung oder Verlegung eines Betriebes, einer Praxis u.ä.

255   Begründen Ehegatten ihren **Familienwohnsitz** außerhalb des Arbeitsortes des **allein verdienenden Ehemannes** und behält der Ehemann eine in der Nähe seines Arbeitsplatzes gelegene Wohnung bei, so besteht in der Regel **keine berufliche** Veranlassung für die Unterhaltung eines doppelten Haushalts (BFH v. 26.11.1976, BStBl II 1977, 158 und BFH v. 2.12.1981, BStBl II 1982, 297). Besteht zwischen Begründung des Familienwohnsitzes und der Errichtung des zweiten Haushalts **kein enger Zusammenhang**, z.B. Errichtung des zweiten Haushalts **5 Jahre später**, ist der doppelte Haushalt **beruflich veranlaßt** (BFH v. 30.10.1987, BStBl II 1988, 358 und BFH v. 22.9.1988, BStBl II 1989, 94). Mit letzterem Urteil hat der BFH eine Frist von 1½ Jahren genügen lassen unter der Voraussetzung, daß die täglichen Fahrten z.B. wegen schwerer Erkrankung nicht mehr zumutbar sind.

256   Keine beruflich veranlaßte doppelte Haushaltsführung liegt vor, wenn ein Arbeitnehmer **zunächst** einen **doppelten Haushalt führt, danach am Beschäftigungsort jahrelang mit** der Familie **lebt und dann** die Familie wieder an ihren früheren Wohnort **zurückkehrt** (BFH v. 2.12.1981, BStBl II 1982, 323).

257   Bei **Eheschließung** sind häufig **2 Wohnungen** vorhanden. Ein beruflicher Anlaß für einen doppelten Haushalt kann dann gegeben sein, wenn **beide Ehegatten berufstätig** sind und jeder an seinem Arbeitsort eine Wohnung hat. In einem solchen Fall wird zwangsläufig eine der beiden Wohnungen zur Familienwohnung. Die Wohnung des anderen Ehegatten ist dann die beruflich veranlaßte Zweitwohnung (BFH v. 13.7.1976, BStBl II, 654 und BFH v. 4.10.1989, BStBl II 1990, 321). In diesem Fall beginnt die Zweijahresfrist im Zeitpunkt der Eheschließung. Die Zeit vor der Eheschließung, in der bereits eine quasi doppelte Haushaltsführung bestand, die allerdings steuerlich nicht anerkannt wurde, ist **nicht** auf die Zweijahresfrist anzurechnen.

258   Ein beruflich veranlaßter doppelter Haushalt besteht auch, wenn der **Familienwohnsitz verlegt** wird und z.B. die Ehefrau am neuen Wohnsitz ein Beschäftigungsverhältnis eingeht. Wenn dann die bisherige Wohnung beibehalten wird, weil der Ehemann von dieser Wohnung aus seiner Berufstätigkeit nachgeht, wird die bisherige Familienwohnung jetzt zur Zweitwohnung und gilt als Begründung eines doppelten Haushalts (BFH v. 2.10.1986, BStBl II 1987, 852).

259   Eheleute, die am Beschäftigungsort in einer **familiengerechten Wohnung** einen doppelten Haushalt unterhalten, führen **keinen** doppelten Haushalt, wenn in der beibehaltenen früheren Familienwohnung eine von den Eheleuten unterstützte

Angehörige lebt, die die minderjährige Tochter der Eheleute versorgt und erzieht (BFH v. 29.11.1974, BStBl II 1975, 459).

Lebt die Familie eines Arbeitnehmers im Ausland, so können Werbungskosten wegen doppelter Haushaltsführung unter der Voraussetzung anerkannt werden, daß der Familienhausstand noch als eigener Haushalt des Arbeitnehmers, zu dem er wesentlich beiträgt, angesehen werden kann. Liegt der eigene Hausstand im Ausland, reicht es aus, wenn der Arbeitnehmer neben seiner finanziellen Beteiligung am eigenen Hausstand wenigstens eine Familienheimfahrt im Kalenderjahr durchführt. Ist der Hausstand am Beschäftigungsort der Mittelpunkt der Lebensinteressen geworden, liegt **keine** doppelte Haushaltsführung mehr vor. **260**

Führt die **Ehefrau einen doppelten Haushalt**, d.h. ist sie an einem anderen Ort als ihr Mann beschäftigt, so kann sie hierfür Werbungskosten geltend machen. Es ist nicht erforderlich, daß es ihr unmöglich ist, eine gleichwertige Arbeit am gemeinsamen Wohnort zu finden. **261**

Sind **Ehegatten an verschiedenen Orten berufstätig** und ist die Tätigkeit der Ehefrau nicht ortsgebunden, so sind die Mehraufwendungen für den doppelten Hausstand Werbungskosten. Auch in diesem Fall ist die Zumutbarkeit des Umzugs bzw. Begründung des gemeinsamen Hausstandes nicht erforderlich. **262**

Tritt ein **Besuch der Ehefrau** an die Stelle einer Familienheimfahrt des Arbeitnehmers, so sind die Reisekosten der Ehefrau als Werbungskosten geltend zu machen (BFH v. 2.7.1971, BStBl II 1972, 67). Ist ein Arbeitnehmer, der einen doppelten Haushalt führt, **aus beruflichen Gründen an** einer **Familienheimfahrt gehindert** und besucht ihn deswegen seine Ehefrau am Arbeitsort, so sind Werbungskosten nur die Fahrtkosten, nicht aber der Mehraufwand der Ehefrau für Unterkunft und Verpflegung am Arbeitsort. **263**

Aufwendungen für eine Fahrt der Ehefrau zum Arbeitsort des Ehemannes **zum Suchen oder Besichtigen einer neuen Wohnung** sind in der Höhe Werbungskosten, wie ein vergleichbarer Bundesbeamter Ersatz der Fahrtkosten, Tage- und Übernachtungsgelder für eine solche Reise seiner Frau als Umzugskostenvergütung erhalten würde (BFH v. 21.8.1974, BStBl II 1975, 64). **264**

Hat bei geschiedenen Ehegatten der **geschiedene Ehemann** in der früheren ehelichen Wohnung ein **möbliertes Zimmer** beibehalten, so führt er weder mit seiner geschiedenen Ehefrau noch mit seinen bei der Mutter lebenden Kindern einen gemeinsamen Hausstand. Die steuerlichen Voraussetzungen für die Anerkennung von Aufwendungen für doppelte Haushaltsführung liegen danach nicht vor, wenn er außerhalb des Ortes, an dem sich das möblierte Zimmer befindet, beschäftigt ist und auch am Beschäftigungsort wohnt (BFH v. 26.9.1974, BStBl II 1975, 66 und BFH v. 13.8.1987, BStBl II 1988, 53). Lebt ein **Ehegatte** am Beschäftigungsort auf Dauer mit einem **anderen Partner**, liegt **kein doppelter Haushalt** vor, auch wenn der andere Ehegatte und ggf. gemeinsame Kinder in der bisherigen Familienwohnung wohnen (BFH v. 25.3.1988, BStBl II, 582). **265**

XII. UMZUGSKOSTEN DER ARBEITNEHMER

1. UMZÜGE IM INLAND

Kosten, die einem privaten Arbeitnehmer durch einen beruflich veranlaßten Umzug an einen anderen Ort entstehen, sind Werbungskosten. Ein beruflicher Anlaß ist auch der erstmalige Antritt einer Stellung, ein Wechsel des Arbeitgebers oder Versetzung/Abordnung durch den Arbeitgeber an einen neuen oder anderen auswärtigen Tätigkeitsort. Bei Umzügen am Ort kann eine berufliche Veranlassung nur anerkannt werden, wenn der Arbeitgeber den Umzug aus beruflichen Gründen fordert, z.B. weil eine Dienstwohnung bezogen oder geräumt werden muß, oder **266** wenn bei Umzügen innerhalb einer Großstadt der Arbeitnehmer seinen Arbeits-platz gewechselt hat und er eine näher am neuen Arbeitsplatz gelegene Wohnung bezieht, um die Zeitspanne für die täglichen Fahrten zur Arbeitsstätte erheblich zu vermindern (BFH v. 10.9.1982, BStBl II 1983, 16 und BFH v. 6.11.1986, BStBl II 1987, 81). Auch bei einem Wohnungswechsel aus Anlaß der **erstmaligen** Aufnahme einer beruflichen Tätigkeit können die Umzugskosten Werbungskosten sein, wenn der Arbeitnehmer im ganz überwiegenden betrieblichen Interesse des Arbeitgebers seine Wohnung wechselt, insbesondere beim Beziehen einer Dienstwohnung und dergleichen oder wenn durch den Wohnungswechsel die Entfernung zwischen Wohnung und Arbeitsstätte erheblich verkürzt wird und die verbleibende Wegezeit im Berufsverkehr als normal angesehen werden kann.

Nach LStR 43 Abs. 10 ist ein Umzug auch beruflich veranlaßt, wenn er das Beziehen oder die Aufgabe der Zweitwohnung bei einer beruflich veranlaßten doppelten Haushaltsführung betrifft. LStH 43 (6–11) regelt die Frage, ob die Aufwendungen für die Aufgabe der Zweitwohnung nach Ablauf der Zweijahresfrist für die steuer-liche Anerkennung einer beruflich veranlaßten doppelten Haushaltsführung noch berücksichtigungsfähig sind. Danach sollen die Aufwendungen für die Aufgabe der Zweitwohnung steuerlich nur noch dann anerkannt werden, wenn sie inner-halb der Zweijahresfrist einer beruflich veranlaßten doppelten Haushaltsführung erfolgt oder nach Ablauf der Zweijahresfrist, wenn mit der Aufgabe der Zweit-wohnung gleichzeitig die Begründung einer neuen doppelten Haushaltsführung an einem anderen auswärtigen Beschäftigungsort erfolgt. Verneint wird der steuerliche Abzug der Umzugskosten bei Aufgabe der Zweitwohnung nach Ablauf der Zweijahresfrist dagegen, wenn der Arbeitnehmer aus beruflichen Gründen, z.B. auf Veranlassung des Arbeitgebers an den Familienwohnort oder in dessen Nähe zurückbeordert wird oder er aus eigenem Anlaß am Familienwohnort eine neue Beschäftigung findet und somit die doppelte Haushaltsführung beendet. Dem kann m.E. nicht gefolgt werden.

Umzugskosten anläßlich eines beruflich veranlaßten Umzugs gehören nach § 9 Abs. 1 Satz 1 EStG zu den abzugsfähigen Werbungskosten. Entstehen sie im Rah-men einer beruflich veranlaßten doppelten Haushaltsführung, besteht insoweit eine Konkurrenzregelung zwischen § 9 Abs. 1 Satz 1 EStG und § 9 Abs. 5 EStG, der den Abzug der Mehraufwendungen für eine beruflich veranlaßte doppelte Haus-haltsführung auf zwei Jahre begrenzt. Da keine klaren Anhaltspunkte für die Lö-sung dieses Konkurrenzverhältnisses vorliegen, sollten – in Anlehnung auch an BFH v. 21.11.1997 (BStBl II 1998, 351) zur Ausstattung des Arbeitszimmers (Vorrang Arbeitsmittelabzug vor begrenztem Abzug für Ausstattung) – Rückumzugskosten bei einer doppelten Haushaltsführung, die aus beruflichen Gründen entstehen, generell nach § 9 Abs. 1 Satz 1 Nr. 1 EStG auch nach Ablauf der Zweijahresfrist steuerlich als Werbungskosten anerkannt werden. Denn es macht keinen Unter-schied, ob die Umzugskosten z.B. bei Versetzung durch den Arbeitgeber dadurch entstehen, daß der Umzug an einen auswärtigen neuen Beschäftigungsort erfolgt, oder von einem auswärtigen Beschäftigungsort zurück an den Familienwohnort durchgeführt wird. In beiden Fällen war die Versetzung durch den Arbeitgeber ausschlaggebend für den Umzug. Auch der Wortlaut des § 9 Abs. 1 Satz 3 Nr. 5 EStG gibt keine Anhaltspunkte dafür, den Abzug der Umzugskosten nach Ablauf der Zweijahresfrist zu versagen. Denn der Wortlaut des § 9 Abs. 1 Satz 3 Nr. 5 EStG spricht im Zusammenhang mit der Abzugssperre von einer „Beschäftigung am selben Ort". Gerade dies liegt bei den Umzugskosten, wo ja der Beschäftigungsort gewechselt wird, nicht vor. Entscheidend für die Abzugsfähigkeit bzw. den steuer-freien Arbeitgeberersatz muß deshalb auch weiterhin sein, daß der Umzug durch die Berufstätigkeit des Steuerpflichtigen veranlaßt wurde. Steuerlich anerkannt werden allerdings nur tatsächlich entstandene und nachgewiesene Auf-

B. Arbeitnehmer

wendungen; eine Pauschalierung kommt hier nicht in Betracht. Ebenso kommt die Pauschale für sonstige Umzugsauslagen (→ Tz. 268) nicht zur Anwendung.

Ein Umzug ist auch beruflich veranlaßt, wenn zunächst am auswärtigen Beschäftigungsort ein doppelter Haushalt begründet wurde und der eigene Hausstand später zur Aufgabe der doppelten Haushaltsführung an den auswärtigen Beschäftigungsort verlegt wurde; für diesen Umzug gilt die Zweijahresfrist ebenfalls nicht. Zusätzlich wird auch die Pauschvergütung für sonstige Umzugsauslagen gewährt (→ Tz. 268).

Ob **Umzugskosten** Betriebsausgaben oder Werbungskosten sind, hängt **nicht davon ab, ob** der Steuerpflichtige seine **berufliche Tätigkeit und** seine **Lebensstellung wesentlich ändert, sondern** ob der **Wechsel der Tätigkeit ursächlich für** den **Umzug** war. Bei einem Wechsel der Wohnung innerhalb desselben Ortes ist das nur unter besonderen Umständen anzunehmen (BFH v. 18.10.1974, HFR 1975, 227). Ein Umzug kann auch **ohne Arbeitsplatzwechsel beruflich veranlaßt** sein, wenn er ausschließlich erfolgt, um die **Fahrzeit zur Arbeitsstätte wesentlich zu verkürzen**. Das gilt sogar dann, wenn der Umzug in ein zuvor erworbenes Eigenheim erfolgt. Im Urteilsfall verkürzte sich die Entfernung zwischen Wohnung und Arbeitsstätte durch den Umzug von 10 auf 1 km (BFH v. 10.9.1982, BStBl II 1983, 16 und BFH v. 6.11.1986, BStBl II 1987, 81). Nach LStH 41 ist eine erhebliche Verkürzung der Entfernung zwischen Wohnung und Arbeitsstätte anzunehmen, wenn sich die Dauer der täglichen Hin- und Rückfahrt insgesamt wenigstens zeitweise um mindestens 1 Stunde ermäßigt. Ein **Umzug** in eine **größere Wohnung** ist dagegen nicht dadurch beruflich veranlaßt, daß die Fahrzeit zur Arbeitsstätte um 20 Minuten verkürzt und ein Arbeitszimmer eingerichtet wird (BFH v. 16.10.1992, BStBl II 1993, 610). Ist ein Umzug privat veranlaßt, sind auch die anteiligen Umzugskosten für das häusliche Arbeitszimmer keine Werbungskosten. Im Einzelfall kann bei einem Umzug in eine näher an der Arbeitsstätte gelegene Mietwohnung und besonders bei einem Umzug in ein Eigenheim oder eine Eigentumswohnung die berufliche Veranlassung des Umzugs derart von Motiven der privaten Lebensführung überlagert sein, daß die Umzugskosten nach dem Aufteilungs- und Abzugsverbot des § 12 Nr. 1 EStG insgesamt nicht als Werbungskosten abgezogen werden dürfen. Dies ist dann der Fall, wenn sich trotz der Verkürzung der Fahrzeit um mehr als 1 Stunde durch den Umzug die Wohnsituation deutlich verbessert (z.B. bedeutend größere Wohnung) und die neue Wohnung immer noch in einem erheblichen Abstand zur Arbeitsstätte liegt (EFG 1997, 1427: hier hatte sich zwar die Fahrzeit verkürzt, die Fahrtstrecke aber verlängert). Steuerlich nicht abzugsfähige Umzugskosten liegen ebenfalls vor, wenn sich zwar durch den Umzug die Fahrzeit zur Arbeitsstätte um mehr als eine Stunde verkürzt, die Gründe für den Umzug jedoch im Privatbereich des Steuerpflichtigen liegen, z.B. der Umzug wegen Scheidung erfolgte (FG Baden-Württemberg v. 15.7.1997, DStR 3/1998, VIII). Wer aus beruflichen Gründen umzieht, kann die Aufwendungen für die Anschaffung von Bekleidung, die wegen des mit dem Umzug verbundenen Klimawechsels erforderlich wird, nicht als Werbungskosten (Umzugskosten) bei den Einkünften aus nichtselbständiger Arbeit abziehen (BFH v. 20.3.1992, BStBl II 1993, 192 und LStR 41 Abs. 3). **267**

Für die Berücksichtigung von **Umzugskosten** eines **Unternehmers/Freiberuflers** als Betriebsausgaben gelten entsprechende Grundsätze. (Zu den Umzugskosten eines frei praktizierenden **Arztes** s. BFH v. 28.4.1988, BStBl II, 777).

Die LStR 1999 lassen in R 41 Beträge als Werbungskosten bis zu der Höhe zum Abzug zu, die auch ein **vergleichbarer Bundesbeamter** bei Versetzung aus dienstlichen Gründen oder Wohnungswechsel aus dienstlicher Anordnung als Umzugskosten-Vergütung erhalten würde. Für diese Berechnung ist das BUKG i.d.F. vom 11.12.1990 (BGBl. I, 2682), zuletzt geändert durch Artikel 7 des Gesetzes zur Reform **268**

139

Dritter Teil: Inlandsreisen

des öffentlichen Dienstrechts (Reformgesetz) v. 24.2.1997 (BGBl. I, 322), maßgebend. Das Gesetz und die darauf beruhenden Verordnungen sind im Anhang der amtlichen Lohnsteuer-Richtlinien abgedruckt. Mit der Novellierung des BUKG und sonstiger umzugskostenrechtlicher Vorschriften wird das Umzugskostenrecht durch Verzicht auf Detailregelungen und Festsetzung von Pauschbeträgen in Prozentsätzen bestimmter Gehälter oder Gehaltszuschläge gestrafft und dynamisiert.

Nach diesen Vorschriften umfaßt die Umzugskostenvergütung u.a.:

- Erstattung der notwendigen Auslagen für das Befördern des Umzugsgutes von der bisherigen zur neuen Wohnung,

- Erstattung der Reisekosten, die dem Umziehenden und den zu seiner häuslichen Gemeinschaft gehörenden Personen vom bisherigen zum neuen Wohnort entstehen, sowie Reisen zum Suchen oder der Besichtigung einer Wohnung (nach § 7 BUKG für 2 Reisen mit 2 Reise- und 2 Aufenthaltstagen),

- Mietentschädigung, d.h. die Miete für die bisherige Wohnung bis zu dem Zeitpunkt, zu dem das Mietverhältnis frühestens gelöst werden könnte – höchstens jedoch für sechs Monate (für steuerliche Zwecke ist die Begrenzung auf sechs Monate unmaßgeblich, BFH v. 1.12.1993, BStBl II 1994, 225) –, vorausgesetzt, daß für dieselbe Zeit Miete für die neue Wohnung gezahlt werden mußte,

- Erstattung der ortsüblichen Maklergebühren,

- unter Umständen einen Beitrag zum Beschaffen von Kochherden bis zu 450 DM, bei Mietwohnungen auch die Auslagen für Öfen bis zu 320 DM pro Zimmer,

- Erstattung der Auslagen für zusätzlichen Unterricht der Kinder, sofern dieser durch den Umzug bedingt ist, bis zu 40 % des Endgrundgehalts der Besoldungsgruppe A12 des Bundesbesoldungsgesetzes für jedes Kind; davon werden bis zu 50 % voll und darüber hinausgehende Auslagen zu ¾ erstattet (= 2 536 DM),

- zusätzlich zu den vorgenannten Aufwendungen eine Pauschvergütung für sonstige Umzugsauslagen ab 1.6.1999 i.H.v.:

  - für Verheiratete   2 018,— DM,
  - für Ledige   1 009,— DM.

Diese Beträge erhöhen sich für jedes Kind sowie für jede weitere zum Haushalt gehörende Person um 432 DM unter der Voraussetzung, daß sie auch am neuen Wohnort in häuslicher Gemeinschaft mit dem Umziehenden leben. Mit den genannten Pauschvergütungen sind beamtenrechtlich alle sonstigen nicht vorgenannten Umzugsauslagen pauschal abgegolten. Für den steuerlichen Werbungskostenabzug ist auch der **Einzelnachweis** zulässig. Werden höhere sonstige Umzugskosten einzeln nachgewiesen, können diese auch über die vorgenannten Pauschalen hinaus **steuerfrei erstattet** werden. Der Pauschbetrag für sonstige Umzugsauslagen **ist nicht** anzusetzen bei einem Umzug anläßlich **der Begründung und der Beendigung einer doppelten Haushaltsführung**; hier sind die Aufwendungen im einzelnen nachzuweisen.

269 Wenn der Arbeitnehmer **höhere Aufwendungen nachweist** und geltend macht, können diese im Einzelfall (je nach den besonderen Gegebenheiten) anerkannt werden. In diesem Fall entfällt dann die Pauschale für sonstige Umzugsauslagen. Das Finanzamt muß, auch wenn ein dienstlich veranlaßter Umzug vorliegt, im einzelnen prüfen, ob und inwieweit es sich bei den geltend gemachten Beträgen um anzuerkennende Werbungskosten oder um nicht abziehbare Kosten der Lebensführung, z.B. um die Neuanschaffung von Einrichtungsgegenständen, handelt.

Folgende Umzugsauslagen kommen (zusätzlich zu den in Tz. 268 genannten Aufwendungen) in Betracht:

B. Arbeitnehmer

- Trinkgeld,
- Auslagen für das Anschaffen, Ändern, Abnehmen und Anbringen von Vorhängen in begrenztem Umfang,
- weiter in begrenztem Umfang Auslagen für elektrische Kochgeschirre, wenn diese durch den erforderlichen Übergang auf die elektrische Kochart angeschafft werden müssen (bis zu 40,– DM je Haushaltsangehöriger, höchstens 200,– DM),
- Auslagen für den Abbau, das Anschließen, Abnehmen und Anbringen von Herden, Öfen, anderen hauswirtschaftlichen Geräten, Beleuchtungskörpern usw.,
- Auslagen für das Ändern und Erweitern von Elektro-, Gas- und Wasserleitungen, soweit dies erforderlich ist,
- Auslagen für das Ändern von elektrischen Geräten, wenn in der neuen Wohnung eine andere Spannung oder Stromart ist, sowie das Umbauen von Gasgeräten auf eine andere Gasart oder auf elektrischen Anschluß,
- Auslagen für das Anbringen von Anschlüssen an elektrischen Geräten sowie für die hierfür notwendigen Stecker und Verbindungsschnüre, um die in der bisherigen Wohnung genutzten Gegenstände verwenden zu können,
- Auslagen für den Einbau eines Wasserenthärters für Geschirrspülmaschinen,
- Auslagen für neue Glühbirnen bei Wechsel der Stromspannung,
- Auslagen für Ersatz oder Ändern von Rundfunk- und Fernsehantennen (bis zu 200 DM) sowie Ändern von Rundfunk- und Fernsehgeräten (bis zu 200 DM) sowie Auslagen für den Abbau und das Anbringen von Antennen,
- Auslagen für Anschließen oder Übernahme eines Fernsprechanschlusses sowie von bis zu zwei notwendigen Zusatzeinrichtungen, wenn in der bisherigen Wohnung ein Anschluß vorhanden war,
- Auslagen für das Umschreiben von Personalausweisen und von Personenkraftfahrzeugen einschließlich der Auslagen für deren amtliche Kennzeichen,
- Auslagen für den Erwerb eines zusätzlichen ausländischen Führerscheins für Personenkraftfahrzeuge bei im Grenzverkehr Tätigen,
- Auslagen für Schulbücher und Umschulungsgebühren, die durch den Schulwechsel der Kinder verursacht sind,
- Auslagen für das Anschaffen von Mülleimern in der am neuen Wohnort vorgeschriebenen Form,
- Auslagen für Anzeigen und amtliche Gebühren zum Zwecke der Wohnungsbeschaffung,
- in beschränktem Umfang Auslagen für Schönheitsreparaturen,
- Gebühren für die Bescheinigung über die Ungezieferfreiheit des Umzugsgutes.

Erwirbt ein Arbeitnehmer anläßlich eines beruflich veranlaßten Umzugs ein Einfamilienhaus am neuen Arbeitsort und zahlt sein Arbeitgeber die dabei entstandenen Maklerkosten, so ist hierin jedenfalls insoweit kein steuerfreier Umzugskostenersatz nach § 3 Nr. 16 EStG, sondern steuerpflichtiger Arbeitslohn zu erblicken (BFH v. 24.8.1995, BStBl II, 895). Werden anläßlich eines beruflich veranlaßten Umzugs vorhandene Möbel zunächst eingelagert, weil der Steuerpflichtige plant, später in eine größere Wohnung oder ein Haus umzuziehen, sind die Einlagerungskosten nicht als Werbungskosten abzugsfähig, weil für die Einlagerung allein private Gründe ausschlaggebend sind (FG Schleswig-Holstein v. 28.8.1997, EFG 1998, 358).

Zur umsatzsteuerlichen Behandlung → Tz. 309.

2. AUSLANDSUMZÜGE

270 Der Grundsatz, daß Umzugskosten als Werbungskosten abgezogen oder vom Arbeitgeber steuerfrei ersetzt werden können – und zwar in der Höhe, wie sie ein vergleichbarer Bundesbeamter als Umzugskostenvergütung erhalten würde –, gilt auch bei Auslandsumzügen der privaten Arbeitnehmer (LStR 41). Maßgeblich ist danach die Auslandsumzugskostenverordnung v. 4.5.1991 (BGBl. I, 1072), zuletzt geändert am 30.5.1997 (BGBl. I, 1325) unter Berücksichtigung der Änderungen durch die Zweite Änderungsverordnung v. 21.12.1998 (BGBl I, 3898). Als Auslandsumzüge gelten nur Umzüge vom Inland in das Ausland und im Ausland, nicht jedoch Umzüge vom Ausland in das Inland. Für diese können lediglich die Aufwendungen für Inlandsumzüge als Werbungskosten geltend gemacht werden. Dabei ist weiter Voraussetzung, daß der Umzug im Zusammenhang mit einem im Inland begründeten Dienst- oder Arbeitsverhältnis steht, bzw. bei einem weiterhin im Ausland bestehenden Dienstverhältnis die Einkünfte aus diesem Dienstverhältnis im Inland besteuert werden.

Die steuerlich berücksichtigungsfähigen Auslandsumzugskosten bemessen sich nach Arbeitslohn, Familienstand und Zahl und Alter der Kinder, nach der Zahl der Personen und dem Umstand, ob der Hausstand am neuen Arbeitsort innerhalb eines Jahres eingerichtet wird. Im einzelnen können als Werbungskosten geltend gemacht bzw. vom Arbeitgeber lohnsteuerfrei erstattet werden:

– die notwendigen Auslagen für das Befördern des Umzugsgutes vom bisherigen Arbeitsort zu einem in seiner Nähe gelegenen Wohnort, soweit der Umfang des Umzugsgutes ein angemessenes Maß nicht überschreitet,

– Lagerkosten für das Lagern des Umzugsgutes zwischen dem Tag der Räumung der bisherigen Wohnung und dem Tag des Bezuges der neuen Wohnung,

– Auslagen für das Unterstellen von Umzugsgut und Entschädigung für ersparte Beförderungsauslagen,

– Auslagen für die Umzugsreise, wie sie für die Inlandsreisekostenregelungen gelten,

– Mietentschädigung für die Miete der bisherigen Wohnung bis zu dem Zeitpunkt, in dem das Mietverhältnis frühestens gelöst werden kann, längstens jedoch für 6 Monate, im Ausland für 9 Monate, wenn für dieselbe Zeit Miete für die neue Wohnung gezahlt werden muß,

– Erstattung der Wohnungsvermittlungs- und Vertragsabschlußgebühren bei Umzügen vom Inland in das Ausland und im Ausland im angemessenen Rahmen,

– Beitrag zum Beschaffen von Warmwassergeräten und Klimageräten zu 90 % der angemessenen Beschaffungskosten zuzüglich 100 % der Einbaukosten,

– Pauschvergütung für sonstige Umzugsauslagen in Höhe des Zweifachen (= 4 036 DM) der Pauschvergütung für Inlandsumzüge (→ Tz. 268). Die vorgenannte Pauschvergütung ist auch anzuwenden, **ohne** die beamtenrechtlich vorgeschriebene Kürzung um 20 %, wenn ein Ausländer nach Deutschland zieht (BFH v. 6.11.1986, BStBl II 1987, 188), oder wenn er wieder in das Ausland zurückzieht (BFH v. 4.12.1992, BStBl II 1993, 722). Beim Rückumzug ins Ausland ist jedoch nach dem vorgenannten BFH-Urteil die Pauschvergütung um 20 % zu kürzen. Die Aufwendungen für den Rückumzug ins Ausland sind jedoch dann nicht abzugsfähig, wenn der ausländische Arbeitnehmer unbefristet ins Inland versetzt wurde, seine Familie mit ins Inland umzog und nach vielen Jahren, nach Erreichen der Pensionsgrenze ins Heimatland zurückzieht (BFH v. 8.11.1996, HFR 1997, 478),

– nachgewiesene sonstige Umzugsauslagen, wie Mehrauslagen für Unterkunft und Verpflegung während des Umzugs, Fahrtkosten zum Suchen einer Wohnung in bestimmtem Umfang,

– Auslagen für neue Glühbirnen bei Wechsel der Fassungen sowie Auslagen für Transformatoren bei Wechsel der Stromspannung bis zur Höhe der Kosten für eine Änderung der elektrischen Geräte, Auslagen für einen Stromspannungsregler, wenn am neuen ausländischen Dienstort wegen ständiger erheblicher Schwankungen im Stromnetz ein Spannungsausgleich notwendig ist,

– Auslagen für einen am neuen Dienstort vorgeschriebenen Führerschein und für notwendiges Reisegepäck,

– Kosten für Sonderbekleidung i.H.v. 25,3 % des Endgrundgehalts der Besoldungsgruppe A 13 der Anlage IV des Bundesbesoldungsgesetzes für den Berechtigten und seinen Ehegatten (je Person 1 785 DM), i.H.v. 50 % des oben genannten Betrags für die mit umziehenden Kinder. **Die Steuerfreiheit gilt nur für die Arbeitgebererstattung bei einem Umzug vom Inland in das Ausland (LStR 41 Abs. 3 Satz 2)**. Die **steuerfreie Erstattung** durch den Arbeitgeber bei einem Umzug vom Ausland in das Inland und **generell der Werbungskostenabzug** durch den Arbeitnehmer **sind nicht zulässig (LStH 41)**,

– ein Ausstattungsbeitrag bei der ersten Versetzung ins Ausland in folgender Höhe:
Der verheiratete Berechtigte erhält einen Beitrag in Höhe des Zweifachen des ihm am neuen Dienstort zustehenden Auslandszuschlags nach Stufe 5, höchstens jedoch der Besoldungsgruppe B 3. Nicht Verheiratete und Berechtigte, deren Ehegatten nicht mit umziehen, erhalten 80 % des vorgenannten Betrages. Für jedes Kind des Berechtigten, für das ihm Auslandskindergeldzuschlag zusteht, erhält er zusätzlich das Zweifache des Erhöhungsbetrages der Stufe 5 des Auslandskindergeldzuschlags. Der nach § 12 Abs. 1 Satz 1 der Auslandsumzugskostenverordnung maßgebende Ausstattungsbeitrag beträgt 10 952 DM für Verheiratete und 8 726 DM für Ledige und Verheiratete, deren Ehegatte nicht an den neuen Dienstort mit umzieht. Die Steuerfreiheit gilt nur für die Arbeitgebererstattung bei einem Umzug vom Inland in das Ausland **(LStR 41 Abs. 3 Satz 2)**. Die **steuerfreie Erstattung** durch den Arbeitgeber bei einem Umzug vom Ausland in das Inland und **generell der Werbungskostenabzug** durch den Arbeitnehmer **sind nicht zulässig** (LStH 41),

– die notwendigen Auslagen für umzugsbedingten zusätzlichen Unterricht der Kinder,

– Erstattung der Auslagen für Umzüge aus zwingenden persönlichen Gründen, für Umzüge in eine vorläufige Wohnung und Auslagen bei späterer Eheschließung; Beschränkung der Umzugskostenvergütung bei einem Auslandsaufenthalt von weniger als 2 Jahren.

Wegen des Vorsteuerabzugs bei der Mehrwertsteuer in den Fällen, in denen der Unternehmer seinem Arbeitnehmer Beträge für dienstlich veranlaßte Umzugskosten zahlt, → Tz. 309.

VIERTER TEIL:
AUSLANDSREISEN

A. SELBSTÄNDIGE

I. ALLGEMEINES ZUR ABZUGSFÄHIGKEIT VON AUSLANDSREISEKOSTEN

Zu den Reisekosten gehören alle Kosten, die unmittelbar durch eine Geschäfts- oder Dienstreise verursacht werden. Auch bei Auslandsreisen gilt wie bei Reisen im Inland grundsätzlich die Verpflichtung, die entstehenden Reisekosten zur steuerlichen Berücksichtigung einzeln nachzuweisen. Dies trifft insbesondere für Fahrt- und Nebenkosten zu. **271**

II. EINZELNACHWEIS ODER PAUSCHSÄTZE

Seit 1.1.1996 sind auch bei Auslandsreisen zur Abgeltung der Mehraufwendungen für Verpflegung nur noch Pauschbeträge zugelassen. Die Wahlmöglichkeit zwischen Pauschbetrag und Einzelnachweis besteht aber weiterhin bei den Übernachtungskosten. **272**

III. VERPFLEGUNGSKOSTEN

Steuerlich ist **seit 1.1.1996 ein Einzelnachweis** der Verpflegungsmehraufwendungen bei Auslandsreisen über die zulässigen Pauschbeträge hinaus **nicht mehr möglich.** Übersteigen die einzeln nachgewiesenen Verpflegungskosten diese Pauschbeträge (Auslandstagegelder), können die überschießenden Beträge nicht als Betriebskosten geltend gemacht werden. **273**

Eine **Haushaltsersparnis** (bis 31.12.1995) von ⅕ der tatsächlichen Aufwendungen ist demnach **nicht mehr** zu **berücksichtigen.**

Anstelle des Verpflegungspauschbetrages i.H.v. 46 DM, der bei **Inlandsreisen** bei einer Abwesenheitsdauer von 24 Stunden berücksichtigt werden kann, treten länderweise unterschiedliche Pauschbeträge, die mit **120 %** der höchsten **Auslandstagegelder** nach dem Bundesreisekostengesetz festgesetzt werden. (Die Anhebung der Auslandstagegelder auf 120 % ist in der **Tabelle 2** (→ Tz. 2) bereits berücksichtigt.) Ursprünglich sollten für eintägige Auslandsreisen bzw. für die An- und Abreisetage bei mehrtägigen Auslandsreisen in analoger Anwendung zu den Inlandsreisen nur die anteiligen Verpflegungspauschalen i.H.v. 10 DM bzw. 20 DM berücksichtigungsfähig sein. Durch das Jahressteuer-Ergänzungsgesetz 1996 wurde diese Regelung aufgegeben. Nunmehr werden die Pauschbeträge von 10 DM bzw. 20 DM durch 40 % bzw. 80 % der höchsten Auslandstagegelder nach dem Bundesreisekostengesetz ersetzt (also 30 % bzw. 60 % des auf 120 % angehobenen steuerlichen Auslandstagegeldes).

Eine **alphabetische Übersicht** für alle Länder enthält die **Tabelle 2** (→ Tz. 2).

1. EINTÄGIGE REISEN

Reisen vom Inland in das Ausland und zurück, die keinen vollen Kalendertag beanspruchen, werden in ihrer Gesamtheit wie Auslandsreisen behandelt. Der Pauschbetrag für Verpflegungsmehraufwendungen beträgt bei einer Abwesenheit von **274**

- **mindestens 14 Stunden**   **80 %,**
- **weniger als 14, aber mindestens 8 Stunden**   **40 %**

der höchsten Auslandstagegelder nach dem Bundesreisekostengesetz. Die Werte sind in **Tabelle 2** (→ Tz. 2) berücksichtigt.

Vierter Teil: Auslandsreisen

2. MEHRTÄGIGE REISEN

275   Bei mehrtägigen Reisen gelten für den An- und Rückreisetag die gleichen Regelungen wie für eintägige Auslandsreisen (→ Tz. 274), für die dazwischen liegenden Reisetage gelten besondere Auslandstagegelder. Diese Auslandstagegelder werden vom Bundesfinanzministerium im Einvernehmen mit den obersten Finanzbehörden der Länder auf der Grundlage der höchsten Auslandstagegelder nach dem Bundesreisekostengesetz bekanntgemacht. Für Reisekosten und Reisekostenvergütungen bei Auslandsdienstreisen ab 1.3.1999 erfolgt dies mit BMF-Schreiben v. 28.1.1999 (BStBl I, 215) (→ **Tabelle 2,** Tz. 2). Für die dort nicht erfaßten Länder ist der für Luxemburg geltende Pauschbetrag maßgebend. Für die dort nicht erfaßten Übersee- und Außengebiete eines Landes ist der für das Mutterland geltende Pauschbetrag maßgebend (LStR 39 Abs. 3 Satz 2).

Bei Dienstreisen **vom Inland in das Ausland** bestimmt sich der Pauschbetrag nach dem Ort, den der Steuerpflichtige vor 24.00 Uhr Ortszeit zuletzt erreicht hat.

Wird bei einer mehrtägigen Reise in einen grenznahen ausländischen Ort als Übernachtungsort ein Ort im Inland gewählt, so ist für die Tage des Dienstgeschäftes im Ausland das Auslandstagegeld des ausländischen Tätigkeitsortes anzusetzen.

BEISPIEL:

Ein Unternehmer unternimmt eine viertägige Geschäftsreise nach Straßburg, die am 1. Tag um 14.00 Uhr beginnt und am 4. Tag um 16.00 Uhr endet. Er übernachtet in Kehl in Deutschland, um von dort aus vom 2. bis 4. Tag zu den Geschäftsbesprechungen nach Straßburg zu fahren. Er kann folgende **Verpflegungsaufwendungen** als Betriebsausgaben geltend machen:

1. Reisetag (nur Inland): Abwesenheitsdauer 10 Stunden	10,— DM
2. bis 3. Reisetag (Besprechungen in Straßburg): 2 × volles Tagegeld für Frankreich (2 × 78 DM)	156,— DM
4. Reisetag (= Rückreisetag): anteiliges Tagegeld für Frankreich für 16 Stunden	52,— DM
Verpflegungsmehraufwand	218,— DM

Die im Beispiel vertretene Auffassung läßt sich auch aus dem EStG ableiten. Nach § 4 Abs. 5 Satz 1 Nr. 5 Satz 4 EStG ist bei Auslandsreisen der Verpflegungskosten-Pauschbetrag des Ortes maßgebend, den der Steuerpflichtige vor 24.00 Uhr Ortszeit erreicht, oder, wenn dieser Ort im Inland liegt, der letzte Tätigkeitsort im Ausland. Obwohl diese Regelung speziell für eintägige Auslandsreisen bzw. den Rückkehrtag bei mehrtägigen Auslandsreisen gedacht war, muß sie auch für mehrtägige Auslandsreisen gelten, bei denen die Übernachtung im Inland stattfindet. Bei Steuerpflichtigen, die eine mehrtägige Auslandsreise **täglich von der inländischen Wohnung** antreten, handelt es sich dagegen um jeweils eintägige Auslandsreisen.

Da im vorgenannten Beispiel die **Übernachtungen** im Inland stattgefunden haben, kommt kein ausländisches Übernachtungsgeld in Betracht, sondern es können nur die tatsächlich nachgewiesenen inländischen Übernachtungskosten als Betriebsausgaben geltend gemacht werden. Der inländische Übernachtungs-Pauschbetrag von 39 DM gilt nur für **Arbeitgebererstattungen** an Arbeitnehmer.

3. EINTÄGIGE REISEN INS AUSLAND/RÜCKREISETAGE AUS DEM AUSLAND

276   Für **eintägige Reisen** ins Ausland und für **Rückreisetage** aus dem Ausland in das Inland ist der Pauschbetrag des **letzten Tätigkeitsortes** im Ausland maßgebend. Schließt sich bei Rückkehr aus dem Ausland eine Inlandsgeschäftsreise an oder wird nach einer Unterbrechung am gleichen Tag noch eine Inlandsgeschäftsreise

A. Selbständige

begonnen, ist gleichwohl für diesen Tag das Auslandstagegeld des letzten Tätigkeitsortes im Ausland maßgebend.

4. FLUGREISEN

Bei Flugreisen gilt ein Land in dem Zeitpunkt als erreicht, in dem das Flugzeug dort landet; **Zwischenlandungen** bleiben **unberücksichtigt.** **277**

Erstreckt sich eine Flugreise über **mehr als zwei Kalendertage,** so ist für die Tage, die zwischen dem Tag des Abflugs und dem Tag der Landung liegen, das für Österreich geltende Tagegeld maßgebend. Wird bei einer Flugreise am Abflugtag vor 24.00 Uhr kein Land erreicht, so kommt für diesen Tag lediglich – bei Erfüllung der zeitlichen Voraussetzungen – ein inländischer Pauschbetrag für Verpflegungsmehraufwendungen in Betracht. **278**

BEISPIEL:

Flugreise nach Tokio, Abreise (Flughafen Köln/Bonn) Mittwoch um 10.00 Uhr, Ankunft in Tokio Freitag um 15.00 Uhr (Beginn der Geschäftstätigkeit in Japan).

Es können anerkannt werden:

für den Abflug der Inlands-Pauschsatz	20,— DM
für den Zwischentag das für Österreich geltende Auslandstagegeld	72,— DM
für den Ankunftstag in Tokio	114,— DM
insgesamt	206,— DM

---

5. SCHIFFSREISEN

Bei Schiffsreisen ist das für **Luxemburg** geltende Tagegeld und für die Tage der **Einschiffung und Ausschiffung** das für den **Hafenort** geltende Tagegeld maßgebend. **279**

BEISPIEL:

Schiffsreise nach Brasilien, Passagekosten einschl. Verpflegung 3 000 DM. Antritt der Reise (Einschiffung in Bremen) am Montag um 13.00 Uhr. Ausschiffung in Rio de Janeiro Freitag um 13.00 Uhr.

An Pauschalen können anerkannt werden:

für den Tag der Einschiffung (Montag)	10,— DM
für die Dauer der Schiffsreise je Reisetag 74 DM Tagegeld (Luxemburg) (Dienstag, Mittwoch, Donnerstag)	222,— DM
für den Ausschiffungstag in Brasilien (Freitag)	90,— DM
insgesamt	322,— DM

IV. ÜBERNACHTUNGSKOSTEN

Die Aufwendungen für die **Übernachtung** anläßlich von Auslandsreisen sind nicht in den vorgenannten Tagegeldern enthalten. Die Kosten für Übernachtung bei Auslandsreisen können in der Regel **ohne Einzelnachweis** jeweils bis zu der vom BMF bekanntgemachten Höhe anerkannt werden. Die **Pauschbeträge** dürfen aber nur angesetzt werden, wenn der Steuerpflichtige die Unterkunft **nicht unentgeltlich oder verbilligt** erhalten hat. **280**

Zum 1.3.1999 wurden einige **Pauschbeträge für Übernachtungskosten** geändert (→ **Tabelle 2,** Tz. 2). **281**

149

Vierter Teil: Auslandsreisen

Die neuen Pauschbeträge gelten für Reisetage **ab** dem **1.3.1999.** Bei Geschäftsreisen **vom Inland in das Ausland** bestimmt sich der Pauschbetrag nach dem Ort, den der Steuerpflichtige vor 24.00 Uhr Ortszeit zuletzt erreicht hat.

Zur Kürzung der nachgewiesenen Übernachtungskosten um das darin enthaltene **Frühstück** → Tz. 43. Werden die Übernachtungskosten mit den Pauschbeträgen für Übernachtung im Ausland angesetzt, ist für das Frühstück **keine** Kürzung vorzunehmen.

282 Besonderheiten gelten für:

- **eintägige Reisen** (→ Tz. 274),
- **Schiffsreisen** (→ Tz. 283) und
- **Flugreisen** (→ Tz. 284).

Enthalten die Fahrtkosten auch Aufwendungen für **Schlafwagen-** oder **Schiffskabinenbenutzung,** so kann gleichwohl das volle Übernachtungsgeld angesetzt werden, wenn die Übernachtung in einer anderen Unterkunft begonnen oder beendet worden ist. Für die Übernachtung in einem Fahrzeug darf kein Übernachtungsgeld angesetzt werden (R 23 Abs. 2 EStR i.V.m. R 40 Abs. 3 LStR).

- Schiffsreisen

283 Für die **Dauer der Schiffsreise** können Übernachtungskosten, weil diese bereits im Fahrpreis enthalten sind, nicht geltend gemacht werden.

- Flugreisen

284 Für die **Dauer einer Flugreise** darf ein Übernachtungsgeld nicht angesetzt werden.

V. REISENEBENKOSTEN

284.1 Neben den typischen Reisenebenkosten (→ Tz. 45 ff., 133) können m.E. bei Auslandsreisen die folgenden auslandsspezifischen Nebenkosten steuerlich geltend gemacht werden:

- Wechselkursdifferenzen, z.B. bei schlechterem Wechselkurs im Hotel,
- die Gebühr für den Auslandseinsatz der Kreditkarte und die
- Umtauschgebühren bei der Beschaffung von ausländischer Währung.

B. ARBEITNEHMER

I. DER ARBEITNEHMER TRÄGT DIE REISEKOSTEN SELBST

Arbeitnehmer können Kosten für Reisen ins Ausland bzw. im Ausland als Werbungskosten geltend machen, soweit sie **beruflich veranlaßt** sind und vom **Arbeitgeber nicht steuerfrei ersetzt** werden. Dabei kann es sich um Kosten anläßlich von Dienstreisen, Fahr- bzw. Einsatzwechseltätigkeiten oder Beschäftigungen an regelmäßigen Arbeitsstätten handeln. Dem Grunde nach kommen alle nur denkbaren Reisekosten als Werbungskosten in Betracht. **Bei Auslandsdienstreisen** gelten **besondere** Regelungen insbesondere für die Anerkennung von **Verpflegungs- und Übernachtungskosten** sowie für die **umsatzsteuerliche Behandlung.** Soweit die Reisekosten vom Arbeitgeber erstattet werden → Tz. 138, 291.

Erhält der Arbeitnehmer für seine Dienstreisetätigkeit Arbeitslohn, der **nicht** der **deutschen Besteuerung** unterliegt, kann er insoweit **keine Werbungskosten** geltend machen (BFH v. 28.9.1991, BStBl I, 86). Umfaßt der Arbeitslohn Reisekostenerstattungen, und entfällt der Arbeitslohn auch insoweit auf die ausländische Beschäftigung, unterliegen diese Reisekostenerstattungen ebenfalls nicht der deutschen Besteuerung, wenn das Besteuerungsrecht dem ausländischen Staat zusteht oder der Arbeitslohn nach dem Auslandstätigkeitserlaß für eine begünstigte Auslandstätigkeit gezahlt wird (BMF-Schreiben v. 31.10.1983, BStBl I, 470).

1. VERPFLEGUNGSMEHRAUFWENDUNGEN

Seit **1996** ist ein **Einzelnachweis** der Verpflegungsmehraufwendungen bei Auslandsdienstreisen über die zulässigen Pauschbeträge hinaus **nicht mehr** möglich. Wird einem Arbeitnehmer vom Arbeitgeber ein höherer Betrag als der Pauschbetrag erstattet, so ist der übersteigende Betrag als Arbeitslohn zu versteuern. Wegen weiterer Einzelheiten → Tz. 140, 273.

a) EINTÄGIGE REISEN

Reisen vom Inland in das Ausland und zurück, die keinen vollen Kalendertag beanspruchen, werden wie Auslandsreisen behandelt. Der Pauschbetrag für Verpflegungsmehraufwendungen beträgt bei einer Abwesenheit von

- **mindestens 14 Stunden** 80 %,
- **weniger als 14 Stunden,**
  aber mindestens 8 Stunden 40 %

der höchsten Auslandstagegelder nach dem Bundesreisekostengesetz (→ **Tabelle 2**, Tz. 2).

b) MEHRTÄGIGE REISEN

Bei mehrtägigen Reisen gelten für den An- und Rückreisetag die gleichen Regelungen wie für eintägige Auslandsreisen. Für die dazwischen liegenden Reisetage gelten besondere Auslandstagegelder (→ **Tabelle 2**, Tz. 2).

Wegen weiterer Einzelheiten zur Höhe der Pauschbeträge (→ Tz. 2)

- bei eintägigen Reisen (→ Tz. 2, 274),
- bei **mehrtägigen Reisen** (→ Tz. 2, 275),
- bei Schiffsreisen (→ Tz. 2, 279),
- bei Flugreisen (→ Tz. 2, 277 f.),
- bei Reisen **vom Ausland ins Inland** (→ Tz. 2, 276).

Vierter Teil: Auslandsreisen

2. ÜBERNACHTUNGSKOSTEN

289 Als Werbungskosten können entweder die einzeln nachgewiesenen Übernachtungskosten oder die **pauschalierten Auslandsübernachtungsgelder** geltend gemacht werden, sofern der Arbeitnehmer nicht in einer vom Arbeitgeber unentgeltlich oder verbilligt gestellten Unterkunft übernachtet. Als Auslandsübernachtungsgelder werden die jeweils vom Bundesminister der Finanzen bekanntgemachten Pauschbeträge anerkannt (→ **Tabelle 2,** Tz. 2).

Zur Kürzung der nachgewiesenen Übernachtungskosten um das darin enthaltene **Frühstück** → Tz. 43. Werden die Übernachtungskosten mit den pauschalierten Auslandsübernachtungsgeldern angesetzt, ist für das Frühstück **keine** Kürzung vorzunehmen.

Im übrigen gelten bei der Ermittlung der steuerlich abzugsfähigen Übernachtungspauschalen dieselben Grundsätze wie bei Geschäftsreisen:

Übernachtungsgeld

– bei **Schiffsreisen** (→ Tz. 283),

– bei **Flugreisen** (→ Tz. 284).

3. PAUSCHBETRÄGE BEI DOPPELTER HAUSHALTSFÜHRUNG

290 Verpflegungsmehraufwendungen anläßlich einer **doppelten Haushaltsführung** im **Ausland** unterliegen ebenfalls der Begrenzung auf 3 Monate, d.h. nach Ablauf der **Dreimonatsfrist** können die notwendigen Verpflegungsmehraufwendungen nicht mehr geltend gemacht werden. Ein Einzelnachweis ist seit 1996 nicht mehr möglich. Es gelten die Pauschbeträge für Verpflegungsmehraufwendungen bei Auslandsreisen (→ **Tabelle 2**, Tz. 2).

Die notwendigen Aufwendungen für die **Zweitwohnung** im Ausland können für einen Zeitraum von 3 Monaten ab Aufnahme der Beschäftigung am Beschäftigungsort mit dem für das jeweilige Land geltenden **Übernachtungsgeld** berücksichtigt werden (→ **Tabelle 2**, Tz. 2). Für die Folgezeit können bis zum Ablauf der Zweijahresfrist die notwendigen Aufwendungen mit 40 % dieses Pauschbetrages je Kalendertag angesetzt werden. Ein Wechsel zwischen dem Einzelnachweis der Aufwendungen und dem Ansatz der Pauschbeträge ist bei derselben doppelten Haushaltsführung innerhalb eines Kalenderjahres nicht zulässig.

4. REISENEBENKOSTEN

Zu den Reisenebenkosten bei Auslandsreisen wird auf Tz. 284.1 verwiesen.

II. DER ARBEITGEBER ERSETZT DIE REISEKOSTEN

1. ALLGEMEINES

291 Ersetzt der Arbeitgeber dem Arbeitnehmer Reisekosten bis zur Höhe der Beträge, die der **Arbeitnehmer** im Falle der Nichtersetzung **selbst** als **Werbungskosten** geltend machen könnte, liegt darin **kein steuerpflichtiger Arbeitslohn.** Andernfalls gehören Reisekostenerstattungen zum steuerpflichtigen Arbeitslohn des Lohnzahlungszeitraums, in dem die Reise ausgeführt wird. Dies gilt z.B. für Reisekostenvergütungen, die unabhängig von der Anzahl der tatsächlichen Reisen monatlich in gleichbleibender Höhe oder die über den lohnsteuerlich zulässigen Höchstbeträgen gezahlt werden.

2. FAHRTKOSTEN

Die dem Arbeitnehmer erstatteten Kosten für die Benutzung eines privaten **Kraft-** 292
fahrzeugs werden ohne Einzelnachweis anerkannt, wenn sie die Pauschsätze nicht
übersteigen (→ Tz. 142).

Der steuerfreie Ersatz von höheren Beträgen, etwa in Form von **Kilometergeldern,**
ist zulässig, wenn sich der erstattete **Kilometersatz** aus Einzelberechnungen für
jeden gefahrenen km im Durchschnitt ergibt (→ Tz. 142). Zu beachten ist aber auch
hier, daß bei besonders aufwendigen Wagentypen der steuerlich anzuerkennende
Satz auf das angemessene Maß herabgesetzt werden kann. Das angemessene Maß
wird sich in aller Regel mit den Pauschsätzen decken.

3. VERPFLEGUNGS- UND ÜBERNACHTUNGSKOSTEN

Der Arbeitgeber kann dem Arbeitnehmer Verpflegungs- und Übernachtungs- 293
kosten in Höhe der lohnsteuerlich vorgesehenen Pauschbeträge ersetzen.

Für Arbeitnehmer können die Mehraufwendungen für Verpflegung und die Übernachtungskosten anläßlich von Auslandsdienstreisen pauschal abgegolten werden. Es gelten die in **Tabelle 2**, Tz. 2 wiedergegebenen Tage- und Übernachtungsgelder (→ Tz. 273 ff., 280 ff.).

Nachgewiesene Verpflegungskosten können nur noch bis zur Höhe der jeweiligen
Auslandstagegelder steuerfrei ersetzt werden. Zur Lohnsteuer-Pauschalierung von
Verpflegungsmehraufwendungen → Tz. 153.

Übernachtungsgelder können weiterhin in nachgewiesener Höhe steuerfrei ersetzt
werden.

4. REISENEBENKOSTEN

Zum steuerfreien Arbeitgeberersatz der Reisenebenkosten wird auf Tz. 284.1 verwiesen.

FÜNFTER TEIL:
UMSATZSTEUER

A. VORBEMERKUNG: UMFANG DER REISEKOSTEN

Der Begriff der Reisekosten ist für die Umsatzsteuer grundsätzlich nach den Merk- **294**
malen abzugrenzen, wie sie für die Einkommen- und Lohnsteuer gelten.

Das Steuerentlastungsgesetz 1999/2000/2002 vom 24.3.1999 (BGBl. I, 402) brachte
jedoch einschneidende Gesetzänderungen im Bereich des Vorsteuerabzugs. Danach ist **seit 1.4.1999 der Vorsteuerabzug ausgeschlossen** für

- Verpflegungskosten,
- Übernachtungskosten,
- Fahrtkosten für Kraftfahrzeuge, die weder dem Unternehmen zugeordnet noch
  öffentliche Verkehrsmittel sind,
- Umzugskosten und
- die private Kfz-Nutzung von Geschäftswagen durch den Unternehmer bei Anschaffung oder Herstellung des Kraftfahrzeugs nach dem 31.3.1999.

Zur Begründung für den Ausschluß des Vorsteuerabzugs aus Reisekosten wird
hervorgehoben, daß Reisekosten des Unternehmers, des Gesellschafters bei Ge-
sellschaften und vom Arbeitgeber an seine Arbeitnehmer erstattete Reisekosten
eine besondere Stellung einnehmen, weil sich hier unternehmerische/betriebliche
und private Interessen überschneiden und somit der Vorsteuerausschluß vertretbar
ist. Der Vorsteuerausschluß gilt **sowohl** für die Inanspruchnahme von **Pauschbeträgen als auch beim Einzelnachweis** der Aufwendungen mittels Rechnungs-
belegen.

Erhalten bleibt der Vorsteuerabzug bei folgenden Reisekosten:

- Fahrten mit öffentlichen Verkehrsmitteln (hierzu gehört auch das Taxi),
- Reisenebenkosten,
- Benutzung eines Mietwagens bei Geschäfts- und Dienstreisen,
- Geschäftsreisen des Unternehmers und der Nutzung eines unternehmenseige-
  nen Kraftfahrzeugs → Tz. 321.

Durch die Streichung der §§ 36 bis 39 UStDV **entfällt seit 1.4.1999** auch die Möglichkeit der **Gesamtpauschalierung mit 10,5 %,** d.h. der weiterhin teilweise mögliche Vorsteuerabzug ist nur anhand von Einzelbelegen zulässig.

Bei den **Bewirtungsaufwendungen** ist seit 1.4.1999 der Vorsteuerabzug auf die als
Betriebsausgaben nach § 4 Abs. 5 Satz 1 Nr. 2 EStG abziehbaren Aufwendungen
begrenzt; d.h., der Vorsteuerabzug mit 13,79 % ist auf 80 % der Bewirtungsaufwendungen **begrenzt.** Entsprechendes gilt seit 1.4.1999 auch für **Geschenke** an
Geschäftsfreunde. Hier gilt je Empfänger und Wirtschaftsjahr für den Vorsteuerabzug die Grenze von 75 DM für das Geschenk.

Zur Änderung des Vorsteuerabzugs bei der **Privatnutzung von Geschäftswagen**
durch den Unternehmer siehe → Tz. 332.

Bei der Berechnung der Vorsteuer (→ Tz. 307) ist von den Beträgen auszugehen, **295**
die nach den einkommen- oder lohnsteuerrechtlichen Vorschriften angesetzt werden könnten, sofern es sich um Inlandsreisen handelt. Bei Geschäfts- oder Dienstreisen in das Ausland können Vorsteuern nur auf die auf das Inland entfallenden
Aufwendungen berechnet werden.

Bei der Berechnung der in Bruttobeträgen enthaltenen Vorsteuer (z.B. Kleinbeträge **296**
→ Tz. 299 ff.) empfiehlt sich zur Vermeidung von Abrundungsdifferenzen folgendes Verfahren: Die Bruttoeingangsrechnungen sind im Voranmeldungszeitraum
brutto zu erfassen (bzw. zu sammeln). Die Summe der Bruttobeträge ist zur Ermitt-

lung der darin enthaltenen **Vorsteuer von 7 % durch 15,29** und **von 16 % durch 7,25** zu teilen. Zur **Ermittlung des Nettoentgelts** ist die **Summe der Bruttobeträge bei 7 % Vorsteuer durch 1,07** und **bei 16 % durch 1,16** zu teilen.

Die nachfolgenden Ausführungen beschränken sich auf die Ausgaben, die in dieser Broschüre angesprochen werden.

B. AUSSTELLUNG VON RECHNUNGEN

Das Umsatzsteuer-System ist auf dem Nettowertprinzip aufgebaut, die Umsatz- **297**
steuer ist also getrennt in den Rechnungen auszuweisen. Der richtigen Ausstellung
von Rechnungen kommt besondere Bedeutung zu.

I. RECHNUNGSAUSSTELLUNG MIT GESONDERTEM STEUERAUSWEIS

Führt der Unternehmer steuerpflichtige Lieferungen oder sonstige Leistungen aus,
so ist er berechtigt und (soweit er die Umsätze an einen anderen Unternehmer für
dessen Unternehmen ausführt) auf Verlangen des anderen **verpflichtet, Rechnungen auszustellen, in denen die Steuer gesondert ausgewiesen** ist. Die Rechnungen müssen folgende Angaben enthalten:

– den Namen und die Anschrift des liefernden oder leistenden Unternehmers,

– den Namen und die Anschrift des Abnehmers der Lieferung oder des Empfängers der sonstigen Leistung,

– die Menge und die handelsübliche Bezeichnung der gelieferten Gegenstände
  oder die Art und den Umfang der sonstigen Leistung,

– den Zeitpunkt der Lieferung oder der sonstigen Leistung,

– das Entgelt für die Lieferung oder sonstige Leistung und

– den auf das Entgelt entfallenden Steuerbetrag.

Die geforderten Angaben können auch durch Schlüsselzahlen oder Symbole auf
den Rechnungen ausgedrückt werden, wenn ihre eindeutige Bestimmung aus der
Rechnung oder aus den anderen Unterlagen gewährleistet ist. Es dürfte sich hierbei
vielfach um im maschinellen oder elektronischen Verfahren erstellte Rechnungen
handeln.

Sind in einer Rechnung Lieferungen oder sonstige Leistungen, die **verschiedenen** **298**
Steuersätzen unterliegen, enthalten, so sind die Entgelte und Steuerbeträge **nach
Steuersätzen zu trennen.** Das bedeutet jedoch nicht, daß jeder einzelne Rechnungsposten in Entgelt und Steuer aufzuteilen ist. Es genügt vielmehr, wenn die
Steuer jeweils von der Zwischensumme der mit dem normalen Steuersatz und dem
ermäßigten Steuersatz zu versteuernden Umsätze berechnet und gesondert ausgewiesen wird. Es ist auch möglich, die Steuer hinter jedem einzelnen Teilposten in
Unterspalten auszuweisen und die dann in den Unterspalten ausgewiesenen Beträge zu addieren.

Die Verpflichtung, Entgelt und Steuerbeträge nach Steuersätzen zu trennen, wenn
in der Rechnung unterschiedlich besteuerte Umsätze zusammengefaßt sind, entfällt, wenn der Steuerbetrag automatisch (maschinell) ausgewiesen wird. Ist für den
einzelnen Rechnungsposten der jeweilige Steuersatz in der Rechnung angegeben,
genügt der Ausweis des gesamten Steuerbetrages in einer Summe.

II. KLEINBETRAGS-RECHNUNGEN

Eine für die Praxis wesentliche und bedeutsame Erleichterung bringt folgende Re- **299**
gelung:

Rechnungen, deren **Gesamtbetrag 200 DM nicht übersteigt,** müssen mindestens
folgende Angaben enthalten:

Fünfter Teil: Umsatzsteuer

– den Namen und die Anschrift des liefernden oder leistenden Unternehmers,

– die Menge und die handelsübliche Bezeichnung der gelieferten Gegenstände oder die Art und den Umfang der sonstigen Leistung,

– das Entgelt und den Steuerbetrag für die Lieferung oder sonstige Leistung in einer Summe und

– den Steuersatz.

In diesen sog. Kleinbetrags-Rechnungen bis zu 200 DM kann also auf die Angabe des Namens oder der Anschrift des Abnehmers der Lieferung oder des Empfängers der sonstigen Leistung sowie auf die Angabe des Tages und des steuerlichen Tages der Lieferung oder sonstigen Leistung verzichtet werden. Ebenfalls ist in diesen Fällen die **Steuer nicht** neben dem Netto-Entgelt (Netto-Warenpreis) **gesondert auszuweisen.** Es kann vielmehr der Bruttopreis (Summe von Entgelt und Steuer-betrag) angegeben werden, wenn die Rechnung den auf den Umsatz anzu-wendenden Steuersatz enthält. Gerade diese Erleichterungen haben auch auf dem Gebiet der Kostenaufwendungen eine große Bedeutung, wenn man z.B. an die Vielzahl von Belegen und Quittungen für Übernachtungen, Benzin, Bewirtungen usw. denkt.

III. FAHRAUSWEISE ALS RECHNUNGEN

300 Fahrausweise im Personenbeförderungsverkehr gelten als Rechnungen, wenn sie mindestens folgende Angaben enthalten:

– den Namen und die Anschrift des Unternehmers, der die Beförderung ausführt,

– das Entgelt und den Steuerbetrag in einer Summe und

– den Steuersatz, wenn die Beförderungsleistung nicht dem ermäßigten Steuer-satz unterliegt.

Ein gesonderter Steuerausweis ist hier nicht vorgeschrieben. Bei Fahrausweisen der **Deutschen Bahn AG** und der nicht bundeseigenen Eisenbahnen kann **anstelle des Steuersatzes die Tarifentfernung** angegeben werden.

Diese Vorschrift ist gerade für das Gebiet der Reisekosten von großer Wichtigkeit, da sie die notwendigen Erleichterungen bei Fahrausweisen im öffentlichen Perso-nenbeförderungsverkehr (Schienenbahn-, Omnibus- und Schiffsverkehr) bringt, und zwar ohne Rücksicht auf die Höhe des Fahrpreises.

Auf die Angabe des Namens und der Anschrift des Fahrgastes, der Art des Um-fangs der Beförderungsleistung (= Beförderungsstrecke) sowie des Tages der Be-förderung kann ganz allgemein verzichtet werden. Lediglich Name und Anschrift des Beförderungsunternehmers sind anzugeben.

Hinsichtlich des auf den Fahrausweisen auszuweisenden Steuersatzes ist noch einmal festzuhalten:

301 Bei **Beförderungen bis zu 50 km** genügt der **Ausweis des Beförderungspreises insgesamt** (Summe von Entgelt und Steuerbetrag). Der **Normalsteuersatz ist** je-doch **anzugeben, sofern** die Beförderungsleistung nicht dem ermäßigten Steuer-satz von 7 % unterliegt, d.h. die **Beförderungsstrecke mehr als 50 km** beträgt. Un-terliegt die Beförderungsleistung dem ermäßigten Steuersatz, so braucht auf den Fahrausweisen weder Steuersatz noch Tarifentfernung angegeben zu werden.

302 Eine **Sonderregelung** gilt für die Fahrkarten der **Deutschen Bahn AG** und der nicht bundeseigenen Eisenbahnen. Auf ihren Fahrkarten genügt anstelle der Angabe des Steuersatzes die **Angabe der Tarifentfernung.** Bei ihnen ist auch das Beförde-rungsunternehmen nicht namentlich anzugeben; es ergibt sich aus der Bezeich-

nung des Bahnhofs, von dem aus die Reise angetreten wird. Bei nicht bundeseigenen Eisenbahnen finden sich im Gegensatz zu den Fahrkarten der Deutschen Bundesbahn zusätzliche Bezeichnungen bei der Angabe der Bahnhöfe.

Bis zum 31.12.2001 unterliegen **Personenbeförderungen mit Schiffen** dem ermäßigten Steuersatz von 7 %. Das gilt auch für Personenbeförderungen im Fährverkehr. (Wegen weiterer Einzelheiten s. Abschn. 172 UStR). **303**

Bei Fahrausweisen im **inländischen Luftverkehr** kommt ein Vorsteuerabzug unter Zugrundelegung des ermäßigten Steuersatzes nicht in Betracht. Der Abzug auf der Grundlage des allgemeinen Steuersatzes ist nur dann zulässig, wenn der Steuersatz auf dem Fahrausweis ausdrücklich angegeben ist. **304**

Nur der inländische Teil der **Beförderung** unterliegt der Umsatzsteuer (§ 3b Abs. 1 UStG). Aus den Fahrausweisen ist in der Regel der Anteil des Beförderungspreises, der auf die inländische Strecke entfällt, nicht zu ersehen. Fahrausweise im grenzüberschreitenden Personenbeförderungsverkehr und im internationalen Eisenbahn-Personenverkehr gelten nur dann als Rechnungen und berechtigen zum Vorsteuerabzug, wenn eine **Bescheinigung des Beförderungsunternehmens** (z.B. Deutsche Bahn AG, Omnibusunternehmer, Reisebüro) vorliegt, aus der sich der **auf die inländische Strecke entfallende Beförderungspreis** ergibt. Diese Bescheinigung des Beförderungsunternehmers muß außerdem den für den inländischen Teil der Beförderungsleistung maßgebenden Steuersatz enthalten. **305**

Auch für Belege im **Reisegepäckverkehr** gilt das für die Fahrausweise Gesagte. Belege im Reisegepäckverkehr sind also als Rechnungen anzusehen, wenn sie die unter → Tz. 301 ff. genannten erforderlichen Angaben enthalten. **306**

C. VORSTEUERABZUG

I. ALLGEMEINES

307 Durch den Vorsteuerabzug soll erreicht werden, daß im Gegensatz zum früheren Brutto-Umsatzsteuer-System eine Kumulation vermieden wird. Alle Waren und Leistungen werden bei gleichem Steuersatz und gleichem Preis, unabhängig von der Häufigkeit ihres Umsatzes, gleich hoch belastet.

Unternehmer, die im Inland Lieferungen oder sonstige Leistungen ausführen oder in diesen Gebieten ihren Sitz oder eine Betriebstätte haben, können die folgenden Vorsteuerbeträge abziehen:

- die **ihnen von anderen Unternehmern gesondert in Rechnung gestellte Steuer** für Lieferungen oder sonstige Leistungen, die für ihr Unternehmen ausgeführt worden sind;
- die entrichtete Einfuhrumsatzsteuer für Gegenstände, die für ihr Unternehmen eingeführt worden sind;
- seit dem 1.1.1993 die Steuer für den innergemeinschaftlichen Erwerb von Gegenständen für das Unternehmen.

Der **Vorsteuerabzug** ist bereits dann **zulässig, wenn die Lieferungen** oder sonstigen Leistungen **tatsächlich bewirkt** worden sind; es kommt also auf die Bezahlung nicht an. Leistungen im Ausland sind nicht umsatzsteuerbar. Von **Auslandsreisen** können **nur** die **auf das Inland** entfallenden Reisekostenanteile zu abziehbaren Vorsteuern führen.

Die für die Kleinbetrags-Rechnungen und Fahrausweise (→ Tz. 299 ff.) gewährten Erleichterungen bei der Rechnungsausstellung gelten auch für den Vorsteuerabzug.

II. KLEINBETRAGS-RECHNUNGEN

308 Bei Rechnungen über Kleinbeträge **bis zu 200 DM** kann **auch ein Vorsteuerabzug** in Anspruch genommen werden, **wenn kein offener Steuerausweis** vorliegt. In diesem Fall ist der **Rechnungsbetrag in Entgelt und Steuerbetrag** aufzuteilen.

Die **Vorsteuer für Kleinumsätze,** die dem Steuersatz von **16 %** unterliegen, ist durch Anwendung des Bruttosteuersatzes von **13,79 %** zu berechnen. Bei einem Steuersatz von 7 % gilt der Bruttosteuersatz von 6,54 % (→ Tz. 296).

III. VORSTEUERABZUG FÜR UMZUGSKOSTEN

309 Durch die Streichung des § 39 UStDV ist seit 1.4.1999 der **Vorsteuerabzug** aus der Erstattung von Umzugskosten an Arbeitnehmer zum größten Teil **ausgeschlossen.** Hierzu gehören alle Arbeitgebererstattungen, soweit sie nicht auf Leistungen entfallen, für die als Reisekosten weiterhin der Vorsteuerabzug möglich ist, wie Fahrten mit öffentlichen Verkehrsmitteln einschl. Taxi, Reisenebenkosten und Mietwagen, der ausschließlich für die Fahrt der Umziehenden an den Umzugsort genutzt wird. Die Anmietung z.B. eines Kleintransporters zur Beförderung des Umzugsgutes führt nicht zum Vorsteuerabzug.

IV. FAHRAUSWEISE UND REISEGEPÄCK

Auch bei Fahrausweisen und Belegen im Reisegepäckverkehr kann der **Vorsteuerabzug** bei Geschäfts- oder Dienstreisen in Anspruch genommen werden; der Vorsteuerabzug bei Benutzung öffentlicher Verkehrsmittel (hierzu gehört auch das Taxi) **bleibt nach dem Steuerentlastungsgesetz 1999/2000/2002 erhalten.** Es ist der sich aus dem **Fahrausweis** oder dem Beleg ergebende Beförderungs- oder Leistungspreis **in Entgelt und Vorsteuerbetrag** aufzuteilen. Ist auf dem Fahrausweis der Normalsteuersatz oder auf Fahrkarten der Deutschen Bahn AG und der nicht bundeseigenen Eisenbahnen eine **Tarifentfernung von mehr als 50 km** angegeben, so ist beim **Normalsteuersatz** der Hundertsatz von **13,79 %** auf den Bruttobetrag zur Errechnung der Vorsteuer anzuwenden. **310**

Fehlt die Angabe des Steuersatzes auf dem Fahrausweis, so kann man grundsätzlich davon ausgehen, daß die Beförderungsleistung dem **ermäßigten Steuersatz** unterliegt. Bei fehlender Steuersatzangabe und einer **Tarifentfernung** bis zu **50 km** auf Fahrkarten der Deutschen Bahn AG und der nicht bundeseigenen Eisenbahnen sind die Vorsteuerbeträge nach dem Hundertsatz von **6,54 %** zu berechnen. **311**

Bei inländischen Beförderungsleistungen im Eisenbahnpersonenverkehr berechtigen nur die Fahrausweise der Deutschen Bahn AG und der nicht bundeseigenen Eisenbahnen zum Vorsteuerabzug. Für Zuschlagkarten, Zuschlagscheine, Platz-, Liege- und Schlafwagenkarten ist der Steuersatz zugrunde zu legen, der für den dazugehörigen Fahrausweis gilt. Bei Fahrausweisen mit Umwegkarten ist der Steuersatz maßgebend, der für die Summe der im Fahrausweis und in der Umwegkarte angegebenen Tarifentfernung gilt. **Keine Fahrausweise** sind Belege über die Benutzung von Mietwagen oder von Kraftomnibussen außerhalb des Linienverkehrs. Der ermäßigte Steuersatz von 7 % gilt allerdings bei Beförderung mit Kraftdroschken (Taxi). Erfolgt die Beförderung innerhalb einer Gemeinde, wird ohne Rücksicht auf die Entfernung der ermäßigte Steuersatz unterstellt. Bei einer Beförderung über die Gemeindegrenze hinaus gilt der ermäßigte Steuersatz nur dann, wenn die Beförderungsstrecke nicht mehr als 50 km beträgt. **312**

Bis einschließlich 2001 unterliegt die **Personenbeförderung mit Schiffen** dem ermäßigten Steuersatz von **7 %** (→ Tz. 303). Die abziehbare Vorsteuer ist u. a. durch Anwendung des **Faktors 6,54** auf den Bruttobetrag zu ermitteln. Für die Beförderung von **Gegenständen** (ggf. Gepäck) gilt der ermäßigte Steuersatz von 7 % im **Fährverkehr** nur, wenn dieser innerhalb einer Gemeinde erfolgt oder die Beförderungsstrecke nicht mehr als 50 km beträgt. **313**

Im Luftverkehr mit dem Ausland wird auch die auf die Streckenanteile im Inland entfallende Umsatzsteuer erlassen. Hier besteht in diesem Fall keine Vorsteuerabzugsmöglichkeit. Findet in Deutschland eine Zwischenlandung statt, so sind die zwischen zwei angeflogenen deutschen Flughäfen liegenden Strecken von der Steuer nicht befreit, wenn nach der Zwischenlandung nicht von der nächsten Möglichkeit des Weiterflugs Gebrauch gemacht wird. Fliegt das bisher benutzte Flugzeug den Zielflughafen an und wird mit ihm der Flug fortgesetzt, so fällt generell keine Steuer an. Kann mit dem gleichen Flugzeug der Zielflughafen nicht erreicht werden, so wird die Steuer erlassen, wenn mit dem nächsten (erreichbaren) Flugzeug weitergeflogen wird. Dann aber ist ein Vorsteuerabzug wiederum möglich. **314**

Im grenzüberschreitenden Beförderungsverkehr (**Fahrten ins Ausland**) kann ein Vorsteuerabzug aufgrund von Fahrausweisen nur in Anspruch genommen werden, wenn eine **Bescheinigung** des Beförderungsunternehmens oder seines Beauftragten (Reisebüro) vorliegt; aus der Bescheinigung müssen sich der auf die inländische Beförderungsstrecke entfallende Teil des Beförderungspreises und der für den inländischen Teil der Beförderungsleistung **maßgebende Steuersatz** ergeben. **315**

Fünfter Teil: Umsatzsteuer

V. VORSTEUERABZUG BEI EINZELNACHWEIS DER VERPFLEGUNGSMEHRAUFWENDUNGEN

1. ALLGEMEINES

316 Beim Einzelnachweis der Verpflegungsmehraufwendungen entfällt nach § 15 Abs. 1a Nr. 2 UStG seit 1.4.1999 der Vorsteuerabzug bei Dienst- und Geschäftsreisen. Bei einer Dienstreise oder Geschäftsreise über den 31.3./1.4.1999 hinaus gilt dies nur für die Reisetage ab dem 1.4.1999.

2. VORSTEUERABZUG BEI GESCHÄFTSREISEN

317 Bei Geschäftsreisen ist für Reisetage seit 1.4.1999 hinsichtlich der Verpflegungsmehraufwendungen sowohl bei den Pauschbeträgen als auch bei dem Einzelnachweis der Vorsteuerabzug generell ausgeschlossen (§ 15 Abs. 1a Nr. 2 UStG).

3. VORSTEUERABZUG BEI DIENSTREISEN

318 Bei Dienstreisen ist für Reisetage ab dem 1.4.1999 bei den Verpflegungsmehraufwendungen der Vorsteuerabzug generell ausgeschlossen (§ 15 Abs. 1a Nr. 2 UStG).

4. VORSTEUER-GESAMTPAUSCHALIERUNG MIT 10,5 % – SEIT 1.4.1999 ENTFALLEN

319 Durch die Streichung des § 37 UStDV entfällt seit 1.4.1999 die Möglichkeit der Vorsteuer-Gesamtpauschalierung. Der bei Geschäftsreisen weiterhin mögliche Vorsteuerabzug bei Fahrten mit öffentlichen Verkehrsmitteln, Reisenebenkosten und Bewirtungskosten anläßlich von Geschäftsreisen ist jeweils gesondert zu ermitteln.

VI. REISEKOSTEN-PAUSCHBETRÄGE

1. ALLGEMEINES

320 Seit 1.4.1999 ist das durch das Steuerentlastungsgesetz 1999/2000/2002 in Kraft getretene Vorsteuerabzugsverbot für Verpflegungs-, Übernachtungs- und Fahrtkosten für Kfz, die weder dem Unternehmen zugeordnet noch öffentliche Verkehrsmittel sind, zu beachten (→ Tz. 294).

321 **Erhalten bleibt** der Vorsteuerabzug bei den Reisenebenkosten und der Nutzung eines unternehmenseigenen Kraftfahrzeugs durch den Unternehmer zu Geschäftsreisen. Hier ist der Vorsteuerabzug weiterhin in voller Höhe mit 13,79 % zulässig, wenn das Kraftfahrzeug vor dem 1.4.1999 angeschafft wurde oder es sich um ein Kraftfahrzeug handelt, das ausschließlich betrieblich genutzt wird; z.B. es wird ein Lieferwagen zu einer Geschäftsreise genutzt. Handelt es sich dagegen um ein unternehmenseigenes Kraftfahrzeug, das nach dem 31.3.1999 angeschafft wurde, ist der Vorsteuerabzug auf 50 % begrenzt, wenn das Kraftfahrzeug auch privat (unternehmensfremd) genutzt werden kann.

> **HINWEIS:**
> Werden für Geschäftsreisen unternehmenseigene Kraftfahrzeuge benutzt, sollten die dafür anfallenden Aufwendungen vom Unternehmer nicht als Reisekosten, sondern wegen des unterschiedlichen Vorsteuerabzugs unter anderen Kostenarten (z.B. auf dem Konto Treibstoffe) verbucht werden.

Soweit der Vorsteuerabzug erhalten bleibt, hat der Unternehmer die ihm anläßlich beruflich oder betrieblich bedingter Reisen entstandenen Kosten durch Rechnungen, Belege, Quittungen usw. nachzuweisen. Es gelten, sofern auf ihnen die Umsatzsteuer gesondert ausgewiesen ist, die allgemeinen Bedingungen (→ Tz. 298). Auch bei Rechnungen bis zu 200 DM ergeben sich bei der Ermittlung der Vorsteuer angesichts der gewährten Erleichterungen keine besonderen Schwierigkeiten (→ Tz. 299). Die Vorsteuer ist durch Anwendung der entsprechenden Vomhundertsätze 6,54 % (Umsatzsteuer 7 %) und 13,79 % (Umsatzsteuer 16 %) zu berechnen oder unter Verwendung von Mehrwertsteuer-Tabellen zu ermitteln.

2. REISEKOSTEN-PAUSCHBETRÄGE DES UNTERNEHMERS

Bei Geschäftsreisen des Unternehmers ist für Reisetage ab dem 1.4.1999 aus den **322** Verpflegungspauschbeträgen und auch den nachgewiesenen Übernachtungskosten kein Vorsteuerabzug mehr möglich. Auch bei der Verwendung eines nicht zum Unternehmen gehörenden Kraftfahrzeugs entfällt durch die Streichung des § 36 UStDV ab 1.4.1999 der Vorsteuerabzug von 6,1 % aus dem Kilometersatz von 0,52 DM.

3. REISEKOSTENERSATZ AN ARBEITNEHMER

Aus dem Reisekostenersatz des Unternehmers an seine Arbeitnehmer ist für Rei- **323** setage ab dem 1.4.1999 der **Vorsteuerabzug gesetzlich ausgeschlossen** bei

– den Verpflegungsmehraufwendungen (Pauschbeträge und Einzelnachweis),

– den Übernachtungskosten (Pauschbeträge und Einzelnachweis),

– der Erstattung des Kilometersatzes von 0,52 DM, wenn der Arbeitnehmer sein eigenes Kraftfahrzeug einsetzt.

Erhalten bleibt der Vorsteuerabzug bei Dienstreisen des Arbeitnehmers

– für Fahrten mit öffentlichen Verkehrsmitteln und Mietwagen (→ Tz. 310 ff.) und den

– Reisenebenkosten sowie Bewirtungskosten, die anläßlich von Dienstreisen des Arbeitnehmers für den Arbeitgeber anfallen. Benutzt der Arbeitnehmer für die Dienstreise sein eigenes Kraftfahrzeug und fallen z.B. Park-, Garagen- oder Fährkosten an, so soll für diese Aufwendungen gleichfalls der Vorsteuerabzug entfallen. Nach Auffassung der Finanzverwaltung teilen die Aufwendungen das Schicksal der reinen Fahrtkosten; m.E. handelt es sich jedoch um Reisenebenkosten, zumal eine Fähre zu den öffentlichen Verkehrsmitteln gehört.

Soweit der Vorsteuerabzug weiterhin zulässig ist, verbleibt es dabei, daß beim Reisekostenersatz an Arbeitnehmer die Herausrechnung der Vorsteuer nur insoweit zulässig ist, als die Aufwendungen auf Inlandsreisen entfallen.

Erhalten bleibt m.E. der Vorsteuerabzug auch bei unentgeltlicher Zimmergestellung durch den Arbeitgeber für seine Arbeitnehmer mit **Einsatzwechseltätigkeit** und Übernachtung am auswärtigen Tätigkeitsort (BFH v. 21.7.1994, BStBl II, 881), weil hier **begrifflich keine Dienstreise** vorliegt, sondern die Unterkunftsgestellung im Rahmen einer beruflich veranlaßten **doppelten Haushaltsführung** erfolgt. Nach dem Gesetzwortlaut ist in diesem Fall der Vorsteuerabzug nicht ausgeschlossen worden. Die Finanzverwaltung geht jedoch davon aus, daß hier ebenfalls der Vorsteuerausschluß greift.

4. SAMMELTRANSPORT

Werden Arbeitnehmer von einem durch den Arbeitgeber beauftragten Busunter- **324** nehmer unentgeltlich von der Wohnung bzw. vom örtlichen Bahnhof zum Betriebsgelände und umgekehrt und/oder zu ständig wechselnden Arbeitsstellen befördert

Fünfter Teil: Umsatzsteuer

(Sammeltransport), so handelt es sich um **umsatzbesteuerte Leistungen** (**16 %** / bis 31.3.1998: 15 %). Führt der Arbeitgeber die Sammeltransporte mit firmeneigenen Fahrzeugen durch, so können diese Leistungen evtl. mit 7 % der Umsatzsteuer unterliegen, wenn der Arbeitgeber einen dem genehmigten Linienverkehr gleichzustellenden Linienverkehr betreibt (BFH v. 11.3.1988, BStBl II, 643, 651).

Der **EuGH** hat mit Urteil v. 16.10.1997 – Rs. C – 258/95 (DB 1997, 2587) aufgrund des Vorlagebeschlusses des BFH v. 11.5.1995 – V R 105/92 – (DB 1995, 1695) entschieden, daß die Sammelbeförderung von Arbeitnehmern durch den Arbeitgeber keine steuerbare Leistung i.S.d. § 1 Abs. 1 Nr. 1 Satz 2 Buchst. b UStG (neu: § 1 Abs. 1 Nr. 1 UStG) ist, wenn die Erfordernisse des Unternehmens im Hinblick auf besondere Umstände, wie die Schwierigkeit, andere geeignete Verkehrsmittel zu benutzen, sowie wechselnde Einsatzstellen, es gebieten, daß die Beförderung der Arbeitnehmer (hier Bauarbeiter mit wechselnden Einsatzstellen) vom Arbeitgeber übernommen wird. Derartige besondere Umstände sind anzunehmen, wenn

- die Arbeitnehmer an ständig wechselnden Tätigkeitsstätten oder an verschiedenen Stellen eines weiträumigen Arbeitsgebiets eingesetzt werden,

- die Beförderung mit öffentlichen Verkehrsmitteln nicht oder nur mit unverhältnismäßig hohem Zeitaufwand durchgeführt werden könnte oder

- im Einzelfall die Beförderungsleistungen wegen eines außerordentlichen Arbeitseinsatzes erforderlich werden oder wenn sie dem Materialtransport an die Arbeitsstelle dienen und der Arbeitgeber dabei einige Arbeitnehmer unentgeltlich mitnimmt (vgl. BFH-Urteil v. 9.7.1998, BStBl II, 635).

VII. KFZ-GESTELLUNG AN ARBEITNEHMER/GESCHÄFTSWAGEN

1. UMSATZSTEUERLICHE BEHANDLUNG DER KFZ-GESTELLUNG AN ARBEITNEHMER

325 Überläßt der Arbeitgeber dem Arbeitnehmer ein Firmenfahrzeug unentgeltlich zur privaten Nutzung, liegt hier umsatzsteuerrechtlich nach dem Steuerentlastungsgesetz 1999/2000/2002 nunmehr eine **sonstige entgeltliche Leistung** vor, die der **Umsatzsteuer zu unterwerfen** ist. Weitergehende Regelungen auf die umsatzsteuerliche Behandlung der Kfz-Gestellung an Arbeitnehmer bringt das Steuerentlastungsgesetz nicht. Auch bleibt für die Kraftfahrzeuge – auch für nach dem 31.3.1999 angeschaffte oder hergestellte Kraftfahrzeuge – der volle Vorsteuerabzug erhalten. Zur privaten Nutzung zählen die reinen Privatfahrten, die Fahrten zwischen Wohnung und Arbeitsstätte und die Heimfahrten bei einer doppelten Haushaltsführung.

Werden die Privatfahrten nach der 1 %-Regelung (→ Tz. 171) ermittelt, so kann aus Vereinfachungsgründen für die umsatzsteuerliche Bemessungsgrundlage von dem lohnsteuerlichen Wert ausgegangen werden. Hinzu kommt der Wert für die Überlassung des Firmenwagens zu Fahrten zwischen Wohnung und Arbeitsstätte (→ Tz. 171). Der umsatzsteuerliche Wert für Heimfahrten bei einer doppelten Haushaltsführung kann aus Vereinfachungsgründen mit 0,002 % des Listenpreises für jeden Kilometer der Entfernung zwischen dem Ort des eigenen Hausstandes und dem Beschäftigungsort angesetzt werden. Der Umsatzsteuer unterliegen die auf die Heimfahrten entfallenden Kosten auch dann, wenn hierfür nach § 8 Abs. 2 Satz 5 EStG ein lohnsteuerlicher Wert nicht anzusetzen ist (→ Tz. 194). Von der ermittelten Bemessungsgrundlage kann für die nicht mit Vorsteuern belasteten Kosten **kein** pauschaler Abschlag von 20 % vorgenommen werden. Aus dem sich so ergebenden Betrag ist die Umsatzsteuer herauszurechnen.

C. Vorsteuerabzug

BEISPIEL 1:

Ein Arbeitnehmer mit einer am 1.1.1999 begründeten doppelten Haushaltsführung nutzt einen sog. Firmenwagen mit einem Listenpreis einschließlich Umsatzsteuer von 60 000 DM im gesamten Kalenderjahr 2000 zu Privatfahrten, zu Fahrten zur 10 km entfernten Arbeitsstätte und zu 20 Familienheimfahrten zum 150 km entfernten Wohnsitz der Familie.

Die Umsatzsteuer für die Firmenwagenüberlassung ist wie folgt zu ermitteln:

a) für die allgemeine Privatnutzung
   1 % von 60 000 DM × 12 Monate =   7 200,— DM

b) für Fahrten zwischen Wohnung und Arbeitsstätte
   0,03 % von 60 000 DM × 10 km × 12 Monate   2 160,— DM
   lohnsteuerlicher geldwerter Vorteil =   9 360,— DM

c) für Familienheimfahrten
   0,002 % von 60 000 DM × 150 km × 20 Fahrten =   3 600,— DM
   Bruttowert der sonstigen Leistung an den Arbeitnehmer =   12 960,— DM
   Die darin enthaltene USt beträgt $^1/_{16}$ von 12 960 DM =   1 787,59 DM

Wie das vorstehende Beispiel zeigt, besteht hinsichtlich der steuerlichen Behandlung der Überlassung von Firmenwagen bei Heimfahrten anläßlich einer doppelten Haushaltsführung zwischen der Lohnsteuer und der Umsatzsteuer ein erheblicher Unterschied. Während bei der Lohnsteuer für die wöchentliche Heimfahrt (innerhalb der Zweijahresfrist der doppelten Haushaltsführung) kein geldwerter Vorteil anzusetzen ist, sind diese Fahrten immer umsatzsteuerpflichtig.

Wird der private Nutzungswert durch ein ordnungsgemäßes Fahrtenbuch anhand der durch Belege nachgewiesenen Gesamtkosten ermittelt (LStR 31 Abs. 9 Nr. 2; → Tz. 169), ist von diesem Wert auch für die Umsatzsteuer (für die sonstige Leistung) auszugehen. Aus den Gesamtkosten dürfen keine Kosten ausgeschieden werden, bei denen ein Vorsteuerabzug nicht möglich ist. Fahrten zwischen Wohnung und Arbeitsstätte sowie die Heimfahrten bei einer doppelten Haushaltsführung gelten auch hier als Privatfahrten.

BEISPIEL 2:

Ein sog. Firmenwagen mit einer Jahresfahrleistung von 20 000 km wird von einem Arbeitnehmer laut ordnungsgemäß geführtem Fahrtenbuch an 180 Tagen jährlich für Fahrten zur 10 km entfernten Arbeitsstätte benutzt. Die übrigen Privatfahrten des Arbeitnehmers belaufen sich auf insgesamt 3 400 km. Die für Lohnsteuerzwecke nach **LStR 31 Abs. 7 Nr. 2 Satz 8** ermittelten Gesamtkosten (Nettoaufwendungen zzgl. Umsatzsteuer und AfA) betragen 18 000 DM.

Von den Privatfahrten des Arbeitnehmers entfallen 3 600 km auf Fahrten zwischen Wohnung und Arbeitsstätte (180 Tage × 20 km) und 3 400 km auf sonstige Fahrten. Dies entspricht einer Privatnutzung von insgesamt 35 % (7 000 km von 20 000 km). Für die umsatzsteuerliche Bemessungsgrundlage ist von einem Betrag von 35 % von 18 000 DM = 6 300 DM auszugehen. Die Umsatzsteuer beträgt 16 % von 6 300 DM = 1 008 DM.

Oftmals bestimmt bei Firmenwagen der Arbeitgeber die Obergrenze für die Anschaffungskosten. Will jedoch der Arbeitnehmer ein höherwertiges oder besser ausgestattetes Firmenfahrzeug, hat er dem Arbeitgeber zu den Anschaffungskosten eine Zuzahlung zu leisten. Dem Arbeitgeber bleibt trotz der Zuzahlung der Vorsteuerabzug von den gesamten Anschaffungskosten des Kraftfahrzeugs erhalten. Etwas anderes gilt nur dann, wenn der Arbeitnehmer z.B. die Sonderausstattung in eigenem Namen bestellt; hier scheidet der Vorsteuerabzug aus.

Wird die umsatzsteuerliche Bemessungsgrundlage für die Kfz-Gestellung nach den **pauschalen Methoden** ermittelt, ist vom Listenpreis einschließlich der vom Arbeitnehmer gewünschten Sonderausstattung auszugehen. Vom Arbeitnehmer selbst erworbene Sonderausstattungen bleiben dagegen bei der Ermittlung des Listenpreises außer Betracht. Die Zuzahlung des Arbeitnehmers, die zur Minderung des lohnsteuerlich zu erfassenden geldwerten Vorteils führt (→ Tz. 184), **mindert** also die umsatzsteuerliche Bemessungsgrundlage **nicht**; und zwar auch dann nicht, wenn sie lohnsteuerlich nach LStR 31 Abs. 9 Nr. 4 Satz 2 auf den privaten Nutzungswert angerechnet wird. Die Zuzahlung ist beim Arbeitgeber kein umsatzsteuerliches Entgelt.

Eine andere Regelung gilt jedoch bei der Ermittlung des privaten Nutzungswerts der Kfz-Gestellung nach der **Fahrtenbuchmethode.** Ertragsteuerlich hat der Arbeitgeber ein Wahlrecht, ob er die Zuzahlung des Arbeitnehmers als Betriebseinnahme erfaßt oder erfolgsneutral behandelt. Bei der Erfassung als Betriebseinnahme bleiben die Anschaffungskosten des Kraftfahrzeugs dadurch unberührt. Wird dagegen der Zuschuß erfolgsneutral behandelt, ergibt sich dadurch eine geringere Bemessungsgrundlage für die Absetzung für Abnutzung (Anschaffungskosten des Kfz ./. Zuschuß des Arbeitnehmers). Bei der Ermittlung des privaten Nutzungswerts nach der Fahrtenbuchmethode anhand der nachgewiesenen Gesamtkosten ist für die Zwecke der Umsatzsteuer jedoch von den **ungekürzten Anschaffungskosten** des Kfz auszugehen.

Zahlt der Arbeitnehmer dem Arbeitgeber für die Überlassung eines Firmenwagens eine pauschale oder kilometerbezogene Vergütung, mindert sich hierdurch zwar der lohnsteuerliche geldwerte Vorteil, nicht jedoch die umsatzsteuerliche Bemessungsgrundlage. Andererseits stellt die Zahlung des Arbeitnehmers kein Entgelt für eine zusätzliche Leistung des Arbeitgebers dar.

Muß der Arbeitnehmer für die Privatnutzung des Firmenwagens einen Teil der Kfz-Kosten (z.B. Benzinkosten für Privatfahrten) übernehmen, kann der Arbeitgeber den Vorsteuerabzug aus den entsprechenden Rechnungen vornehmen. Die umsatzsteuerliche Bemessungsgrundlage wird durch die Kostenbeteiligung des Arbeitnehmers jedoch nicht gemindert.

Von einer unentgeltlichen Kfz-Überlassung kann ausgegangen werden, wenn die private Nutzung durch den Arbeitnehmer dermaßen gering ist, daß sie nicht als Gehaltsbestandteil anzusehen ist. Dies ist dann der Fall, wenn der Arbeitnehmer das Kfz nur gelegentlich – nicht mehr als 5 Tage im Kalendermonat – nutzen darf (z.B. für einen Umzug am Wochenende oder anläßlich einer Fahrt zur Wohnung, um dort am nächsten Tag eine Dienstreise anzutreten). Als Bemessungsgrundlage sind die Kosten der Überlassung anzusetzen, aus der die nicht mit Vorsteuern belasteten Kosten auszuscheiden sind. Auf diesen Wert ist die Umsatzsteuer mit 16 % aufzuschlagen. Aus Vereinfachungsgründen kann hier von den lohnsteuerlichen Werten ausgegangen werden, die als Bruttowerte anzusehen sind, aus denen die Umsatzsteuer herauszurechnen ist. Danach ist der geldwerte Vorteil bei gelegentlichen Überlassungen zu Privatfahrten und Fahrten zwischen Wohnung und Arbeitsstätte je Fahrtkilometer mit 0,001 % des inländischen Listenpreises des Kraftfahrzeugs anzusetzen. Dabei kann für die nicht mit Vorsteuern belasteten Kosten ein Abschlag von 20 % vorgenommen werden.

2. UMSATZSTEUERLICHE BEHANDLUNG DER PRIVATNUTZUNG VON GESCHÄFTSWAGEN DURCH DEN UNTERNEHMER – RECHTSLAGE FÜR BIS ZUM 31.3.1999 ANGESCHAFFTE ODER HERGESTELLTE, EINGEFÜHRTE, INNERGEMEINSCHAFTLICH ERWORBENE ODER GEMIETETE KRAFTFAHRZEUGE

326 Die nicht als Betriebsausgaben abziehbaren Teile der Aufwendungen für Fahrten zwischen Wohnung und Betrieb (→ Tz. 51) und für Heimfahrten bei einer doppelten Haushaltsführung (→ Tz. 68) unterliegen als Aufwendungseigenverbrauch (§ 1 Abs. 1 Nr. 2 Buchst. c UStG) der Umsatzsteuer. Bei den übrigen Privatfahrten liegt ein Leistungseigenverbrauch nach § 1 Abs. 1 Nr. 2 Buchst. b UStG vor. Dies gilt

auch für Gesellschafter von Personengesellschaften oder deren Familienangehörigen. Gesellschafter-Geschäftsführer gelten dagegen als Arbeitnehmer und brauchen einen Eigenverbrauch nicht zu versteuern. Hier ist die unentgeltliche Kfz-Gestellung wie bei Arbeitnehmern zu behandeln und zu besteuern (→ Tz. 325).

a) FAHRTENBUCHMETHODE

Wird für Ertragsteuerzwecke die private Nutzung mit den auf die Privatfahrten **327** entfallenden Aufwendungen nach der Fahrtenbuchmethode ermittelt, ist von diesem Wert auch für die Eigenverbrauchsbesteuerung auszugehen. Aus den Gesamtkosten für das Kraftfahrzeug können für Umsatzsteuerzwecke die nicht mit Vorsteuern belasteten Kosten (z.B. Kfz-Steuer, Versicherungen, die Absetzung für Abnutzung bei Anschaffung des Kraftfahrzeugs ohne Vorsteuerabzug) ausgeschieden werden.

BEISPIEL:

Bei einem Unternehmer mit ordnungsgemäßem Fahrtenbuch beträgt die private Nutzung 20 % der gesamten Kfz-Nutzung. Die Kfz-Kosten, die mit der Vorsteuer belastet sind, betragen netto 8 000 DM. Die Abschreibung für Abnutzung beläuft sich auf 8 000 DM (Vorsteuerabzug wurde in Anspruch genommen). Auf die Kfz-Steuer und -Versicherung entfielen 2 000 DM.

Die Bemessungsgrundlage für den Verwendungseigenverbrauch beträgt 20 %
der mit Vorsteuer belasteten Aufwendungen von

16 000 DM (8 000 + 8 000 DM) =	3 200 DM,
Umsatzsteuer hierauf 16 % =	512 DM.

---

b) 1 %-METHODE

Verzichtet der Unternehmer auf die Führung eines Fahrtenbuchs und wird der pri- **328** vate Nutzungswert nach der ertragsteuerlichen 1 %-Methode ermittelt, so ist von diesem Wert bei der Bemessungsgrundlage für den Leistungseigenverbrauch auszugehen. Für die nicht mit Vorsteuern belasteten Kfz-Kosten (z.B. Kfz-Steuer, Kfz-Versicherung) kann ein pauschaler Abschlag von 20 % vorgenommen werden. Der so ermittelte Betrag ist ein Nettowert, auf den die Umsatzsteuer aufzuschlagen ist.

BEISPIEL:

Ein Unternehmer nutzt ein betriebliches Kraftfahrzeug (Listenpreis einschließlich Umsatzsteuer: 70 000 DM) auch für Privatfahrten. Die Bemessungsgrundlage für den Verwendungseigenverbrauch beträgt:

1 % von 70 000 DM × 12 Monate =	8 400,— DM	
./. pauschaler Abschlag für nicht mit Vorsteuer belastete Kosten:		
20 % von 8 400 DM =	1 680,— DM	
Bemessungsgrundlage für den Verwendungseigenverbrauch =	6 720,— DM	
Umsatzsteuer: 6 720 DM × 16 % =		1 075,20 DM.

---

c) SCHÄTZUNG DES PRIVATEN NUTZUNGSANTEILS

Macht ein Unternehmer von der 1 %-Methode keinen Gebrauch und führt er auch **329** kein ordnungsgemäßes Fahrtenbuch, wird ihm gleichwohl die Möglichkeit eingeräumt, den Privatanteil der Kfz-Nutzung für Umsatzsteuerzwecke anhand geeigneter Unterlagen im Wege einer sachgerechten Schätzung zu ermitteln. Der geschätzte Anteil ist nur auf Kfz-Kosten anzuwenden, die mit Vorsteuer belastet sind. Die Schätzungsmethode bietet sich an, wenn die 1 %-Methode zu einem unverhältnismäßig ungünstigen Ergebnis führt, weil z.B. der Zeitraum für die Absetzung für Abnutzung bereits abgelaufen ist und die tatsächlichen Aufwendungen für das Kraftfahrzeug unter dem Betrag nach der 1 %-Methode liegen. Die Kostendeckelung im Ertragsteuerbereich kann aus EG-rechtlicher Sicht nicht für den Bereich der Umsatzsteuer übernommen werden.

Der Unternehmer hat bei der Wahl der Schätzungsmethode geeignete Unterlagen vorzulegen, aus denen sich der Umfang der betrieblichen und der privaten Nutzung ergibt. Kommt er dieser Verpflichtung nicht nach, kann nach einer Verfügung der OFD Hannover v. 17.9.1998 – S 7102 – 45 – Sto 335/S 7102 – 112 – StH 542 – entsprechend der bis 1995 in R 118 EStR 1993 geltenden Regelung der private Nutzungsanteil mit 35 % geschätzt und ggf. um einen Sicherheitszuschlag erhöht werden.

d) FAHRTEN ZWISCHEN WOHNUNG UND BETRIEB/DOPPELTE HAUSHALTSFÜHRUNG

330 Nutzt ein Unternehmer ein betriebliches Kraftfahrzeug auch zu Fahrten zwischen Wohnung und Betrieb, fällt hier umsatzsteuerlich Aufwendungseigenverbrauch an. Bemessungsgrundlage sind hier die Aufwendungen, die ertragsteuerlich nicht als Betriebsausgabe abgezogen werden dürfen. Die auf die Fahrten zwischen Wohnung und Betriebstätte entfallenden, nichtabziehbaren Betriebsausgaben können mit 0,03 % vom inländischen Listenpreis je Entfernungskilometer ermittelt werden. Von dem sich ergebenden Betrag ist sodann der als Betriebsausgabe abziehbare Kilometer-Pauschbetrag von 0,70 DM für die tatsächlich durchgeführten Fahrten abzuziehen. Mit BMF-Schreiben v. 16.2.1999 (BStBl I, 224) ist nunmehr doch eine pauschale Kürzung um 20 % für nicht mit Vorsteuern belastete Kosten zugelassen worden. Dies gilt auch für alle noch nicht bestandskräftigen Altfälle. Auf den verbleibenden Wert ist die Umsatzsteuer mit **16 %** zu erheben.

BEISPIEL:

Ein Unternehmer nutzt den betrieblichen Pkw (Listenpreis einschließlich Umsatzsteuer: 80 000 DM) an 200 Tagen zu Fahrten zur 20 km entfernten Betriebstätte. Die Bemessungsgrundlage für den Aufwendungseigenverbrauch beträgt:

0,03 % von 80 000 DM × 20 km × 12 Monate =	5 760,— DM
davon als Betriebsausgaben abziehbar: 0,70 DM × 20 km × 200 Tage =	./. 2 800,— DM
nicht abziehbare Betriebsausgaben =	2 960,— DM
./. Pauschalabschlag für nicht mit Vorsteuern belastete Kosten (20 % von 2 960 DM) =	592,— DM
	2 368,— DM
Umsatzsteuer: 2 368 DM × 16 % =	378,88 DM

Entscheidet sich der Unternehmer dagegen für die **Fahrtenbuchmethode,** ermittelt er die auf die Fahrten zwischen Wohnung und Betrieb entfallenden Aufwendungen mit einem individuellen Kilometersatz. Auch hier ist der Kilometer-Pauschbetrag von 0,35 DM je gefahrenen bzw. 0,70 DM je Entfernungskilometer übersteigende Betrag nicht als Betriebsausgabe abziehbar. Auf den übersteigenden Betrag ist die Umsatzsteuer mit **16 %** (bis 31.3.1998: 15 %) zu erheben. Bei den Heimfahrten anläßlich einer betrieblich veranlaßten doppelten Haushaltsführung ist entsprechend zu verfahren, wobei jedoch bei der pauschalen Methode die Heimfahrten mit 0,002 % vom inländischen Listenpreis je Entfernungskilometer vom auswärtigen Ort der Betriebstätte zum Heimatort anzusetzen sind.

Wird dagegen die private Nutzung durch ein ordnungsgemäßes Fahrtenbuch nachgewiesen, berechnet sich die Umsatzsteuer für den Aufwendungseigenverbrauch nach den angefallenen vorsteuerbelasteten Kosten. Nicht zum Vorsteuerabzug berechtigende Aufwendungen (z.B. Steuer und Versicherung) sind auszuscheiden.

e) BEHANDLUNG AUSSERGEWÖHNLICHER KRAFTFAHRZEUGKOSTEN

Wendet der Unternehmer für die Ermittlung der privaten Kraftfahrzeugnutzung die Pauschalierungsmethode (sog. 1 %-Regelung) an, sind durch den pauschalen Nutzungswert auch privat verursachte außergewöhnliche Kraftfahrzeugkosten (z.B. Unfallkosten im Zusammenhang mit einer Privatfahrt oder einem durch private Gründe verursachten Unfall) abgegolten. Bei der Fahrtenbuchmethode sind die außergewöhnlichen Fahrzeugkosten zu den Gesamtaufwendungen zu rechnen, die anhand der gefahrenen Kilometer auf die jeweilige Nutzungsart zu verteilen sind. Wendet der Unternehmer für Umsatzsteuerzwecke die Methode der sachgerechten Schätzung (→ Tz. 329) an, kann entsprechend verfahren werden. **331**

Abweichend von Abschn. 155 Abs. 3 UStR 1996 ist hiernach nicht mehr zwischen unternehmerisch und nichtunternehmerisch veranlaßten Unfallkosten zu unterscheiden. Die nichtunternehmerisch veranlaßten Unfallkosten sind nicht mehr neben dem Verwendungseigenverbrauch als Aufwendungseigenverbrauch nach § 1 Abs. 1 Nr. 2 Buchst. c UStG zu erfassen. Wird das Kraftfahrzeug völlig zerstört, verbleibt es bei den Grundsätzen des Abschn. 8 Abs. 3 UStR 1996, wonach kein Entnahmeeigenverbrauch vorliegt.

3. UMSATZSTEUERLICHE BEHANDLUNG DER PRIVATNUTZUNG VON GESCHÄFTSWAGEN DURCH DEN UNTERNEHMER – RECHTSLAGE FÜR NACH DEM 31.3.1999 ANGESCHAFFTE ODER HERGESTELLTE, EINGEFÜHRTE, INNERGEMEINSCHAFTLICH ERWORBENE ODER GEMIETETE KRAFTFAHRZEUGE

Die **gesetzliche Neuregelung** des Vorsteuerabzugs in § 15 Abs. 1b UStG bestimmt, daß der Vorsteuerabzug aus der Anschaffung, Miete und den Betriebskosten für Kraftfahrzeuge **zu 50 % ausgeschlossen** ist. Vom Ausschluß des Vorsteuerabzugs sind Kraftfahrzeuge betroffen, die auch für unternehmensfremde Zwecke genutzt werden, wie z.B. die private Nutzung durch den Unternehmer und den Personengesellschafter. Von der Einschränkung nicht betroffen sind also Fahrzeuge, die ausschließlich betrieblich genutzt werden. Hierzu gehören auch Kraftfahrzeuge, die vom Unternehmer im Rahmen eines Dienstverhältnisses dem Arbeitnehmer zur privaten Nutzung überlassen werden. Bei ausschließlich betrieblich genutzten Kraftfahrzeugen würde nach der Regelung in § 15 Abs. 1b UStG bereits eine geringfügige private Nutzung zur Reduzierung des Vorsteuerabzugs auf 50 % führen, z.B. Verwendung eines betrieblichen LKW für einen privaten Umzug des Unternehmers. Hier dürfte deshalb der volle Vorsteuerabzug erhalten bleiben, wenn die private Nutzung höchstens 5 % beträgt. Hier muß der Nachweis über die Führung eines Fahrtenbuchs erbracht werden. **332**

Maßgebend ist bei einem Kraftfahrzeug das Verhältnis der Kilometer unternehmerischer Fahrten zu den Jahreskilometern des Kraftfahrzeugs.

Für Kraftfahrzeuge, für die der Vorsteuerabzug zu 50 % ausgeschlossen ist, entfällt aber die Besteuerung der Privatnutzung durch den Unternehmer und den Personengesellschafter nach § 3 Abs. 9a UStG. Hieraus könnte ein unangemessener Steuervorteil bei Kraftfahrzeugen entstehen, die nur zu einem ganz geringen Teil unternehmerisch genutzt werden. Deshalb ist in § 15 Abs. 1 UStG eine unternehmerische **Mindestnutzungsgrenze von 10 %** eingeführt worden. In Zweifelsfällen trifft den Unternehmer die Beweislast, daß das Kraftfahrzeug zu 10 % oder mehr unternehmerisch genutzt wird, z.B. durch Aufzeichnung der Jahreskilometer des betreffenden Kraftfahrzeugs hinsichtlich Fahrtziel und der gefahrenen Kilometer. Liegt die unternehmerische Nutzung unter 10 %, ist der Vorsteuerabzug

Fünfter Teil: Umsatzsteuer

gänzlich ausgeschlossen. Bei Zweit- oder Drittfahrzeugen oder Alleinfahrzeugen bei einer nebenberuflichen Unternehmertätigkeit ist regelmäßig davon auszugehen, daß eine unternehmerische Nutzung von weniger als 10 % gegeben ist. Dies gilt auch bei Personengesellschaften, wenn ein Gesellschafter mehr als ein Kraftfahrzeug privat nutzt, für das zweite und jedes weitere Kraftfahrzeug.

In **§ 27 Abs. 3 UStG** ist geregelt, daß die 50 %ige Reduzierung des Vorsteuerabzugs für Fahrzeugkosten erst für nach dem 31.3.1999 angeschaffte/hergestellte oder gemietete bzw. geleaste Fahrzeuge gilt.

Da – wie ausgeführt – die Besteuerung der Privatnutzung des Geschäftswagens zu Privatfahrten, Fahrten zwischen Wohnung und Betrieb und zu Familienheimfahrten im Rahmen einer doppelten Haushaltsführung entfällt, ergibt sich bei einer Gesamtbetrachtung über den Zeitraum der Nutzung des Kraftfahrzeugs bei der Umsatz-/Vorsteuer kaum ein Nachteil.

VIII. UNTERNEHMERISCHE NUTZUNG PRIVATER KRAFTFAHRZEUGE

333 Durch die Streichung der §§ 36 bis 39 UStDV durch das Steuerentlastungsgesetz 1999/2000/2002 ist die Möglichkeit entfallen, bei Geschäftsreisen und Nutzung eines zum Privatvermögen gehörenden Kraftfahrzeugs die Vorsteuer pauschal aus dem steuerlichen Kilometersatz von 0,52 DM herauszurechnen.

Gleichwohl können nach Abschn. 192 Abs. 18 Nr. 2 Buchst. a UStR ausnahmsweise weiterhin solche Vorsteuerbeträge abgezogen werden, die unmittelbar durch die unternehmerische Nutzung des Kraftfahrzeugs entstanden sind, wie Vorsteuerbeträge für Unfallaufwendungen während einer Geschäftsreise oder aus Benzinkosten für eine längere und von den übrigen Fahrten abgrenzbare Geschäftsreise. Die auf die Geschäftsfahrten entfallenden Vorsteuerbeträge müssen anhand von Rechnungen mit gesondertem Vorsteuerausweis oder Kleinbetragsrechnungen (z.B. Benzinquittungen ohne gesonderten Vorsteuerausweis) ermittelt werden. Deshalb ist für diese Fahrten für Zwecke des Vorsteuerabzugs die Anwendung des steuerlichen Kilometersatzes von 0,52 DM ausgeschlossen.

D. VERBOT DES VORSTEUERABZUGS

I. STEUERFREIE UMSÄTZE

Vom **Vorsteuerabzug** sind **ausgeschlossen:**   **334**

– die Steuern für die Lieferungen, die Einfuhr und den innergemeinschaftlichen Erwerb von Gegenständen, die der Unternehmer zur **Ausführung steuerfreier Umsätze** verwendet;

– die Steuer für sonstige Leistungen, die der Unternehmer zur **Ausführung steuerfreier Umsätze** in Anspruch nimmt.

Durch diese Regelung soll vermieden werden, daß Unternehmer, ohne selbst Steuern zu zahlen (weil sie nur steuerfreie Umsätze tätigen), laufend die auf den Vorstufen von anderen Unternehmern gezahlten Steuerbeträge erstattet erhalten.

II. BESTEUERUNG DER KLEINUNTERNEHMER

Ein Kleinunternehmer braucht unter bestimmten Voraussetzungen keine oder nur   **335** einen Teil der Umsatzsteuer für seine steuerpflichtigen Umsätze zu zahlen.

Eine Steuerbefreiung ist in folgenden Fällen möglich:

– Unternehmer, deren Umsatz im **Vorjahr 32 500 DM** nicht überstiegen hat und im **laufenden Kalenderjahr 100 000 DM** voraussichtlich nicht übersteigen wird, müssen keine Umsatzsteuer zahlen. Sie sind daher auch nicht berechtigt, die ihnen in Rechnung gestellten Vorsteuer-Beträge abzuziehen und in von ihnen ausgestellten Rechnungen die Umsatzsteuer offen auszuweisen. Im **Erstjahr** einer unternehmerischen Betätigung wird die Umsatzsteuer nicht erhoben, wenn der Gesamtumsatz dieses Jahres voraussichtlich 32 500 DM nicht übersteigen wird (BFH v. 22.11.1984, BStBl II 1985, 142).

– **Hatte der Unternehmer im Vorjahr** einen höheren Umsatz als **32 500 DM** oder beträgt der Umsatz im **laufenden Kalenderjahr** voraussichtlich **mehr als 100 000 DM,** so ist die in Rechnung gestellte Umsatzsteuer in vollem Umfang an das Finanzamt zu zahlen. Die Vorsteuer kann in voller Höhe von der Umsatzsteuerschuld abgezogen werden.

– Bei der **Ermittlung** der **Umsatzgrenzen** von 32 500 DM und 100 000 DM ist jeweils von dem **Gesamtumsatz** i.S.d. § 19 Abs. 3 UStG auszugehen.

– Kleinunternehmer können die in den **Reisekosten enthaltenen Vorsteuern nicht** von der zu zahlenden Umsatzsteuer **abziehen.**

Der Unternehmer kann auf die Befreiung von der Umsatzbesteuerung als Kleinunternehmer **verzichten.** Nach Verzichtserklärung, die bis zur Rechtskraft der für das betreffende Kalenderjahr möglichen Umsatzsteuerfestsetzung gegenüber dem Finanzamt zu erklären ist, wird die Umsatzsteuer voll erhoben. Ein Verzicht wird insbesondere dann zu empfehlen sein, wenn trotz geringer Umsätze hohe Vorsteuern mit Eingangsrechnungen zu zahlen waren.

III. ABZUGSVERBOT BEI VERPFLEGUNGS-, ÜBERNACHTUNGS- UND FAHRTKOSTEN

Durch Artikel 7 und 8 des Steuerentlastungsgesetzes 1999/2000/2002 ist seit   **336** 1.4.1999 ein Verbot des Vorsteuerabzugs aus Reisekosten des Unternehmers und

Fünfter Teil: Umsatzsteuer

seines Personals in Kraft getreten. Das Abzugsverbot umfaßt die Verpflegungs-, Übernachtungs- und Fahrtkosten für Kfz, die weder dem Unternehmen zugeordnet noch öffentliche Verkehrsmittel sind.

STICHWORTVERZEICHNIS

Die Ziffern des Stichwortverzeichnisses verweisen auf die Textziffern (Tz.) am Seitenrand.

A

Arbeitnehmer

– Reisekosten 115 ff.

Arbeitslohn, steuerfrei 286

Arbeitsstätte

– Einsatzstellen, ständig wechselnde 119

– Hafengebiet 119

– regelmäßige 116 ff., 209

Architekt

– Auslandsreise 16

Arzt

– Kursus im Ausland 16

– USA-Reise (Ärzte, Nr. 4, 8) 16

Aufzeichnungspflicht

– Bewirtungskosten 100

– Geschenke 111 ff.

Ausland

– Studienreise 13

– Umzug 270

Auslandsreise

– Arbeitnehmer 285 ff.

Auslandstagegelder (Tabelle 2) 2

– Auslösung für Arbeitnehmer 291 ff.

– eintägige Reisen 276

– Einzelnachweis 273

– Flug, mehrere Tage 278

– Flugreise 277 ff., 284

– Mehraufwendungen für Verpflegung/ Pauschbeträge 273

– Mehraufwendungen für Verpflegung bei Übernachtung im Inland 275

– Nachweis des betrieblichen/beruflichen Erfordernisses 14 ff.

– Rückreisetag 276

– Schiffsreise 279

– steuerfreier Arbeitslohn 286

– Übernachtungskosten/Pauschbeträge 281

– Umfang der Auslandsreisekosten 271

– Verpflegungsmehraufwand/Pauschsätze 273, 287

Auslösung

– Allgemeines 164 ff.

– Fahrtkosten zum Beschäftigungsort 191

– Familienheimfahrt 191 ff.

– freie Unterkunft oder Verpflegung 197

– Mehraufwendungen für Verpflegung 191

– nicht tägliche Rückkehr des Arbeitnehmers 191 ff.

– regelmäßige Arbeitsstätte 116 f.

– tägliche Rückkehr des Arbeitnehmers 187 ff.

– Voraussetzung für Arbeitgebererstattung 196

– Übernachtungskosten 191

– Übernachtungskosten Ausland 280 f.

– Unterkunftskosten 191

Austauschmotor 230

B

Bahncard 160 ff.

Barlohnumwandlung 185

Begleitperson 39 ff., 131

Berufskraftfahrer

– Dienstreise 117 f.

Bewirtungskosten

– Angemessenheit/Prüfung 75 ff.

– Arbeitnehmer 91 ff., 135

– Aufzeichnungspflicht 100, 111 ff.

– außerhalb des Privathaushalts 74

– Begriff 71

– Berücksichtigung des eigenen Verzehrs 26

– Büro und Praxis 83 ff.

– freie Berufe 87

– Gästehäuser, Jagden, Jachten und Schiffe 108 ff.

175

Stichwortverzeichnis

- Geschäftsreise   88 ff.
- Mitarbeiter   94 ff.
- Nachweis   75 ff.
- Privathaushalt   73
- Trinkgelder   46, 81
- Vorsteuerabzug ab 1.4.1999   296.1

Bildungsreise   14, 17

Blumengeschenk   44

C

Campingbus   158, 248

D

Deckelung, sog.   177

Deutsche Bundesbahn

- Vorsteuerabzug   310

Dienstreise   117

- Nachweis   162

Dirigent

- Italienreise   (Selbständig Tätige, Nr. 4) 16

Doppelte Haushaltsführung   234 ff.

- Arbeitnehmer   191 ff.
- Arbeitsstätte im Ausland   249
- berufliche Veranlassung   254 ff.
- eigener Haushalt der Ehefrau   261 ff.
- eigener Hausstand   239 ff.
- Ersatz durch den Arbeitgeber   165
- Fahrtkosten   243 ff.
- Familienheimfahrt Selbständiger   68
- Lohnsteuer-Pauschalierung   154
- Mehraufwendungen für Verpflegung   69, 246
- Nachweis   196
- ohne eigenen Hausstand   250 ff.
- Selbständiger   63 ff.
- Übernachtungskosten   247 ff., 252
- Wahlrecht Fahrtkosten/Unterkunft   244
- Zweijahresfrist   241 ff., 257

Drittaufwand

- Fahrten zwischen Wohnung und Arbeitsstätte   203
- Zweitwohnung, doppelte Haushaltsführung   248

E

Ehefrau, mitreisende   15, 158

Eigener Hausstand

- Begriff   239

Einsatzstellen, wechselnde   119, 121, 126 ff., 144, 209 f.

- doppelter Haushalt   234 ff.
- Kfz-Gestellung   180
- Lohnsteuer-Pauschalierung   154
- Vorsteuerabzug   323

Erholungsreise   20

F

Facharzt   (Ärzte, Nr. 14) 16

Fachkongreß   13 ff.

Fachkongreß/Ausland   16

Fachlehrer für Englisch

- Auslandsreise (Lehrberufe, Nr. 1, 3, 4, 8) 16

Fahrausweis

- Umsatzsteuer   300 ff.
- Vorsteuer   310

Fahrergestellung   186

Fahrgemeinschaft

- Fahrten zwischen Wohnung und Arbeitsstätte   208

Fahrtätigkeit   118, 122, 126

Fahrtenbuch   61, 169 ff.

Fahrten zwischen Wohnung und Arbeitsstätte   27, 199 ff.

- Ausbildungsstätte   215
- berufstätige Ehegatten   208
- Dienstverhältnisse, mehrere   208
- Drittaufwand   203
- Fahrtkostenersatz durch den Arbeitgeber   160 ff., 168 ff., 334

- geleaster Pkw 211
- Körperbehinderte 204
- Pauschalierung 166
- Pauschbeträge 199
- Teilfahrten/Teilstrecken 218 ff.
- teilweise Benutzung eines öffentlichen Verkehrsmittels 219
- Umweg 201
- Unfallkosten 222 ff.
- Wohnungen, mehrere 206 ff.

Fahrten zwischen Wohnung und Betrieb 51 ff.

- Betriebstätten, mehrere 48 ff., 57
- Erledigung anderer betrieblicher Angelegenheiten 55
- Körperbehinderter 53 ff.
- maßgebliche Entfernung 55, 59, 205 ff.
- Mittagsheimfahrten 56
- Privatfahrten 60
- Selbständiger 29, 51 ff.
- Wohnungen, mehrere 59

Fahrtkosten 30

- doppelte Haushaltsführung 243 ff.
- Ersatz durch Arbeitgeber 141 ff., 165, 189
- Fahrtätigkeit 122
- Flugversicherung 28
- Geschäftsreise 28 ff.
- Nachweis 29
- privater Nutzungsanteil 60
- Unfallversicherung 28
- Wahl des Beförderungsmittels 30
- Werbungskosten des Arbeitnehmers 120 ff.

Familienheimfahrt

- Arbeitnehmer 243 ff.
- Selbständiger 59, 68
- Besuch der Ehefrau 263

Familienwohnsitz 255

Flugreise 277 ff., 284

- Ausland/Vorsteuer 305

Flugschein 23

Filmtheaterbesitzer

- USA-Reise (Selbständig Tätige, Nr. 5) 16

Firmenwagen

- private Nutzung bei doppelter Haushaltsführung 68
- Einzelfragen 62

Fortbildungskongreß 13 ff.

Frühstückskosten 43, 282, 289

Führerscheinkosten 147

G

Garage 23, 182

Gastgeschenke 44

Gaststätte

- Bewirtung 81 f.

Gesamtpauschalierung 319

Geschäftsreise 10 ff.

- Begriff 10
- Glaubhaftmachung 12
- Nachweis 12, 21
- teilweise privater Anlaß 11, 19, 22
- Vorsteuerabzug 317

Geschenke

- an Geschäftsfreunde 102 ff.
- Freigrenze von 75 DM 103, 106
- Vorsteuerabzug 294

H

Hafengebiet, Hamburger 119, 209

I

Incentive-Reise 22

Informationsreise 12 ff.

Inlandsreise

- Pauschbeträge (Tabelle 1) 1

J

Job-Ticket

- steuerfreier Fahrtkostenersatz 165

Stichwortverzeichnis

K

Kaskoversicherung 143, 221

Kilometergeld

– Fahrtkostenersatz 141 ff., 164 ff., 193

– Vorsteuerabzug 323

Kleidung

– keine Reisekosten 24

Kleinbetrags-Rechnung

– Umsatzsteuer 299

– Vorsteuerabzug 308

Kleinunternehmer 333

Koffer

– keine Reisekosten 24

Komponist

– Italienreise (Selbständig Tätige,
  Nr. 4) 16

Kraftfahrzeug

– Abstimmungsverfahren bei
  Kfz-Gestellung 172 ff.

– Betriebsvermögen 31 f.

– Fahrtenbuchmethode 169 f.

– Gestellung an Arbeitnehmer 168 ff.

– Gestellung und Barlohn-
  umwandlung 185

– Gestellung bei Behinderten 181

– Gestellung bei Einsatzwechseltätigkeit 180

– Gestellung für mehrere Arbeitnehmer 178

– Gestellung mit Fahrer 186

– Gestellung und Garage 182

– Gestellung und Umsatzsteuer 325

– Gestellung und Unfallkosten 183

– Gestellung und Zuzahlungen 171, 184

– Listenpreis 60, 171, 342

– merkantiler Minderwert 224

– Nutzungswert, individueller 169 ff.

– Nutzungswert, Pauschalierung 171

– Überlassung zur privaten Nutzung des
  Arbeitnehmers 168 ff.

Kraftfahrzeugkosten 23, 30 ff.

– Ersatz durch Arbeitgeber 141 ff., 164 ff.

Kraftfahrzeugnutzung, private 60

– Umsatzsteuer (bis 31.3.1999) 326 ff.

– Umsatzsteuer (seit 1.4.1999) 332

Krankheit

– Reise 23

Kreditkarte 134

Kreditkosten

– Erwerb eines Kraftfahrzeugs 221

Kundschaftstrinken 101

Kunsthistoriker

– Auslandsreise (Selbständig Tätige,
  Nr. 6) 16

Kunsthochschule

– Auslandsreise eines
  Professors (Lehrberufe, Nr. 9) 16

L

Ländergruppen (Tabelle 2) 2

Leasing-Fahrzeug 211

Lebenshaltungskosten

– Abgrenzung zu Bewirtungskosten 72

– Abgrenzung zu Werbungskosten/
  Betriebsausgaben bei Auslandsreisen 14, 17

– doppelte Haushaltsführung 234 ff.

Lehrer

– Auslandsreise (Lehrberufe, Nr. 1) 16 ff.

**Lohnsteuer-Pauschalierung von Verpfle-
gungsmehraufwendungen** 152

– Zusammenrechnung verschiedener
  Reisekostenvergütungen 157

M

Mahlzeiten

– Lohnsteuer-Pauschalierung bei Mahlzeitengestellung 153

– Lohnsteuer-Pauschalierung bei Sachbezugswerten 155

– Mahlzeitengestellung durch Arbeitgeber 197 f.

– Zwischenheimfahrten zur
  Einnahme von 56, 217

Stichwortverzeichnis

Mehraufwendungen für Verpflegung

- Dienstreise 127 ff.

- doppelte Haushaltsführung 69, 191 ff., 246, 253, 290

- Einsatzwechseltätigkeit 126

- Fahrtätigkeit 126

- Geschäftsreise 34 ff.

Mehrtägige Reise

- Ausland 275, 288

Mehrwertsteuer
  s. *Umsatzsteuer*

Möbelhändler

- Auslandsreise (Gewerblich Tätige, Nr. 6) 16

N

Nebenkosten

- Auslandsreisen 284.1

- Blumengeschenk 44

- Nachweis/Glaubhaftmachung 44 ff.

- Reisekosten 23 ff., 45, 133

- Schlafwagenschaffner 46

- Tageszimmer im Hotel 47

- Trinkgelder 46

Notar

- USA-Reise (Juristische Berufe, Nr. 2) 16

Nutzungsverbot (Kfz-) 175

O

Omnibus

- Gestellung durch den Arbeitgeber 179, 324

- Sammeltransport 324

P

Park and ride 176, 218

Parkplatzgebühr 32, 220

- Arbeitnehmer 221

Pastor

- Reise in biblische Länder (Kirchliche Berufe, Nr. 2) 16

Personenkraftwagen

- unentgeltliche Überlassung durch den Arbeitgeber 168 ff.

Personennahverkehr

- steuerfreier Ersatz der Fahrtkosten 165

Porto 23

R

Rechnung

- Umsatzsteuerausweis 297 ff.

Rechnungsausstellung 298

- Fahrausweis 300 ff.

Rechtsanwalt

- USA-Reise (Juristische Berufe, Nr. 2) 16

Rechtsprechung

- Auslandsreise 16

Reiseantritt

- Auslandsreise 274 ff., 287 ff.

Reisegepäck

- Nebenkosten 134

- Umsatzsteuer 306

- Vorsteuer 310

Reisekosten

- Begriff 23

- Ersatz durch den Arbeitgeber 138 ff., 150 ff., 164

- Pauschbeträge/Vorsteuer (seit 1.4.1999) 320, 323

- Umsatzsteuer 294 ff.

Richter

- Studienfahrt ins Ausland (Juristische Berufe, Nr. 4) 16

S

Sammelbeförderung 178 f., 334

Schiffsfahrkarten 23

Schiffsreise 279, 283

- Umsatzsteuer 303

Schriftsteller

- Auslandsreise (Selbständig Tätige, Nr. 10) 16

Straßenbahnfahrkarte 23

Stichwortverzeichnis

Studienrat

– Auslandsreise (Lehrberufe, Nr. 2, 3) 16

Studienreise 13 ff.

T

Tageszimmer 47

Tagung

– Fortbildungs- 16

Taxi 233

Telefonkosten 23, 245

Telegrammkosten 23

Textilwareneinzelhandel

– Auslandsreise des Inhabers
(Gewerblich Tätige, Nr. 1) 16

Trinkgelder 46, 81

U

Übernachtungskosten 23, 42 ff.

– Arbeitnehmer 132

– Arbeitnehmer/Pauschalierung 158 ff.,
162 ff.

– Auslandstätigkeit eines Arbeitnehmers 289, 293

– Nachweis 163

– private Unterbringung 44

– Selbständige 42, 280

– Vorsteuerabzug 294 ff.

– Wohnmobil 158, 248

Umsatzsteuer 294

– Außergewöhnliche Kfz-Kosten 331

– Kfz-Gestellung/Arbeitnehmer 325

– Kleinunternehmer 335

– Privatnutzung Geschäftswagen 326 ff.

– Rechnungsausstellung und Steuerausweis 297

– Sammelbeförderung 324

– Umfang der Reisekosten 294

– unternehmerische Nutzung
privater Kfz 333

– Vorsteuerabzug 307

– Vorsteuerabzug/Verbot 334

Umzugsgründe 267

Umzugskosten der Arbeitnehmer

– Ausland 270

– doppelte Haushaltsführung 266

– Ersatz durch den Arbeitgeber 165

– Inland 266 ff.

– Vorsteuerabzug 309

Unfallfolgen 32

Unfallkosten 222 ff.

– Kfz-Gestellung 183

Unfallversicherung 28, 148

Unterbringungskosten 23, 42, 191, 247,
252

Unzutreffende Besteuerung 35

Urlaub und Dienstreise 117

V

Verbuchung 36 ff.

Verpflegungskosten

– Arbeitnehmer/Pauschalierung 150,
287 ff.

– Auslandstätigkeit 273 ff., 287 ff.

– buchmäßige Behandlung 36 ff.

– Dienstreise eines Arbeitnehmers
123 ff., 287 ff.

– doppelter Haushalt 234 ff.

– Einzelnachweis 34, 140 ff.

– Ersatz durch Arbeitgeber 151 ff., 191,
291 ff.

– Geschäftsreise 34 ff., 273

– Pauschalierung der Lohnsteuer 153

– Pauschbeträge 36, 123 ff.

– Selbständige, Unternehmer 34 ff.

– Vorsteuerabzug 316 ff.

Verpflegungskosten-Pauschbeträge

– Begleitperson 39

– Ehefrau, mitreisende 40

– Geschäftsreise 36 ff.

– Höhe der Pauschsätze 127

Vorsteuer 307 ff.

– bei unternehmerischer Kfz-
Nutzung 321

– Einsatzwechseltätigkeit 323

180

- Fahrausweis 310
- Kfz-Gestellung an Arbeitnehmer 325
- Kfz-Nutzung durch Unternehmer (Erwerb bis 31.3.1999) 326
- Kfz-Nutzung durch Unternehmer (Erwerb seit 1.4.1999) 332
- Kleinbetrags-Rechnung 308
- Reisegepäck 310
- Reisekostenersatz an Arbeitnehmer 318, 323
- Reisekosten-Pauschbeträge 322
- Taxi 312
- Umzugskosten 309
- Verbot des Vorsteuerabzugs 334
- Verpflegungsaufwendungen 316–319, 320, 322, 323
- Verpflegungspauschbeträge 320

W

Warenhausbesitzer

- Auslandsreise (Nr. B 12) 16

Wohnmobil 158, 248

Wohnung 59, 205 ff.

- Wohnungssuche 264

Z

Zahnarzt

- Fachkongreß / Ausland (Ärzte, Nr. 12, 15, 19) 16
- USA-Reise (Ärzte, Nr. 4) 16
- Zusammenfassung verschiedener Reisekostenvergütungen 156

Zuzahlungen

- Kfz-Kosten 171, 184, 325

Zweitwohnungsteuer 247

Zwischenheimfahrten

- längere Dienstreisen 120
- Einnahme von Mahlzeiten 56 ff., 228